教 | 育 | 知 | 库

清新小语
花开陌上

胡艳梅——

主编

光明日报出版社

图书在版编目（CIP）数据

清新小语　花开陌上 / 胡艳梅主编. -- 北京：光明日报出版社，2021.9

ISBN 978 - 7 - 5194 - 6311 - 3

Ⅰ. ①清… Ⅱ. ①胡… Ⅲ. ①课堂教学—教学研究 Ⅳ. ①G424. 21

中国版本图书馆 CIP 数据核字（2021）第 178449 号

清新小语　花开陌上
QINGXIN XIAOYU　HUAKAI MOSHANG

主　　编：胡艳梅

责任编辑：刘兴华　　　　　　责任校对：叶梦佳
封面设计：中联华文　　　　　　责任印制：曹　净

出版发行：光明日报出版社
地　　址：北京市西城区永安路 106 号，100050
电　　话：010 - 63169890（咨询），010 - 63131930（邮购）
传　　真：010 - 63131930
网　　址：http：// book. gmw. cn
E - mail：gmrbcbs@ gmw. cn
法律顾问：北京市兰台律师事务所龚柳方律师

印　　刷：三河市华东印刷有限公司
装　　订：三河市华东印刷有限公司
本书如有破损、缺页、装订错误，请与本社联系调换，电话：010 - 63131930

开　　本：170mm × 240mm
字　　数：316 千字　　　　　　印　　张：19. 5
版　　次：2022 年 1 月第 1 版　　印　　次：2022 年 1 月第 1 次印刷
书　　号：ISBN 978 - 7 - 5194 - 6311 - 3
定　　价：75. 00 元

编委会

主　编：胡艳梅
编　委：汪　强　姚　蕾　齐　琦
　　　　韩云霞　周　群　杨海英　柳春兰

让思想的翅膀飞

《左传》有言："太上有立德，其次有立功，其次有立言。虽久不废，此之谓不朽。"事实上，德、功、言皆有大小之辨。孔子、老聃等前贤，创影响中国两千余年的学术流派，为中华确立思想与道德标杆，可谓大德、大功、大言兼而有之；而两千余年间承担着文化与文明传承重任的教师，以个体微薄之力倾心育人，虽未能树思想大旗、立盖世奇功，却也在一定程度上影响着世道人心，曰其为立小德、立小功，并无不可。只是，师者多只代圣人言，却鲜于立自身言，以至于无数的思想火花在经历片刻的璀璨绽放之后便迅疾消逝，难以成为反复运用的固化经验，也就在一定程度上削减了教育技能的传播面和影响力。

现在，贵州省胡艳梅小学语文名师工作室这群年轻教师显然已充分认识到教育写作之于教育技能传播、教育情怀确立，以及教师专业发展的重要价值。于是，他们在琐屑且繁重的常态化教育教学工作之余，不再满足读好书、上好课，而是潜心研究教育技能，用文字服务课堂、服务成长、服务生命。他们立足于教育科研，围绕新课程改革，聚焦课堂教学，更新教育观念，打造以生为本、以学为主、自主合作探究、信息技术与课堂教学有机融合的智慧课堂，在永不停歇地学习、探索、反思、实践中，用文字为生命夯实发展平台，搭建通向教育理性的最佳桥梁。在他们的文字中，我们能够读出他们在学科教学中的种种思考与探索，能够读出他们面对社会发展和科技进步而不断修正前行方向的执着与勤勉，亦能够读出他们立足三尺讲台而放飞生命的高远价值诉求和持久发展动力。他们教书育人，读书育己，相互学习与激励，相互借鉴与促进，共享资源，共同进步，最终汇成了这本文集。

　　这本集子里，有作为教育工作者的真情流露：一篇篇教育随笔，将老师们对教育的投入、对教学的理解、对育人的感悟、对教育初心的坚守动情地融入字里行间。有作为教育研究者的苦苦求索：一个个课题成果，是老师们将一个个教育教学的疑惑，从问号拉伸至感叹号的求索过程，是作为教育实践和奋进者对教学改革不断探索的过程，是教育研究者寻求教育教学真谛的发现过程。有身为一线教师的执着追求：老师们投身教学一线，把一个个成功教育教学经验，整理汇聚成一篇篇教育教学论文，在教学实践中发挥着他们才能和智慧，也在教育实践中闪烁着他们的智慧和思想的光辉。

　　这本集子里，充盈着教育改革者和奋进者的勇气。一篇篇精心打磨的教学设计，将新的教育教学理念变为一堂堂生动的课例；一节节精彩纷呈的课堂实录，是老师们勇于尝试，敢于实践的教育教学改革的生动诠释。

　　打开这本书，一缕缕清香，一份份感动扑面而来；一片片秋色，一累累硕果映入眼帘。一串串鲜活的故事，渗透着师者的温情，承载着师生共同发展的历程；一篇篇精美的文章，记录着师者与教育的对话，蕴含着春风化雨的师爱……打开这本书，你会感慨教师探索的快乐，守望的幸福。教书是默默无闻的工作：书是默默地教，人是默默地育，文是默默地撰。打开这本书，你会感受到教师的聪慧灵动，执着坚守。

　　老师们将自己教育教学的探索与思考、成败与得失静静地撷取，连缀成文，生动地描述育人的初心。这是师者站稳三尺讲台、不断求索和成长的见证，是教育者坚定、踏实的步伐，是思想者深刻反思中绽放出的思想火花和远见卓识，是老师们可以借鉴的思想财富——有想法就有探索，有探索才有发展，有发展才有未来。

　　手捧这本油墨清香，让思想的翅膀尽情飞翔，去发现一路风景，一路芬芳……

江苏省特级教师、正高级教师：刘祥

2021 年 3 月 12 日

清新小语　花开陌上

安顺市实验学校　胡艳梅

2016年3月，一个春暖花开，万物复苏的季节，安顺市小学语文胡艳梅名师工作室在风景如画的安顺市实验学校成立了。工作室自成立到今天，已经走过5个年头。在安顺市教育局名师工作室管理办公室的领导、指引下，在安顺市实验学校的引领、关心、支持、帮助下，在全体成员、学员的共同努力下，工作室从市级名师工作室成长为今天的贵州省小学语文名师工作室。5年来，工作室团队的成员、学员潜心研修，砥砺奋进，获得了发展，筑起了幸福的教育梦想。

汇聚爱语之师　行走发展之路

工作室会聚了一批涵盖安顺市各县区的，乐于为小学语文教育事业发展而努力奋斗、具有探索精神和实干精神的小学语文青年教师，构建起了一支发展思路清晰，教育理念新的"清新小语"团队。工作室本着"名师工作室要成为研究的平台、成长的阶梯、辐射的中心、师生的益友"的宗旨，坚持开拓创新、更新观念、与时俱进的科学精神，以"博观而约取，厚积而薄发"为理念，通过自我研修、网络研修、联动研修、外出培训、专家指导、课堂教学、课题研究等多角度、多渠道开展教育教学研修活动，不断更新教师们的理念，学习新知识、新方法、新技能，促进教育教学质量的提升，促进教师队伍快速成长，推动我市语文课程教育教学改革与发展。

丰富培训模式　提升综合素养

新时代的教育工作者要跟上时代的步伐，就要有良好的综合素养，即高尚的师德、扎实的学识、过硬的教学本领、优秀的团队合作能力等。这一切离不开专业的培训。工作室采取组织集中学习和个人自学、网络研修相结合等办法，通过专题讲座与辅导，参加各级各类培训活动等，形成了"内部研修—外聘专家—联动培训—外出拓展—以赛代训"的培训模式。增强了培训活动的吸引力，提高了培训效果，让教师们的专业水平在各种培训中得到提升。

内部培训由主持人以语文课堂教学及教师专业素养中亟待解决的重难点问题为导向，确定学习主题，开展研修活动。例如，"微课的设计与制作""课题研究学习专题——如何做好小课题研究""实践作文教学策略""主题微学习"，《教师专业标准解读》《践行师德规范　潜心教书育人》师德培训等都是工作室内部开设的培训活动，这类培训活动由主持人或成员选题、主讲，提升了工作室团队的理论水平和教研水平、师德素养。

外聘专家培训是工作室发挥地域资源优势，聘请本地一些有特长的专家对工作室成员、学员进行的培训。如邀请安顺市书法家协会的专家进行"书法培训专题讲座"，安顺学院人文学院的教授为教师们做题为《对小学语文教学的几点思考》的讲座，省级课题立项评审专家主讲课题研究培训等，提高了培训效率。

联动培训是借助贵州省中小学（幼儿园）教师专业发展示范基地校安顺市实验学校的平台，与该校小学语文组开展联合教研，如"开学初教师教学专题研讨"活动、"教苑月"系列活动，与杭州师范大学东城实验学校小学教师们开展的联合教研，与其他学校的"同课异构"教学交流研讨活动等。通过联合培训，整合资源，在"同舟共济"的培训活动中，及时有效地提升了工作室成员、学员的教科研能力。

外出拓展培训是让教师们走出去，了解最新的教育动态，学习先进的教育教学理念，让工作室主持人和成员、学员获得提升。教师们先后到贵阳、厦门分别参加了"第二届'名师大讲堂·林城之约'暨两岸三地小学'聚焦核心素养'教学研讨会"，观摩了海峡两岸暨香港的名师执教的不同风格的语文课，参加了"聚焦核心素养下全国中小学课堂教学改革与教师专业成长高级研修班"的培训学习活动等。专家们的指导，让我们在教育智慧、自我心理调节、引领学生心灵成长、构建高效课堂等方面受益匪浅。

以赛代培，夯实基本功，是工作室开展的一种有效的培训模式，能为青年教师搭建一个专业化的锻炼、展示和发展平台，大大促进小学语文青年教师的专业化成长，夯实教育教学的基本功。例如，组织开展小学语文青年教师技能竞赛，参加省、市级优质课评比等各级各类比赛，在比赛中磨砺成长。

依托课题研究　打造高效课堂

"教而不研则浅"，研究是名师工作室的第一要务，针对教学重点和难点开展研究，找到有效的教学方法和策略，是工作室的一个重要任务。主持人带动工作室成员、学员自觉进行研究，鼓励工作室全体成员、学员从事教育教学研究，积极撰写教育教学论文，开展课题研究，打造高效课堂。

从实验初期课题开题及专家培训，到实验中开展研究、提炼经验，再到结题阶段把课题实验形成教学成果，工作室依托课题实验，搭建了教学研究的平台，教师们在开展课题研究的过程中，获得了专业成长。

磨砺教学本领　探寻教学真谛

课堂是教育教学的主阵地，一名教师要提高教育教学质量，就要研究如何上好课，打造高效的课堂，在决战课堂中磨炼教育教学过硬的本领。

研究课堂，磨砺本领。为了磨炼教师们的教育教学本领，提升教研水平，打造一支高素质的教师队伍，工作室开展了成员上公开课、学员上汇报课、主题研讨课等活动。还有优质课磨课活动、非阅读课型研讨活动、阅读教学交流活动等。听课结束后，执教教师对自己的教学设计和课堂进行说课，分享自己的设计理念、课堂中的得与失；听课教师进行评课和议课，发表观点，分享各自的收获。形成了"课前集体备课—执教者主备实施—集中听课评课—总结经验反思"的模式。这种思维碰撞思维，智慧撞击智慧的模式，培养了工作室教师的教育教学研究能力。

躬耕实践，探寻真谛。教育教学的真谛，离不开课堂教学实践，我们应勤于实践，勇于探索，在新课程理念的指引下研究培养学生语文素养的有效途径。主持人也将理论和实践的经验成果通过上示范课分享给教师们（工作室的老师们集中观看或把课例上传通过网络观看），课例包括了体现学生自主、合作、探究的微课应用，游戏中学习写作文，拼图式阅读任务，小组指南式学习策略，读写结合的阅读教学等教学理念。例如，对于统编教材的新课文新教法，主持人也积极带头钻研，给教师们做示范。在主题微学习实践阅读教学交流活动中，教授四年级上册的课文《牛和鹅》，通过"微课引领学批注—自主阅读找角度—合作学习会批注—汇报展示乐阅读"几个环节，聚焦阅读策略。整堂课的教学体现了以生为本、以学为主的自主学习理念，是一节有效的培养语文素养的课堂，为教师们教授统编教材的阅读策略单元提供了范例。这种以主持人亲自开展实践培训活动的形式，不仅拓宽了教师们的教学视野，探索了新的教学途径，解决了教学中实际的问题，还提高了主持人及工作室成员、学员、广大教师的教学水平和教育科研能力。

拓宽活动渠道　辐射助力成长

为促进教师内涵发展，构建教师专业发展新模式，工作室拓宽活动主渠道，在发挥工作室辐射引领作用的同时，让工作室团队的专业水平得到整体的提升。例如，带领团队在国培活动中执教示范课、开设讲座、进行说课评课的指导，开展了送课下乡、送讲座下乡等活动，与兄弟学校、其他名师工作室开展联合教研等。2018—2019 年，主持人被安顺市教育局聘为教育脱贫攻坚"春风行动"名师志愿者，多次送教送培到安顺市的县、乡村学校。2020 年被安顺市教育局聘为"脱贫攻坚特攻队"队员，送教送培到紫云县 10 个乡镇的乡村学校 10 次以上。在这些活动中，主持人认真备课，把自己的教育教学经验无私分享给乡村学校教师并带动乡村教师发展。同时，还带领工作室的成员、学员送去示范课 10 节以上，每次送课前，都要多次听教师们的听课，提出意见和建议，确保送去质量高、理念新的语文示范课。通过这些活动的开展，各地的教师们互为资源，真诚交流，促进了广大语文教师教育教学水平的提升，也促进了工作室主持人和成员、学员自身的发展。

联手高校教研　学院建站起航

为探索教育发展、教师专业成长的新模式，工作室于 2018 年 9 月 30 日在安顺学院人文学院建立了工作站，与安顺学院联手共同打造崭新的教研模式。主持人还被安顺学院人文学院聘为汉语言文学专业外聘教师，带领工作室成员到学院开展专题讲座、上示范课等。工作室与高校携起手来，开启了基础教育与地方高校共同研究、共同发展的模式，让基础教育及教师专业的发展在高校的推动下扬帆起航。

阅读润泽心灵　教育滋养生命

"人生在勤，不索何获"。一位教师只有树立终身学习的理念，才能不断成长。阅读是教师终身学习、实现专业成长的有效途径。读一本本好书，就像一股股清泉，流入我们的心间，增长着为人师的智慧，滋润着师生的心灵，滋养着教育者的生命。工作室采取线上交流、线下主动阅读的方式，让教师们阅读名家名著，与学生共读一本书，撰写读书心得，开展读书分享会等。例如，工作室开展了"美文诵读会""读·赏·悟""我的读书故事""钉钉平台阅读打卡""工作室 QQ 群相册晒阅读"等活动，教师们在活动中朗读经典美文、分享阅读故事、交流读书方法。大家阅读的书目有呈现外国先进教育理念的，有针对语文教学专业的，有提升教师素养的，有师生共读的，还有传统文化经典、教育教学杂志等。教师们在繁忙的工作之余挤时间阅读、坚持阅读，在读书活动中陶冶了情操，还把学到的先进教育理念运用到教育教学实践中，滋养了自身生命的同时也滋养了学生的生命。

清新小语勤耕耘　初心花开展陌上

工作室成立以来，主持人以清晰的思路，带领工作室团队团结协作，求实创新，辛勤耕耘，在促进教师专业成长，促进教育教学改革和发展的教育教学实践的道路上开出了朵朵艳丽花儿。

"安顺市小学语文胡艳梅名师工作室"在2018年安顺市教育局对工作室的3年考核中获评"优秀名师工作室"。工作室的市级课题"以实践活动为载体提高学生写作能力的探索"2019年成功结题并推广运用，课题实验成果在安顺市首届教学成果奖评选活动中斩获二等奖，在省级评选中获三等奖，是当年安顺市仅有两项获奖成果之一。2019年工作室申报的课题实验"统编教材主题微学习实践"获得省级立项，现已有许多阶段成果产生。工作室团队在国家、省、市优质课（"一师一优课"、现场课）评选活动中多人斩获一等奖、二等奖，多次在"教育脱贫攻坚活动"中送培训、送示范课到乡村学校。工作室多名优秀的中青年教师先后被评为特级教师、省级骨干教师、市级名师、市级骨干教师、市级名班主任、教坛新秀。教师们的教学案例、教学论文、教学设计等也屡屡发表或在各类活动中获奖。

朵朵花儿不仅仅是教师们智慧的结晶，更是大家对教育事业执着追求的精神和坚如磐石热爱的初心。本书撷取了团队近年的一些成果，试图从教育情怀和思想、教育改革和求索、教育困惑和实践、教育理念和课堂等方面，展现教师们在教育路上的探求，在团队研修路上百花齐放的风貌。

在教育教学改革的路上，在教师专业发展的路上，在教师队伍建设的路上，我们仍需潜心研修，砥砺奋进，静待花开，静静成长。

目 录
CONTENTS

第一篇 **01**

思想之花：教育随笔

名师的教育情怀与使命担当

——在贵州省第三批名师工作室线上专题研讨暨2020年度工作总结交流会上的发言稿

安顺市实验学校　胡艳梅

"名师的教育情怀与使命担当"是什么？是内心永存的家国情怀，是对教育事业执着的热爱，是对学生博大的爱心，是对团队的辐射引领，是甘为人梯的奉献精神，是对地方教育贡献才智，是自我奋发、永不放弃自身成长的好习惯……下面我就与大家分享我的一些肤浅的看法：

一、拥有爱心

爱学生，成为执着的教育者。在教师队伍里，有许许多多"爱学生"的榜样——无私奉献，扎根深山18载的时代楷模张玉滚老师用爱和行动点亮了大山孩子们的求学之路；对党和人民的教育事业无比热爱和忠诚的张桂梅老师，把她博大的爱心倾注给女子高中的同学们；"人民教育家"荣誉称号获得者于漪老师"一辈子做教师，一辈子学做教师"的精神感动着每一位为师者……他们把满腔的热血献给了祖国的教育事业，用心为学生的幸福人生奠基，是我们学习的榜样。

爱学生，尊重其独立的存在。我们面对的学生是一个个独立的个体。张贵勇在《阅读的旅程》一书中，介绍了黄宇的儿童文学作品"哈皮皮成长系列"的一个有趣故事《米饭宠物》。哈皮皮因与同学打架而被老师罚照顾两碗米饭。于是，每天放学后，他都迫不及待地跑回家照顾他的"米饭宠物"。对一碗米饭尽情夸奖："亲爱的米饭，你可真漂亮，白得像雪一样……"而对另一碗米饭，就像妈妈每天都用放大镜找他身上的毛病一样，对它说："你真笨！每天除了被人吃掉，变成粪便，什么都不会干……"一周之后，两碗米饭出现了两种截然不同的反应：被夸奖的米饭除了硬一些，好像没什么变化；而被责骂的米饭，真的变臭了，颜色发黑，流出绿色的腐水。在《米饭宠物》的故事中，黄宇表达了两种不同的评价方式产生的不同效果。在黄宇看来，理想的教育首先是一种姿态上的平等，不能一个高高在上，一个被俯视。好的教育一定不是整齐划一的，不止有一种颜色，而是尊重、提倡和鼓励个性化，把哈皮皮当成哈皮皮，而不是"王天天""胡小涂"。

记得，在一次语文课上，大家正在倾听同学们分享习作中描写画面的片段。突然，一位女同学吐了，同学们静静地坐在位置上。我心里闪过一丝隐隐的担忧，立刻停止上课，一边安慰呕吐的同学，一边拿起两把拖把去拖呕吐物……大家坐在座位上看着我——我一边拖一边说："同学们，大家先背着日积月累……"过了一会儿，紫淳走了过来，接过老师的一把拖把拖了起来；沛沛走过来，接过另一把拖把拖了起来；男孩走过来，女孩走过来……有的用餐巾纸擦，有的去洗拖把，有的关切地询问同学的情况……不一会儿，我们就把教室收拾干净了——这一幅幅友善的画面成了四二班美丽的风景。待同学们都回到座位，我表扬了刚刚帮助同学打扫呕吐物的同学们："同学们，谢谢刚才勇敢帮助同学的宝贝们。什么是友善？这就是友善。他们今天很好地践行了核心价值观——友善，掌声感谢他们！"他们似乎听懂、领悟的表情，形成了我们那天语文课上最美的一幅画面。我的心里溢出灿烂的阳光。

看来，只要我们关爱学生，尊重学生，就会心中有学生，手中有方法，就会让学生在潜移默化中获得成长进步。

二、自觉成长

教师是学生成长的引路人，要有高尚的师德、精湛的教学技艺、深厚的专业素养。这一切来源于勤于学习钻研、自我奋发、永不放弃自身成长的好习惯。叶澜教授说过："教育是一个使教育者和受教育者都变得更完善的职业，而且只有当教育者自觉地完善自己，才能更有利于学生的完善和发展。"向书本学、向前辈学、向同事学、向网络学……在探索中学。"学习"是一位教师成长的不竭动力，在学习中汲取智慧，在学习中反思不足，在学习中自觉实现专业成长。

学习党的教育政策、法律法规，学习教育理论知识，可以提升我们的政治素养、理论修养，可以让我们随时了解国家最新的教育动态，为自己的教育指明方向；读名师教育专著，读中外名著，读国内外的教育书籍，可以让我们学到先进的教育理念，可以借鉴好的教学方法；"三人行，必有我师"，向同事学习、向同行学习，会发现优秀的"资源"无处不在；强大的互联网时代，丰富的教育资源提供了学习的无限可能，与全国知名的教师对话，找寻全国名师的风采，都能让我们"更上一层楼"。

在不断的学习中，把新理念、新方法运用到课堂实践中，磨砺自己的课堂教学本领，探寻教育真谛，教育难题迎刃而解，课堂教学灵动高效，教育充满了智慧。例如，我在语文教学中为学生营造民主、平等、和谐、轻松的课堂氛围，以生为本，以学为主，引领学生在自主、合作、探究中学习，向课堂40分钟要质量。为了培养学生的语文素养、创新精神和实践能力，开展丰富多彩的活动，搭建学习展示探究的平台——课前新闻发布会、课外阅读分享活动、演讲比赛、硬笔书法比赛、闯关活动、主题微学习实践活动等，激发学生的学习兴趣，夯实学生的语文基础。通过我不懈的努力，学生的语文素养得到了有效的培养。在疫情"停课不停学"期间，我认真设计线上教学，为学生开设直播课堂。还积极对线上教学情况进行反思，撰写的线上教学案例《让习作之舟快乐启航》获安顺市教育局线上优秀教学案例评选一等奖，指导两名学生撰写的线上学习心得获优秀案例奖。这些都让我感受到了学习、探究、成长的快乐。

三、甘为人梯

名师，尤其是名师工作室主持人，要有甘为人梯的教育情怀和使命担当。名师的成长离不开前辈的引领和团队的帮助。作为名师，就要把前辈们"甘为人梯"的美德传承下去，给教师们搭建成长平台，让年轻教师获得发展，为教育事业培养人才。我在工作室引领团队通过自我研修、网络研修、联动研修、外出培训、专家指导、课堂教学、课题研究等多角度、多渠道开展教育教学研究，促进教育教学质量的提升，促进教师专业发展。为了磨炼教师们的教育教学本领，提升其教研水平，打造一支高素质的教师队伍，工作室开展了主持人上示范课、成员上公开课、学员上汇报课、主题研讨课等活动。每当工作室的教师们参加优质课比赛、上公开课、送课下乡时，我都会耐心、无私地帮助他们，一次次听课、一次次磨课，提出意见和建议；每当年轻教师在课堂教学、班级管理方面有困惑时，我都会悉心指导，帮助他们排忧解难，与工作室的教师们同学习、共成长。团队合作的喜悦，集体探索的快乐，自觉成长的欣喜，坚守讲台的幸福，都成为我们人生中一道道美丽的风景。每当看到教师们不断地成长进步，看到年轻教师一次次取得优异的成绩，看到他们成长为教坛新秀、骨干教师、市级名师，我都会由衷地为他们感到高兴。

四、辐射引领

名师的成长得益于党和国家的培养，为回报党、回报国家，名师要发挥自身辐射引领作用，积极为地方教育做贡献。当我们积极参与一些教育行政部门组织的教育教学交流活动及送教送培到乡村学校活动时，在用心思考提炼自己的教学经验，用心为工作室成员、学员磨课，与乡村学校的教师们真诚交流、互相学习，为地方教育贡献绵薄之力的同时，自己也获得了成长。记得在2017年，我在高等教育出版社承担的"国培计划（2017）"安顺市校本研修示范校建设项目中，担任安顺市建设的5所市级校本研修示范校国培项目的指导专家，带领工作室团队在国培活动中执教示范课、开设讲座、进行说课评课的指导等。2018—2020年，我在安顺市教育局组织的脱贫攻坚送教送培到校活动中分别担任"春风行动名师志愿者"和"脱贫攻坚特攻队"成员，在承担讲座任务的同时，还带领工作室的成员、学员送去示范课。每次我们都认真准备，把新的理念带去与教师们分享。就在刚刚过去的2020年，我作为安顺市教育脱贫攻坚特攻队的队员，积极参与教育脱贫攻坚送教送培活动，到紫云县的乡村学校10次以上，走遍了紫云县的10个乡镇。除了自己认真准备专题讲座和教师们分享外，还带领工作室的教师送去好课（共有9名教师送去了不同的9节课），每次送课前，我都要多次听教师们的课，提出意见和建议，确保送去质量高、理念新的语文示范课。每次去乡村学校，看到乡村孩子们求知若渴的眼神，单纯可爱的笑脸；看到乡村教师们好学的身影，听着他们朴实的话语，我们都觉得一次次精心地备课，一路路不停地颠簸是值得的。

习总书记在2016年全国高校思想政治工作会议上说过："教师做的是传播知识、传播思想、传播真理的工作，是塑造灵魂、塑造生命、塑造人的工作。教师不能只做传授书本知识的教书匠，而要成为塑造学生品格、品行、品味的

'大先生'。"让我们拥有好为人师、甘为人梯的教育情怀，坚守"为党育人，为国育才"的初心使命，成为优秀的"大先生"吧！

参考文献

张贵勇. 阅读的旅程 [M]. 上海：华东师范大学出版社，2014.

用真情教书　用真心育人

安顺市实验学校　胡艳梅

"小时候我以为你很美丽，领着一群小鸟飞来飞去……

小时候我以为你很神气，说上一句话也惊天动地……"

听着《长大后我就成了你》这熟悉的旋律，常常会让我想起这样一幅画面：周末的校园静悄悄，一个小女孩召集邻居的小伙伴，玩起了老师上课的游戏……那小女孩正是儿时的我。学生时代的我，在老师的关爱下幸福成长，当一名老师是我童年的梦想。

当我乘着梦想的翅膀，最终在三尺讲台站定时，在我的生命里，有了新的目标与希望；在我的世界里，多了一张张天真可爱的脸庞。

懂学生才能爱学生，爱学生才能懂学生。教师只有懂得了爱的艺术，才能春风化雨。我的爱心，倾注在一个个充满激励的眼神中，在一次次耐心的谈话中，在一节节丰富多彩的主题班队会活动中，在一趟趟不辞辛劳的家访中……学生生病，我带着班委到家探望；学生进步，我高兴地打电话告诉家长；学生犯错误，我循循善诱……在我严慈相济的关爱管理下，涌现出了一批批健康阳光，积极向上的实验学子，为上一级学校输送了许多优秀的学生。

学校"润泽教育"的理念告诉我，教育是心灵的感化，是灵魂的触动，是在点点滴滴的细节中引导孩子们学会宽容，学会理解，学会做人。

记得三年级时，班上发生了一些意想不到的事，有一盆花儿被折断枝，一个同学数学测验卷被撕个洞……我发现这一现象，决定召开一次主题班会：让美德的花蕾绽放。在班会课上，当有同学勇敢地承认自己的错误时，我感动地给了他一个大大的"信任拥抱"，全班同学都为他们鼓掌。当宽容的掌声，信任的掌声在班上响起，飘满美丽的实验校园！同学们更加团结、诚实、爱集体了。他们纷纷在作文里写下自己的感受：

"我犯了错误，胡老师还给我一个大大的拥抱，让我知错就改。""胡老师像妈妈一样原谅了同学，我们都为勇于承认错误的同学鼓掌，这真是一节难忘的班会课。"

"胡老师开了一次特殊的班会课，我是我心中最可爱的人。"

"……"

读着孩子们的作文，我看到美德的花蕾正在班上静悄悄地绽放……

这不由得让我想起陶行知先生说的一句话："你若把你的生命放在学生的生命里，把你和你的学生的生命放在大众的生命里，这才算是尽了教师的天职。"

一位尽职、智慧的班主任，是善于用心思考，敢于创造，以爱育爱，以文育人的班主任。成为这样的班主任一直是我追求的目标。我在班主任工作中引领学生搞好班级文化建设，使"润物细无声"的教育水到渠成。一方面我教会学生设计"家"，营造显性的班级文化，让教室会每面墙都会说话。另一方面是创建隐性的班级文化。让学生团结向上、勤学乐学、积极阳光，形成优良的班风。在班级管理中形成了"常规常抓重细节——特色活动有创新——智慧管理促成长——以文育人铸班风"的模式，所带班级班风正，学风浓，各方面都发展得很好。我也因此先后被评为安顺市、贵州省优秀中队辅导员。

在教育教学中，我运用新课程理念指导教学，为学生营造民主、和谐、轻松的课堂氛围，用优美的语言、动听的声音引领学生在语文的世界里遨游，让学生在自主合作探究中学会学习。我为学生拓宽语文学习的主渠道，多角度培养学生的语文素养。课外阅读分享会、流动日记、游戏作文、伯乐找美文、小小新闻发布会、小小演说家等语文活动的开展，让学生的综合素质得到了培养，为他们终身发展奠定了基础。我主持的"以实践活动为载体提高写作水平"作文课题实验，探索出"游戏作文，实践创新；活动实践，做中学写；阅读实践，文化积淀；口语交际，说中乐写"的作文教学策略。课题在 2019 年成功结题，在 2020 年安顺市首届教学成果奖评选中获二等奖。

"教无止境，学无止境。"学习是一名教师实现专业成长、不断完善自己的有效途径。唯有学习，才能给自己的教育教学注入新理念、新方法。才能使教师的教育教学实践有源头活水。我在教学之余坚持学习，喜欢阅读，自觉成长。

学校外派培训学、向身边的同事学、向书本学。在实验大家庭里获得了成长。我先后被评为贵州省骨干教师、教学名师、省级名师工作室主持人、特级教师，2019 年被教育部授予全国优秀教师称号。

学校"为学生的一生着想，为祖国的明天奠基"的办学理念，是身为实验教师的责任和担当。作为一名实验学校的教师，能在这个团结协作，和谐向上的团队工作、成长，是幸运的，也是幸福的。曾经，初登讲台的我，是实验的领导、前辈们的关心、帮助与指导，让我顺利站稳讲台，他们对学生的慈爱与温和，对工作的严谨与认真，对晚辈的关爱与扶助都深深留在我的记忆中，成为我学习的榜样；曾经，磨砺课堂教学的我，是小学语文教研组团队的团结与智慧，让我走到了安顺市、贵州省优质课大赛的舞台，他们的耐心与无私，灵动的思维与火花的碰撞，成为我前进的动力源泉；曾经，成立工作室的我，是团队成员、学员的共同努力，一次次学习研讨，一次次送课研课，成为我与老师们共同成长的平台……感恩实验大家庭的我，传承着实验团队合作的光荣传统，与老师们团结协作，开展好教育教学教研工作。每当他们耐心地一起评课磨课，看到老师们不断地成长进步，看到周围的同事一次次取得优异的成绩，他们每个人都会为之感到自豪！这就是身为实验人的团结协作与幸福荣光。

用真情教书，用真心育人。在教师这个岗位上，我和孩子们在一起，我的心永远像孩子们一样有活力，一样真诚，一样单纯。当我用心培育学生，看着他们一天天进步、一天天成长起来，为他们的幸福人生奠基时；当我在陪伴学生成长的过程中自己也获得了成长时，都感到了成功的喜悦和幸福。我会一如既往用心为党育人，为国育才，为学生的幸福人生奠基，去成就自己身为人民教师的幸福梦想。

教师节致父亲的一封信

安顺市实验学校　胡艳梅

敬爱的爸爸：

您好！今天是第 35 个教师节，是我们教师的节日，女儿祝您节日快乐。

"饮其流者怀其源，学其成时念吾师。"那天，您的学生来看您，幸福激动中您挥墨写诗：

岁月如歌伴吾行，荏苒时光越古稀；

夕阳美景河山壮，七旬中华国世强。

祖国同岁永不老，日新月异征程忙；

初心不忘体康健，使命牢记伟业长。

与共和国同岁的您，常常以诗咏志，或欣慰于国家的日益强盛，或喝彩着祖国的繁荣韶华，歌颂新时代，祝福伟大祖国。

幼时懵懂的我，时常感受着您与学生们的倾情交流。您为学生操劳，为工作兢兢业业、勤勤恳恳。抽屉里一张张、一本本大红的荣誉证书，填满了我在小伙伴面前骄傲的童年时光。"令公桃李满天下，何用堂前更种花。"中考时，我毫不犹豫地选择了报考师范学校。

当拿到录取通知书时，您和妈妈便开始给我筹划开学事宜。你们忙前忙后，脸上总是挂着微笑。您亲手用家乡的老树给我做了一个行李箱。以前你们兄弟几个在外求学，爷爷都要亲手给你们做行李箱，现在我们在外读书，您也亲手给我们做。那个炎热的暑假，您每天在老家院子的绿荫下，开启了"木匠生涯"——锯板的乐音、木屑的清香、晶莹的汗珠，和着家乡那十里飘香的桂花，完成了我们兄妹 3 人的"整装配置"——求学大木箱，定格在我们青春的梦想天空，成为我们兄妹3人一生中的永恒风景。

师范3年的学习，您每学期都会给我写信，鼓励我、鞭策我。还记得我读师范时您写给我的第一封信吗？您在信里写道："你是第一次远离父母独立生活，我认为你应从根本上注意两个方面。一是努力完成自己的学习任务，努力学好各门功课，根据你的耐力，这一点你是能做到的。二是要尊敬老师，团结同学，切记，团结是战胜一切困难的力量源泉。你一定要善于发现自己的缺点，并及时改正；随时肯定自己的优点并努力发扬……"您语重心长的叮咛，一直珍藏在我心中，成为我人生的座右铭。在您的关心下，我完成了学业，以优异的成绩毕业，踏上三尺讲台，开启了人民教师的生命历程。

在这神圣的征程中，您的人格魅力一直影响着我，让我学会做一个守信诚实的人。那是您在一次收学生学杂费的时候，忙了一天的您，晚上结算时，发现多收了一个学生的学杂费，不顾天时已晚，立即从头对账，查阅收费记录，好不容易查到了多缴费的学生，就连夜给学生送去。您告诉我们，曾经教过书、当过会计的爷爷教导过您："人不贪钱，鬼都怕。"您身体力行，践行着爷爷的家训，用实际行动教育我们在工作中也要做一个诚信、敬业、清廉自爱的人。

爸，您予学生，予子女——为人父，不断成就着子女上进的动力与源泉；为人师，用生命浇注着一个又一个鲜活的灵魂！曾记得，当我遇到烦恼，遭遇困境，您给我鼓励、加油、找方向；曾记得，当我收获成功，获得胜利，您给我提醒、夯基、鼓干劲；曾记得，成年的我无暇照顾孩子，是您从老家风尘仆仆地赶来，当上了"自费全职保姆"……

爸爸，在您的教导下，我把"用心育人，幸福一生"当作自己的教育箴言。在教育岗位上传承着您的踏实勤奋、认真执着。在我严慈相济的心血付出后，涌现出了一批批健康阳光、积极向上的学子，为上一级学校输送了一届又一届优秀学生。毕业季，有的学生制作一本"好老师证"送给我，有的亲切地称呼我"老师妈妈"，经常令我幸福感动的是那一封封稚气未脱、满怀感恩的信……

爸爸，您曾经告诉过我，"把简单的事情做好就是不简单，把平凡的工作做好就是不平凡"。我每天在这平凡的工作岗位上工作，充实而有意义。我曾被评为贵州省优秀中队辅导员、贵州省中小学名师、特级教师。在前几天，还荣幸地被中华人民共和国教育部授予了"全国优秀教师"的荣誉称号。每次收到我的喜报，您总对我说："这一份份沉甸甸的荣誉，是党和国家对我们人民教师的关怀和厚爱，你一定要倍加珍惜，努力工作，不辜负党和国家的培养。"

大树感恩于雨露的润泽，才有了绿意葱茏、勃勃生机；帆船感恩于大海的辽阔，才有了搏击海浪、扬帆远航；青山感恩于天空的高远，才有了秀丽挺拔、积极向上。女儿感恩于父亲的谆谆教诲，才有了成长进步、责任担当。我会一直坚守在这平凡的岗位上，握好你们这代教育人传下的接力棒，用真情教书，用真心育人，为学生的幸福人生奠基，去成就自己身为人师的幸福梦想。

爸爸，在这属于您的节日里，在这收获的季节里，让我再向您说一声：感谢有您，我生命的缔造者，我的人生导师，我最敬爱的爸爸！

祝您

安康，长寿！

您的女儿：艳梅

2019 年 9 月 10 日

等待的幸福

安顺市实验学校　胡艳梅

"大家好！今天我演讲的题目是《爱护环境，人人有责》……"

"同学们好！今天我给大家发布一则新闻……"

"……"

在我们班每节语文课的前3分钟，都会听到同学们精彩的演讲。从身边小事到国家大事、世界焦点，从学校接受上级领导调研到C919的试飞成功、十九大的召开；从倡导大家做环保卫士到拒绝校园欺凌；从公交车坠桥事件到见义勇为的警察叔叔等，无话不谈。演讲主题有"珍爱生命，关注消防""诚实做人""好的开端是成功的一半"等。

我让同学们养成每天观看新闻的习惯，至少要记住一则新闻，第二天在语文课前进行分享。为了让学生做好充分的准备，小主持人每天都要公布第二天发布新闻的学生名单。当语文课的铃声响起，小主持人走上讲台："有请沈涵上台发言！"只见小涵大大方方地走上讲台从容不迫地发布她搜集的新闻："在上海的一次演唱会结束后，观众们丢下满地的荧光棒离去了。只有一名小女孩留在现场，拾起一根根被丢弃的荧光棒。小女孩拾起的不是荧光棒，而是人们丢掉的素质呀！我觉得丢下荧光棒的观众太不应该了，我为这个保护环境的小女孩'点赞'。"小涵发布完毕，全班响起热烈的掌声。此时，我趁热打铁，点评道："是啊，小涵说得对，小女孩拾起的是人们丢掉的素质。我们在座的每个人是不是也曾经丢掉过自己的素质呢？想想我们的教室卫生，为什么保洁工作做得不好呢？是不是我们都忽略了自己的素质呢？"说完，我默默地注视着同学们，等待着他们的反应。此刻，教室里出奇地安静，同学们仿佛在思考着什么，眼神渐渐黯淡下来，慢慢地都低下了头，看看自己的周围是否有被丢掉的"素质"。从那以后，教室里少了一些被随意丢弃的垃圾。

在我们班的新闻发布活动中，涌现出了许多善于观察，勤于思考的"小记者"。一个学期坚持下来，孩子们都得到了上台展示自己的机会。那些性格内向的同学也比较积极了，课堂上发言也踊跃了。在这个过程中，小主持人恰当地点评，教师适时地点拨，不仅是语文素养，学生的"个人修养、家国情怀、社会关爱"等核心素养也得到了培养。

伴随着新闻发布活动，同学们升入六年级，我在思考：这个新闻发布活动该升级了吧。《义务教育语文课程标准》在第三学段的口语交际和综合性学习的目标中指出："能根据对象和场合，稍作准备，作简单的发言"，"对自己身边的、大家共同关注的问题，或电视、电影中的故事和形象，组织讨论、专题演讲，学习辨别是非善恶。"于是，我们把"新闻发布"升级为"小小演说家"。当我把"升级意见"告诉同学们时，他们纷纷表示赞同。

"小小演说家"活动开始了！同学们自由选择一个主题进行演讲。我把学生演讲的视频录下，抽空播放给学生观看，互相学习借鉴。"天才出于勤奋""勿忘国耻，振兴中华""学会尊重"等都是学生演讲的主题。

回顾我们班"小小演说家"活动的开展，也并不是一帆风顺的，不时会出现一些"小状况"。

雯雯同学是一位腼腆胆小的女孩，记得那天轮到她发言。她红着脸走上讲台，发言的声音像小蜜蜂的嗡嗡声似的，根本听不见。无论教师同学怎么鼓励，她的声音都永远那么小。大家听起来很费劲，开始出现了一些小躁动——"听不见，大声点……"我立即做了一个安静的手势，同学们不再议论，都耐心地听她讲完。我说："感谢同学们的倾听！雯雯同学能勇敢地站到全班同学面前演讲，勇气可嘉，只是声音小了一些，希望你下去多练习，我们期待着下一次演讲时你有更好的表现。"课后，我告诉雯雯她的声音挺好听的，让她大胆地展示自己，可以在家对着镜子练练。另外，我还和雯雯的姐姐说了她发言的情况，希望她指导雯雯在家练习。第二天演讲时，雯雯大胆地走上讲台，声音响亮地完成了演讲，全班同学都给她送上热烈的掌声。

腼腆的女生在教师、同学、家长的帮助下克服了"害羞"，学会勇敢了，可是还有胆小的男孩子，他们的勇气又从哪儿来呢？

　　"有请彬圻上台演讲。"当主持人响亮地说出发言人的名字，大家认为彬圻一定会勇敢地上台滔滔不绝地说，谁知他却迟迟不肯上台。我说："有请彬圻赶快上台发表演讲，时间不等人哟……"彬圻无动于衷，"坚强"地不上去。"让我们给他掌声，给他勇气吧。"我说。同学们鼓起掌来，大家多希望他能上去呀。可是，他仍然扭扭捏捏，仿佛被钉在了椅子上，同学们有些失望了。我想，不能就这样僵持下去，说道："小主持人先请下一位吧，彬圻明天做好准备再讲。"

　　第二天，我满以为他会做好充分的准备。可是当主持人请他时，仍然出乎意料地重复昨天的故事。怎么办？此刻的我真想发火呀，因为咱们这宝贵的3分钟不能耽误呀，还得上语文课呢。但是我还是忍住了，给他思考的时间，慢慢来，耐心等待，一切都会好起来的。于是，我心平气和地说："请坐下。"

　　怎么办？怎么办？我在心里追问自己，难道让这个孩子就这样沉默下去？那他今后怎样面对人生的无数"演讲"？我一定要想办法帮助他。

　　下课后，我"不经意间"在大门口遇到彬圻，亲切地走上去对他说："今天可要回去做好准备，观察生活，记一则新闻，发表自己的看法，不能再沉默了。"他腼腆地答应了。又是一节语文课，主持人点名——彬圻上场。他爽快地站起来，大方地走上讲台，几十双眼睛齐刷刷盯着他，充满了期待。我悬着的心也终于落了地。他勇敢地开口——"我最近……我最近……"沉默、沉默！等待、等待！他说不出来了！怎么办？我有些失望。转而一想，我不能让他尴尬下去。于是，我轻轻走近他，小声提醒——"我最近看到一则新闻"，他接着我的话说下去："我最近看到一则新闻，有人交通肇事后逃逸……"他终于开口说话了，他能说下去了！虽然有些结结巴巴。但我听清楚了，同学都听清楚了。大家为他鼓掌，他也开心地笑了。课下，我悄悄鼓励他说："看你今天勇敢地上台演讲，说得有条有理，清清楚楚，演讲并不难吧？"他微笑着点点头，看着我的眼神满是信任和自信。

　　我们班的"小小演说家"活动已经开展了很多轮，当遇到像雯雯、彬圻那样腼腆的学生时，我都会耐心等待，等待他们大胆地开口，等待他们流利顺畅地发言。我坚信，只要我们给学生充分准备的时间，允许他们不完美，他们都会勇敢地走上讲台展示自己的才华。虽然是短短的课前3分钟，我却看到了同学们无穷的智慧和勇气，感受到了等待的幸福。记得一位教师说过："教师要用做慈善和公益的心态对待学生。"是啊，做慈善和公益的心态不正是一颗博爱的心吗？这博爱的心也是一门等待的艺术，在这个过程中，我们要有耐心、真心、爱心……不急，不躁……

　　当优美的上课铃声响起，我走进教室，教室里孩子们养的花已经悄悄绽放。演讲活动正在进行……我静静地倾听着演讲的声音，默默地闻着花儿的芳香，幸福溢满心头……

从小事做起

——读《细节决定成败》有感

安顺市实验学校　胡艳梅

　　汪中求先生所著的《细节决定成败》这部书，为我们展现了现实生活和工作中易被忽视而又非常重要的点点滴滴。阅读后感触颇深，使我想到了在我们的教育教学工作中，注重细节也同样重要。

　　古代一位哲人说过：吾日三省吾身。今天，当我读完《细节决定成败》这本书后，我也常常反思我的教学，是不是把教学中的每一件小事都做好了。记得有一次，我上完《小松鼠找花生》一课后，一个家长在和我交流时，说到他的孩子回家问他一个问题：为什么课文里是"一个花生"而不是"一颗花生"？后来，我就在班上表扬了这位同学读书仔细，善于动脑思考。同时全班就这个问题展开了讨论。原来，平时人们说的一颗花生，是指剥了壳的花生米。而书中说的"一个花生"，是埋在地里的花生的果实。

　　我反思了自己的教学，为什么学生不敢在课堂上提出来，而是问家长呢？我意识到是因为自己没有充分鼓励孩子大胆质疑。于是，在这之后的教学中，我经常鼓励孩子们仔细读书，大胆质疑，在课堂上和他们一起探讨。看来，教学中的点点滴滴，就是我们要关注的细节，就是我们要做的小事。

　　对学生文明行为习惯的培养也需要教师抓好细节，从小严格要求学生养成文明的行为习惯。英国哲学家培根说："习惯真是一种顽强而巨大的力量，它可以主宰人的一生，因此，人从幼年起就应该通过教育培养一种良好的习惯。"某所学校把校训定为"习惯很重要！"可见，从小培养学生养成文明的行为习惯，是非常必要的。

虽然在我们的校园内，很多学生都养成了文明的行为习惯——相遇时，相互问好，彼此微笑；同学有困难时热情帮助；不小心撞到对方，一声"对不起"春风化雨；自觉将垃圾放入垃圾箱，自觉爱护公共财物……但是，在我们的身边，在一部分同学身上，还存在着一些不好的行为习惯。例如，走廊里，随意起哄大闹，推推搡搡；地面上，顽固地躺着被同学们踩得黑乎乎的口香糖；被扫得一尘不染的教室，不知何时，多了几张白纸来"点缀"；桂花飘香的校园，偶尔也会飘出几句脏话、粗话；同学的文具，有时会不翼而飞……这些容易被人们忽视的小事，是我们教育的关键点，要及时发现，通过有效的方式帮助学生养成文明的行为习惯。

当然，学生良好行为习惯的养成不是一朝一夕的事，也不是靠简单的说教就能一蹴而就的。因为成功的教育往往是从教会孩子做对每件小事开始的，而不是告诉孩子们一个抽象的道理。如果把人生比作一个金字塔，构成金字塔塔基的，恰恰是他们所做的每件小事及做事的细节。我们教师要对不同年级的学生提出不同的要求，根据"低起点、小坡度、分阶段、分层次"的原则，对学生行为习惯的目标和内容进行分解，由大化小、由小化细。在培养训练中，要由浅入深，由易到难，循序渐进，要求学生做好每一件小事，从而逐渐养成文明的行为习惯。记得我在一年级（一）班上课时，由于当时我们班教室的窗户外就是垃圾坑，有的学生为了方便，就顺手把废纸扔出窗外。我知道这一情况后，意识到这件"小事"的直接后果就是会让学生养成从窗户随手乱扔垃圾的坏习惯。在有一天上班会课时，上课铃一响，我手里拿着一张废纸走进教室，准备丢往窗外。此时，60双眼睛齐刷刷地盯着我，我故意把手停在窗外，问同学们："这张纸能往外丢吗？"学生说："不能！"我继续问他们为什么不能丢，顿时，教室里议论开了：

"乱扔垃圾不文明！"

"废纸会到处飞！"

"应该把废纸丢进我们班的垃圾桶内！"

"……"

我看见时机已到，便走到垃圾桶旁，慎重地把废纸扔进了垃圾桶里。从此，学生再也不会往窗外乱扔垃圾了。为了强化学生的文明行为习惯，一次"让文明花儿处处开"的主题活动也就此在班上拉开了序幕。

正如作者在书中写的一样："注意细节其实是一种功夫，这种功夫是靠日积月累培养出来的。谈到日积月累，就不能不涉及习惯，因为人的行为的95%都是受习惯影响的。"所以我们应该从日常学习生活中的细节抓起，严格要求学生养成注意细节、一丝不苟的好习惯。因为"播种行为，可以收获习惯；播种习惯，可以收获性格；播种性格，可以收获命运。"

我们在每天琐碎、细小的工作中聚沙成塔、滴水穿石。只要我们能够抓住细节，从思想上、意识里肯定细节的重要性，从自身做起，从每一件小事做起，那么，我们就会一步步地走向成功。

做一名快乐的教师

——读《教师道德智慧》有感

贵州省安顺市实验学校 胡艳梅

寒假期间，我读了《教师道德智慧》这本书，书里的一个个案例以及对于案例的解决策略、指导训练等，都让我受益匪浅。其中，给我印象最深的是《乐观积极》这一章讲到的一段话："一个人的思维方式决定了他的心态。凡事都往好的方面想，往好的方面看，能够以乐观积极的方式看待周围的一切，看待在教学过程中遇到的各种挫折与阻碍的教师，在处理日常事务时就能够以平和的心态处理和解决……"是的，如果我们能以乐观积极的方式看待周围的一切，我们就能做一名快乐的教师。

一、热爱教师的职业，让快乐相随

作为一名小学教师，每天要做很多工作，是非常辛苦的，但是我们许多教师为什么几十年如一日，在这个岗位上兢兢业业，默默奉献着呢？因为我们热爱教师这个职业。爱因斯坦曾经说过："对于一切来说，只有热爱才是最好的老师，它远远超过了责任感。"是的，只有热爱，我们才会甘于寂寞，才会淡泊名利，才会潜心育人。只要我们用心去对待这个职业，做好每一件事，我们就会发现，教师真正是一个"神圣的岗位"。在这个岗位上，我们和孩子们在一起，虽然由于工作的操劳而渐渐衰老，但我们的心永远像孩子们一样有活力，一样真诚，一样单纯。因为孩子们一天天进步、一天天成长，让我们感受到了成功的喜悦。

也许，我们的职业过于平凡；也许，我们的日子只有简单；也许，我们的工作过于繁重……但请热爱这份职业吧，不要再抱怨，也不要再挑剔……因为在抱怨中，在挑剔中，我们的心情会越来越糟，我们的工作效率会越来越低。热爱这份职业吧，我们能得到在他人眼里不足为奇的最纯洁的礼物——孩子们的快乐成长，孩子们幸福的笑容，孩子们真挚的祝福！

热爱教师的职业，让快乐相随吧！

二、宽容我们的孩子，让快乐永恒

"一个能够宽容别人错误和缺点的人，自己也会活得很轻松，教师以宽容之心对待教学活动，对待学生，他也会获得学生的尊重，营造班级愉快信任的氛围。"这是《教师道德智慧》里让我难忘的一句话。是啊，教师的宽容，可以点亮学生心中的明灯，让他们健康快乐地成长。教师的宽容是对学生的不足、缺点甚至错误的包容、理解和原谅，是对学生发展缓慢过程的一种等待、期待。我们面对的学生，是一个个正在成长中的，心智、理智、是非观念尚不成熟的孩子，他们难免会犯这样那样的错误。当我们教师发现学生犯了错误时，一定要用一颗宽容的心去理解学生，帮助他们改正错误。例如，有时会遇到有的学生忘记写作业，却告诉教师是忘记带了。如果此时我们追究下去，非得逼着孩子请家长把作业送来，那么，常常是学生发慌、家长紧张、教师"没招"。我们教师不如换个方式，让学生第二天带来并告诉他作为学生完成作业的重要性，要对自己负责任，不能丢三落四，甚至撒谎。也许，这个学生会抓紧把作业"补"来，从此就不会再"忘带"作业了。

魏书生老师说，教育学生的时候，力争不站在学生的对面，让学生怎样，不让学生怎样，而要站在学生的心里，站在学生真善美那部分思想的角度，提出：我们需要怎样，我们怎样做能更好。这样，学生会感到你不是在训斥他，而是在帮助他，你真是他的助手。记得，我班学生升入六年级以后，有个女同学进入了青春期，喜欢穿奇装异服，发型也怪怪的，学习没有以前刻苦了。看到她的变化，我心里很为她着急，于是，我心平气和地与她谈了几次，告诉她学习的重要性，以及小学生应怎么着装，美是要靠内心的修炼，而不是外在的打扮。最后，我还告诉她：老师希望看到那个曾经积极上进的女孩！渐渐地，女同学又回到了小学生的模样，恢复积极上进的状态了。试想，如果我们面对孩子成长中的这些问题，一味地讽刺挖苦，那不是适得其反吗？

其实，宽容孩子，自己也会收获快乐。

就在这学期检查寒假作业时，我班一个学生做的文摘只有巴掌般大，而且极其不认真。我发现以后，没有在全班批评他，而是先把做得好的同学的文摘一一展示，请大家欣赏。最后拿出这个小本子说："这是我们班这次创下全班吉尼斯纪录的文摘，他是谁呢？保密哟……"同学们听了，哈哈大笑。我瞄了一眼那位"创造吉尼斯纪录"的学生，他脸微微红了，不好意思地低下了头。就这样，我在快乐的氛围中委婉地批评了那位同学。课下，又悄悄与他谈话，指出他的不足，孩子欣然接受了老师的批评，学习不再马虎了。只要我们宽容孩子，注意教育的智慧，我们也会让快乐永恒的。

三、阅读成为习惯，让幸福陪伴

《教师道德智慧》里有许多鲜活的，令人信服的教育案例，那充满智慧的育人方法，是值得我们每个教师学习的。教师们的"智慧"从哪里来？我想，除了有对这份职业的热爱，还应该爱上阅读，从阅读中去得到"智慧"吧。陶继新老师在他的演讲实录《做一个幸福的教师》中倡导教师要坚持读书，在读书中获得生命的成长。是啊，一个教师缺乏了个人的静悄悄阅读，是缺乏后劲，缺乏智慧的。所以我们要让书籍成为自己的教育伙伴，让阅读成为生命中的一种习惯。

我在工作之余，总喜欢读书，在读书中找"智慧"。

当我因教育学生而困惑时，当我因追寻课改的方向而迷茫时，是书籍这个"教育伙伴"帮助了我，让我在教育岗位上不断成长进步。作为一名班主任，我常常阅读《小学班主任工作艺术》《小学班主任专业成长》《给教师的建议》以及一些优秀的班主任工作案例等。从这些书中，我学会了许多班主任工作的艺术，找到了班级管理的"钥匙"。作为一名语文教师，《小学语文教师》成了我床头必备的杂志，每天睡觉之前都要翻上几页。那一篇篇渗透着新课程理念的文章，名师们的教学实录以及"咬文嚼字""问讯处"……它们就像一位和善的长者和我对话，引领我感悟新课程、学习教学方法。我经常会豁然开朗，把好的方法运用到自己的教学中。另外，《生活中的作文》《怎样观课议课》《窦桂梅与语文教改的三个超越》《教师教学智慧》等专业书籍以及一些中外名著，也是我在闲暇时及假期首选的读物。

　　作为书香中队的一员，我常常和孩子们共读一本书。我于2008年9月，在二（一）班成立了书香中队，给同学们建立了读书帘。每个同学每月都要把自己读的书展示在读书帘上。我也经常给同学们推荐一些好书，如《木偶奇遇记》《爱丽丝漫游奇境》《鲁滨孙漂流记》《昆虫记》……与此同时，我也坚持与孩子们一起读这些书，一起走进奇妙的童话世界，一起认识勇敢机智的鲁滨孙，一起了解可爱的昆虫世界……在阅读中，我觉得自己是快乐的，幸福是永远陪伴着我的。

　　《教师道德智慧》给了我很多"智慧"，做一名快乐教师的智慧，我将永远珍藏着她。

智慧管理班级

——读《班主任"偷懒"艺术》有感

安顺市实验学校　胡艳梅

　　《班主任"偷懒"艺术》是由著名的特级教师、班主任宋运来老师编著的。该书是一部来自一线优秀班主任成功管理经验的书籍。书中既有经典案例，也有理性分析，还有方法指导。从"偷懒"也是一种智慧、想"懒"就得先"勤"、想"懒"还得"教"、想"懒"还得"求助"、想"懒"就得"放"五个方面展开叙述。

　　读着一个个鲜活的案例，看着班主任们的"偷懒"绝活，我被他们的工作艺术深深折服，看到了作为一名优秀班主任应该有的智慧。

　　"教是为了不教，管是为了不管。"这是书里让我印象深刻的一句话。它告诉我们，班主任"偷懒"，是为了培养学生的自我管理能力，教师要把自主管理的方法教给学生，要大胆让学生学会管理。就是我们常常说的"授人以渔"的教学方法，把这一理念运用到班级管理中可以让学生的潜能很好地发挥出来。

　　看看宋运来老师的"授人以渔"管理，学生有较强的独立性，组织活动、早读、收发作业……管理得井井有条。教师不在班上与教师在班上时一样守纪律。他乐观地认为班主任是个好玩的"芝麻官"。可是，在我们的工作中，并不是所有班主任都能如此乐观。因为很多班主任被日常的教学工作、突如其来的上级检查、繁忙的班级管理等"拖累"着，感觉他们身心疲惫，是最辛苦的"芝麻官"。那么，要怎样像宋老师那样"好玩"，才能摆脱"身心俱疲"的状态呢？是工作任务下来就开始埋怨吗？是成天板着脸训斥孩子们吗？是事无巨细地包办代替吗？是成天请"调皮大王"进办公室吗？是动不动就请家长吗？

回答当然是否定的。如果我们长期在这样的状态下工作，只能是充当"保姆"似的班主任，学生能力得不到培养，教师既苦又累。怎样做才能摆脱"苦"与"累"？必须要智慧地管理班级，学会"偷懒"艺术。

也许你会说，"偷懒"？那不是"不务正业"吗？其实，宋运来老师告诉我们，"懒"是指一份乐观的态度，不是真正意义上的"懒"。相反，他首先需要付出更多的思考才行，然后再采取切实有效的办法，讲究办事效率，绝不和学生拼时间、拼消耗。在教育管理中，多教给学生方法，该放手时就放手。这让我想起了全美最佳教师雷夫·艾斯奎斯，他所著的《第56号教室的奇迹》让我看到了一个优秀的美国教师是怎样用智慧管理班级、培养学生健康成长的。他与孩子们一起制定规则，指导孩子们排练莎士比亚的话剧，教孩子们织挂毯、整理物品，让孩子们变成爱学习的天使……当有教师问他是怎么管理学生的，他的建议是：根本不用管理！但前提是要教孩子们学会自我管理。雷夫老师的管理理念与宋运来老师理念有着异曲同工之妙。

《国家教育事业发展"十三五"规划》里要求要全面落实立德树人的根本任务，培养学生的创新精神和实践能力，提升学生的思想道德水平等，我们每一个班主任都没有理由懈怠，没有理由懒惰。再联系《班主任"偷懒"艺术》，我陷入深深的沉思，在科学技术迅猛发展的今天，要培养新一代的社会主义接班人，班主任们真得勤奋地钻研一下"懒"的艺术了，要学会用智慧管理班级，让学生在自我管理中获得全面的发展。

这让我想起了自己带四（4）班的一些经历。记得从一年级开始，当小朋友们戴上红领巾的那一刻，我就在思考如何通过中队活动，培养队员们的集体荣誉感、团队意识、规则意识、自我管理能力等。我培养了一批少先队干部，教他们主持中队活动，每个学期都要组织几次主题队会。在刚开始的时候，我给他们写好稿子，做好策划，后来，我渐渐放手，从活动策划、幻灯片制作、节目编排等都让学生自己组织完成，教师做好"场外指导"就行。当庄严的《出旗曲》响起时，当嘹亮的队歌在校园上空飘荡时，我看到孩子们的眼神里闪耀着泪花，充满着神圣。一次次主题队会的开展，在"立德树人"方面起到了事半功倍的效果。

主题队会只是智慧管理班级的一个方面，主题班会的开展也有着举足轻重的作用。小学生处于身心发展尚未成熟的阶段，他们的世界观、人生观、价值观还没形成，缺乏辨别是非的能力，自我约束力也差。难免会犯错误。当学生犯了错误时，千万不能急躁，更不能大声呵斥，轻易给学生下定论。要做个有心人，善于观察发现班上学生出现的问题，抓住教育契机，采取有效的教育措施，创设温馨的情景，给学生自我改正的机会。正如宋老师说的"要喜爱学生、尊敬学生、信任学生、解放学生"。当班上的学生出现一些意想不到的情况时，要通过召开主题班会，在点点滴滴的细节中引导孩子们学会宽容、学会理解、懂得感恩、懂得关爱。

一次，班上发生了一些不愉快的事，有一盆花儿被折断枝，一个同学的数学测验卷被撕了个洞……却没有同学主动承认，我很担心学生不敢承认错误，不及时改正的表现。于是，我为孩子们上了一节特殊的班会课——让美德的花蕾绽放。班会课上，让同学们发表自己对这些行为的看法。大家纷纷从换位思考、爱班级、不诚实的后果等方面讲了自己的观点。我又表扬了班上诚实的同学，讲了小时候偷偷拿同学 5 毛钱的小学生一直心怀内疚，直到长大成人找到同学还了 5 毛钱才如释重负的故事……接下来我和全班同学闭上双眼，我轻轻地、真诚地说："同学们，让我们一起给犯了错误的同学力量，给他们改正错误的机会，给他们战胜自我的勇气……"当我们轻轻倒数 10 个数，睁开眼睛时，有一个同学站起来了！我被他勇于承认错误、勇于战胜自我的勇气而感动，深深拥抱了他，自己忍不住流下了感动的泪水，我看到同学们的眼睛也湿润了，大家不由自主地对他报以热烈的掌声。接下来，好几个同学都主动站起来说"我错了，是我……"我大声对着全班说："孩子们，你们能勇敢地站起来，能知错就改，有战胜自我的勇气，太棒了！让美德的花蕾从此在咱们班绽放！"全班同学再次为他们鼓掌。鼓励的掌声、宽容的掌声、信任的掌声在我班响起，飘向美丽的校园！

主题班队活动的开展，不仅让学生得到了锻炼，还在潜移默化中形成优良的班风，打造了一个充满正能量的班集体。当然，活动的设计千万不要流于形式、应付检查，一定要有针对性、实效性。其实，智慧管理班级，不仅仅体现在以上活动的开展中，还有班干部的培养，活动的策划指导，班干部会议的召开等。记得在上学期学校体育节的活动中，我也"懒"了一回。学校的几项集体项目比赛，从报名、组队到上场时队员的准备活动，我都是让小班干部们完成的。这次活动由于全是集体项目，要求尽量全员参与，队员不能重复，要调整报名的同学，我看到几个小班干部还真是费了一番心思——协调队员、动员参赛、排列上场顺序、清点人数、整队……忙得不亦乐乎。队员们齐心协力参加比赛，取得了好成绩。原来，当我们信任学生时，会发现孩子们有着很大的潜能，只要我们班主任乐意去挖掘。

《班主任"偷懒"艺术》让我学到了许多智慧管理班级的方法，让我明白了"做一个'懒惰'的班主任，千万不可'心懒'，要不断思考教育的形势与应对的策略，促进专业水平的提高，提升在学生心中的威信"。

班主任的工作永远是一个全新的工作，因为我们面对的学生每天都在变化，这就需要我们不断学习优秀班主任的管理理念，在实践中反思，在实践中运用智慧。只要我们静下心来思考，弯下腰去育人，孩子们就会健康快乐地成长，班主任也会收获幸福与希望。

"长大后我就成了你"

安顺市实验学校　胡艳梅

"小时候我以为你很美丽，领着一群小鸟飞来飞去……"

"小时候我以为你很神气，说上一句话也惊天动地……"

熟悉的旋律伴随着熟悉的画面，种下一个简单的梦想。

当梦想扎根三尺讲台，

生命里，有了新的目标与希望；

世界里，多了天真可爱的脸庞。

"为学生一生着想，为祖国明天奠基"，是实验教师的责任和担当。

时光荏苒，前辈的指导，同事的帮助，领导的关怀，让我们找到了属于自己的三尺舞台。

回望过去，有懵懂无知的忐忑，有初出茅庐的莽撞；

有无怨无悔的青春，有默默无闻的耕耘；

有失败泪水的洗礼，有成功之花的点缀。

每一个画面都记录着我们在实验成长的足迹。

"明德、笃学、崇实"的校训指引着我们拼搏奋进，教书育人。

学生生病，我们到家探望；

学生有进步，我们开心地告知家长，鼓励孩子；

学生成绩下降，我们及时与家长沟通，共同探讨如何帮助孩子。

一个个充满激励的眼神，

一次次耐心的谈话，

一趟趟不辞辛劳的家访……

六年的成长，六年的陪伴。

毕业的季节，

有不舍，有欣慰，

有祝福，有期许。

目送孩子们踏上新的征程，

百年金桂越发葱茏，阵阵清香溢满校园。

又一个丹桂飘香的日子，迎来新一届学生，

一张张纯真可爱的笑脸，一声声清脆的"老师好"！

幸福溢满心间，爱的阳光播洒在童年。

倾听他们的疑问，

朗读神奇的童话故事，

遨游广阔的数学王国，

描画多彩的童年，

为学习吃力的同学辅导功课，

为教育孩子困惑的家长支招儿……

学校"润泽教育"的理念告诉我们，

教育是一朵云推动另一朵云，

一棵树摇动另一棵树，

一个灵魂唤醒另一个灵魂。

我们和学生一起成长，做更好的自己！

"长大后，我就成了你，才知道那间教室放飞的是希望，

"守巢的总是你……

"长大后我就成了你，才知道那块黑板，写下的是真理，擦去的是功利……"

长大后，我就成了你……

初心不改，感恩奋进育人路

——在 2019 年第 35 个教师节表彰大会上的发言

安顺市实验学校　胡艳梅

尊敬的各位领导，各位老师，大家好！

今天，我很荣幸能作为教师代表站在这里发言。我发言的主题是"初心不改，感恩奋进育人路"。

有一句话说得好——大树感恩于大地的滋养，才有了绿意葱茏、勃勃生机；雄鹰感恩于蓝天的广博，才有了展翅翱翔、凌击长空；游鱼感恩于大海的包容，才有了腾波戏浪、游姿优美。我们要感恩党和国家的关怀，感恩实验大家庭的培养。此刻，就让我把千言万语汇成几个关键词吧：感恩，幸福，勤奋，回报。

感恩。正如教师们在诗朗诵里面提到的一样，曾经的我们"懵懂无知"，曾经的我们"冲动莽撞"。是呀，我们能够在实验这个大家庭不断成长，是领导用心地引领了我们，是前辈耐心地指导了我们，是同事热心地帮助了我们……实验给每一位教师搭建了成长的舞台，给每一位教师创造了磨砺的机会。在这里，请允许我衷心地向学校领导，向每一位同事道一声：感恩的心，感谢有您！

幸福。"用心育人，幸福一生"。我们教师的幸福，是简简单单的幸福，是清晨一张张稚嫩的笑脸迎接你的幸福，是看到孩子们从生硬地学"a""o""e"到滔滔不绝演讲的幸福，是智慧管理班级的幸福，是被学生称为"老师妈妈"的幸福，是教师节一封封信悄悄放在办公桌上，一条条祝福短信传来的幸福，是远远看着曾经的学生榜上有名的幸福……老师们，只要我们用真心育人，就能在与学生共同成长的过程中收获满满的幸福，为学生的幸福人生奠基，去成就自己身为一名人民教师的幸福梦想。

勤奋。习总书记在 2016 年全国高校思想政治工作会议上说过："教师做的是传播知识、传播思想、传播真理的工作，是塑造灵魂、塑造生命、塑造人的工作。教师不能只做传授书本知识的教书匠，而要成为塑造学生品格、品行、品味的'大先生'。"怎么才能成为"大先生"呢？唯有勤奋。永远保持空杯心态，勤奋学习，勤奋工作，敢于探索创新，不断提升自己的教育教学水平，不断修炼自己的品行，时刻铭记教书育人的使命，甘当人梯，甘当铺路石，以人格魅力引导学生生命成长，以学术造诣开启学生的智慧之门。

回报。我是一名普普通通的教师，有幸获得了"全国优秀教师"的荣誉称号。我是幸运的，也是幸福的。为了不辜负这份沉甸甸的荣誉，不辜负党和国家的期望，不辜负学校的培养，不辜负同事的帮助，不辜负家长、学生的信任，我一定要更加努力，回报社会，回报党。以自己每一天的实际行动，为学生一生着想，为祖国明天奠基，培育各类人才，为实现中华民族伟大复兴的中国梦贡献自己的绵薄之力！

初心不改，感恩奋进育人路！

老师们，让我们一起努力吧！

谢谢大家！

2019 年 9 月 10 日

幸福的旅程

安顺市实验学校 周 群

小时候，父母曾对我说："梦想是美好的，是一个人热衷于去追求的。一个人有了梦想，才会有动力；有了梦想，才会有希望。"这句话，我牢牢地记在心里。

14年前我以一名农村特岗教师的身份来到紫云县大营小学，在那里种下了自己"教师梦"的种子。大营乡是贵州省百个贫困乡之一，地处麻山腹地，距县城有七八十公里，交通极不方便。山里边要6天才赶一次"甲子场"，每个星期吃的菜都在这一天一次性购齐，时间一长，蔬菜发霉、腐烂，但还是要煮熟吃下去。学校没有宿舍，新来的4个女教师只能挤住在一间临时腾出来的破旧小教室里，窗户没有安装玻璃，一到冬天风拼命地往里灌。学校没有自来水，平时喝的水也要很远的地方去挑，生活条件的艰苦程度可想而知。说到交通更是让人无比辛酸，每天只有一趟车到县城，一旦错过就得坐摩托车到另一个镇，再转车到紫云，然后不停地转车，用两天的时间才能回到家乡。记得第一个学期放暑假时，我坐的摩托车半路上车子爆胎，司机无奈地把我丢在半路让我自己想办法。天色暗沉，山路泥泞，我第一次觉得能"坐上一辆汽车踏上回家的路"就是幸福。

再说说我当年的学生吧！几十个黑黑瘦瘦的农家孩子，邋遢的衣服，单薄的身体，还有那枯黄凌乱的头发……但是那一双双求知的大眼睛，就这样定格在我身上，那一刻，我终于明白，我再也不是那个还在大学校园里求学的学生了，我的身份是教师，是孩子们的引导者。记得有一天中午，我从教室门口无意间看到，一个女孩从书包里拿出了一个皱巴巴的塑料袋，小心地一层层剥开，

33

里面是一个冰冷的饭团。她把饭团掰成两半，大的一半递给了身边的妹妹，姐妹俩就这样一边吃一边有说有笑。这些孩子，每天早晨在崎岖的山路上步行四五小时来到学校，此时这个冷冰冰的饭团就是他们的午餐。我悄悄退了出来，把这幸福的时光留给姐妹俩。

那一刻，在城市长大的我才知道能"吃饱穿暖"就是一种幸福。

日子一天天过去，看着孩子们由稚嫩慢慢变成熟，我的内心喜悦而欣慰。这无数个忙碌的日日夜夜，我是幸福和快乐的，更是感动的。渐渐地，我发现孩子们最初黯淡的眼神逐渐变得澄澈明亮，有时明亮得足以生动他们并不精致的五官。那时，一种身为人师的使命感、责任感、幸福感油然而生。原来，不计功利的全心付出，就是一种幸福，而我的"教师梦"就隐藏在这平凡的幸福里。后来我通过自己的努力参加选调考试来到了县城，与孩子们分别的最后一节课，站在讲台上的我感慨万分，把目光缓缓地投向每一个学生，我舍不得，我放不下，我不想与这些一路陪伴我成长的孩子们就这样分别。就在那节课上的最后 5 分钟，小班长作为发言人代表，举着话筒大声对着班上所有的学生说："起立！用最大的声音，最后再喊一次'老师再见'！"至今，我还能回忆起那个齐刷刷的鞠躬，还有那声震破苍穹的"老师再见"。

当回城的汽车慢慢启动后，我却再一次地跳了下来——我可爱、淳朴的学生啊，在烈日下跟着汽车奔跑着。我紧紧地拥抱每个孩子，不受控制的眼泪夺眶而出，满满的幸福感让我在这明媚的阳光下久久不能自已……

这就是我坚持 14 年的岗位，这就是给我带来幸福感、成就感，让我更加美丽的教师职业。其实教师的幸福很平凡，就在那一双双清澈明亮的眼睛里，就在这爱与被爱的传递间……没有华丽修饰，没有豪言壮语；我们默默奉献青春，耕耘梦想，用真心、爱心和诚心浇灌出桃李满天下；我们是爱与责任，每一滴青春的汗水，都能滋养另一个更为青春的生命。

我曾经反复思索过，是什么力量让我在这段旅程中迈着坚定的步伐走下去。是最美初心，是最初那份怀揣着对教师梦的美好憧憬，是周围总有一些榜样在激励我、影响我。他们是我那为了学生无私奉献的父母；是遭遇过一次重大车祸，两次罹患癌症却依然坚守岗位的前辈；是日夜把精力投入在工作中而长期无法照料病重母亲和幼小孩子的同事；更是全中国千千万万个把青春奉献给学生、奉献给教育的人民教师。他们的身上除了有强烈的责任感以外，还有对未来的希望，对国家、对民族的希望！

不忘初心，最美初心，在追梦的路上，我始终相信把平凡的事做好就是不平凡；我始终相信真诚互动就能收获感动，根植美德便能收获美丽。看吧，在朝阳升起的土地上，我们的教师梦正在生长，它越长越大，越长越茁壮，它将会在每一个孩子的梦里延伸……

一路风景　一路芬芳

安顺市实验学校　姚　蕾

2018 年我正式成为安顺市教育脱贫攻坚"春风行动"志愿者,自从加入这个队伍,我就感觉自己身上责任又增加了一分。2020 年我更有幸加入了安顺市教育专家脱贫攻坚特攻队。回想这几年的送教活动,作为承担送教任务的教师,我觉得自己的成长是飞速的。

每次送教,虽是不同的地方,却能看见一样的风景。每到一处,那整洁的校园,那设计巧妙的标语、板报、楼道文化,总会吸引我的目光。记得在关索一小,才进大门就听见孩子们朗朗的读书声,让我一下子就感到精神一振,一扫坐车的疲劳。就在那一节课,我改变了原先的谈话内容。我说,孩子们,你们的笑脸真灿烂,老师知道你们为什么笑得这么灿烂,因为你们有漂亮的教学楼、整洁的校园,还有关爱你们的老师。这次的谈话是发自内心的,是校领导对教学氛围创设的细心打动了我。

　　每个学校的听课教师都在送教教师到达之前就早早等候，他们在听课时，时而思索，时而做笔记。学生们也让我收获不少。记得我送教到镇宁3小时，教授的是四年级上册的《白鹅》，到了写的环节，一个女孩站起来写道："我家的小猫是个小'懒猪'，平时躺在沙发上一动不动，只要听到敲饭盆的声音，就会一骨碌翻起来，乖乖坐在饭盆前，睁大无辜的小眼睛，等待开饭。"这样的语言多么生动，多么真实，多么有画面感呀！其实，孩子的语言不是教出来的，只要你创设的情景恰当，能激活他们的内在表达，他们就能说出最动人的话语。由此，我感悟到了教师责任的另一种含义。

　　听课结束后，还会有教师们围上来说："姚老师，你上得真好！上起课来好轻松，孩子们完全是在一种自主积极的状态中学习的。""姚老师，你的课前互动真有趣，学生一下就能被你吸引。我们要向你学习！"听到这些赞许的话语，我们知道这次的送教活动是有意义的，能给乡镇教师一些活动的启示，一种较新的理念，让他们有收获，也是我们最大的收获。

　　其实，送教不仅仅是送一节课、讲一节课，课后的说课、议课才是真正有意义的大课堂。在黄果树小学执教《只有一个地球》后，教师们畅所欲言，各抒己见，有许多让人深思的话语。在课堂上我让学生自己寻找"地球容易破碎"的语句，但是好几名学生站起来后都没能准确找到相关内容，有教师就建议，如果在提问时，让学生围绕课文的1—4自然段自读的话，就可以避免学生四处乱找，这使我豁然开朗。

　　送教过程中，让我印象特别深刻的还有磨课阶段，胡艳梅老师作为名师工作室的主持人，一次又一次帮我听课、评课，是她启发我：这节课你要完成什么教学任务，学生要学到什么学习语文的方法，用最简单的教学板块完成教学目标。在我准备《只有一个地球》时，她指引我聚焦教学环节，指出说明文的教学也要有朗读指导，特别是这篇科学小品文，更要引导学生在自主学文中学会说明方法，发现作者的写作技巧，激发学生爱地球、保护地球的情感。这使我在送教时，呈现了一堂不一样的语文课。送教送培，让我收获了成长。

　　"扶贫扶志，扶贫扶智"，送教活动不仅是送给孩子们一堂精彩的课，送给教师新课改的理念，更重要的是送给自己一次纯净内心的旅程，一次锻炼的机会，一次提升的过程。同时，我在一次次的送教活动中，更加坚定自己的教育情怀，找准了教育事业的方向。我愿意采撷一路教育的风景，播撒一路教育的芬芳！

从课堂走向教育的共同小康

安顺市实验学校 汪 强

2020 年 6 月 24 日一早，雨淅淅沥沥地下着，我比以往上班早，跟随安顺市 2020 年教育脱贫攻坚教育专家团队一行，以送教教师的身份，以教育脱贫攻坚的名义，走进了紫云自治县四大寨乡四大寨民族小学。

我接到送课任务后，脑海里总会浮起"教育脱贫攻坚，我们能做什么"这样的问题，一段时间里，我也没有明白过来。

此行路途有些遥远，刚开始听说因为昨晚的大雨，紫云到安顺的高速路出现了滑坡，大家还担心不能成行。还好，安顺到紫云高速未受大的影响。我在车上安稳地打起了瞌睡，后来，身体忽然摇晃起来，这是前往目的地公路，弯道多，路面颠簸。

刚下车，许多同行教师有些晕晕乎乎的，我也感觉不是很清醒。"停电了，如果等会儿没电来，我们用备用电源上课。"该小学的一位教师说道。不能使用多媒体辅助，让我感到有些压力，我开始紧张起来。

稍做休整，我准备就绪。伴随着教室昏暗的光线，我心里颇有些忐忑，在教室讲台前轻轻踱步，等待着那一群还未谋面的孩子们——这些乡镇中心校的孩子得多朴实可爱呀，应该很活泼吧。

为了给他们上好这节课，我花了大概一周时间来选择课题。为了突破常规，我得找一个与平时不太一样的课型，左思右想，最后在同事们的启发下，选择了一年级的"快乐读书吧——读读童谣和儿歌"。"快乐读书吧"是全国统一新教材之后，特别开辟的新专题，主要目的是培养孩子阅读的兴趣，引导学生从课堂走向课外，阅读大量的材料。课题贴近了教材改革的"新"焦点，但是上课的内容和方式得怎样选择才能达成好的效果，我又花了不少心思，从起草教案到准备教学内容，从设计内容到课堂的结构设计基本成型，从媒体融合创新的理念到课件制作贴近学生，甚至对一些教具进行了设计和制作，前前后后又花了不少时间。

终于，孩子们陆续走进了要上课的教室。他们坐下之后，很规矩地端坐在座位上，怯生生地看着我。我做了自我介绍，他们应我的要求勉强给了我欢迎的掌声，当时我分明听出他们很拘谨。我走近他们，邀请他们介绍自己，并试图以此鼓励他们勇敢、大胆一些——我发现，他们似乎不太善于表达，跟我猜想的样子相去甚远。那节课，我利用多媒体优势，设计了许多声画一体、互动性强的课件，加之精心的准备和有趣的内容，还算是基本完成了一节不错的课。

我陷入了思索。我出身农民，深知教育对于农村孩子的意义。山高水长只是求学路程的距离，而受教育的条件则是求学质量的差距。如果有条件，谁不想让自己的孩子受好的教育呢？这个乡镇学校的教学硬件设备并不差，甚至比我们现在使用的还好。我想，教育的差距大概只是硬件，教育脱贫大概也不只是钱的问题，"送课送培"是多么有意义呀！

9月30日，我以同样的身份跟随专家团队到紫云自治县火花镇民族小学。这一次我特地回归阅读课，我想通过常态的课堂，传递新的理念，给予学生和教师们不一样的感受，"一节好的常态课应该怎样上"是我想要表达的重点。

上完那节课，我如释重负。孩子们走后，另一堂课的孩子也陆续走了进来，我收拾完走出教室准备透透气。我发现有个女孩子在走廊的柱子背后躲躲闪闪的，好像在瞄什么。"小朋友，你在做什么好玩的游戏吗？"我试着和善友好地问她。"老师，你上课的声音真好听……"她探出身子，腼腆地笑着。"谢谢你，得到你的夸奖，老师感到很开心……"我的话音还没落，她就已经轻巧地跑开了。我想，她并不会像专家们一样评价我上的这节课好不好，但是至少上课时有组织的、有设计的朗读声给她留下了好的印象。

"扶贫攻坚"走进课堂，抛却送课教师所花的精力，抛却路途遥远颠簸的劳顿，它不单单是一堂给学生的课，也是与教师们的一次思想的对话。上好一节常态课，让"好听"传递、扩展，不正是身为教育人的我们，在实现教育共同小康的路上应该做的吗？

萦绕我心头已久的问题，似乎有了答案。教育的脱贫攻坚，就是共同小康路上人们享受优质教育服务、教育公平的重要体现，专家团队带领教师们"送课送培"到学校的意义深远。教育脱贫攻坚，带去的是新思想、新理念、新方法、新技能，能让扶贫攻坚地区的教育同人有所触动，教师专业素养和能力的发展有所提高，教育师资的均衡发展有所促进，这大概就是教育脱贫攻坚的意义所在。

真情实感筑基石　好词佳句增光彩

——浅析什么是好作文教学随笔

安顺市实验学校　齐琦

　　作文，一直是很多教师和孩子眼中的难题。在孩子看来，没内容可写，不知道怎么写是最突出的问题，而教师怎么教，如何引导是关键。我执教作文的经验并不丰富，差不多 3 年的时间里，我从三年级作文基础一步步教起来，一路上的困惑和探索从未停止过，但最爱问自己的一个问题就是：好作文的标准到底是什么？是满篇华丽辞藻的堆砌？还是真情实感的表达？我渴望得到一个答案来明确作文教学的方向。

　　在学校的语文兴趣活动组中，我进行了两年的游戏作文训练。在每一次活动课的时候，采取多种形式组织不到 30 个同学一起玩游戏、听音乐、运动比赛等。例如，玩"萝卜蹲""画鼻子""小青蛙跳一跳""抢凳子"的游戏，两节课的时间，一节课玩游戏，一节课快速作文。让每一个孩子都积极参与到活动中来，不仅积累了孩子们的写作素材，还让他们在活动中学会观察。或是放一首轻音乐，让孩子们在聆听后说出自己的感受或心情，以此写一段话或者一篇作文；或在听的过程中想到哪些关键词，我板书在黑板上，同学们按照关键词，插上他们想象的翅膀，串联成一篇文章，或挑选其中的个别词，自己扩展开来完成习作。

　　慢慢地，我发现孩子们的兴趣得到了激发，一开始提起作文就头痛，后来每一次都很期待写作，都想写、都能写；然后，他们又学会在游戏中观察人物的语言、动作、心理、神态来强化细节描写，能大概把一件事的发生完整地叙述表达出来；学会在游戏过后，有侧重、有详略地安排要写的内容并获得感悟，得到启发，我很欣慰。所以在我看来，能实事求是地把一篇文章写清楚，让人看懂想要表达的意思，就是一篇好作文的开始。

当然，如果一篇作文只是简单地把一件事说清楚了，就算是好作文了吗？当然不是，不然所有"流水账"式的作文该如何评判。因此，贯穿整篇文章的思想感情就显得尤为重要。我记得在四年级有一次口语交际的主题是"感谢"，孩子们都能三言两语地说出对父母的感谢，感谢日常生活中父母无微不至的照顾与呵护等。但听着听着，我发现所有的感谢都千篇一律，甚至连父母大半夜冒着雨送高烧中的自己去医院就医并没合眼照顾一个晚上的事例都"惊人地相似"。我想，这样的作文写下来不仅没有新意，不会激发出学生内心的真情实感，而且还会让学生刻意为了写作而写作，这就与我们写作的初衷相背离了。于是我想到一个办法，拿出手机，让学生把刚刚那些感谢的话，直接通过现场打电话的方式，把平常不敢说的"我爱你"勇敢地向父母表达出来。没想到第一个同学说完之后，全班大部分学生和我都不禁被这样的场景打动，被这份浓浓的亲情感染，流下了眼泪。紧接着第二个、第三个同学踊跃地想要打电话，再到全班同学个个都打，把整个口语交际的氛围推向了高潮。一片哭声是那份不曾言说的、深沉的爱；一片哭声是对至亲一份满满的爱，一种淋漓尽致的表达。所以这次的习作，是我看得最动容的一次。由此我知道，好作文还需要有真情实感的投入，哪怕用简单的文字也能刻画最动人的画面。

当生活中没有那么多亲身经历，没有真情实感去感悟时，我们倡导学生多阅读，从课本、课外书中获取多元化的知识和情感体验，并能及时地抄写自己喜欢的词语或句子，增加积累，学以致用，然后合理运用在自己的作文中。长此以往，量的积累终会带来质的飞跃，一些好词佳句确实能为文章增色不少。就如王安石《泊船瓜洲》中的"春风又绿江南岸"与贾岛的"僧敲月下门"的字斟句酌，一个字词的改变就是这么巧妙与神奇。

所以，一篇作文的"好"与"坏"，真情实感和好词好句两者之间是不能独立存在的，应是相辅相成、缺一不可的。我们应该带着发现美的眼睛，去捕捉生活中的每一个细节，学会及时记录所学所得、所感所悟，慢慢咀嚼，细细品味，为写好作文打下坚实的基础。

做一名点灯人　点燃儿童阅读的火种

安顺市实验学校　伍泽芬

童年啊，是梦中的真，是真中的梦。——冰心

在如诗如画，如歌如梦般的童年，时常双手衬托小脸，神游遐想，如痴如醉。万籁俱寂的夜晚，星星笑眯眯地眨眼睛，蛐蛐们还在草丛中享受音乐盛会，喜鹊已经进入梦乡，美梦着……

充满幻想的童年给人生留下了一笔多么五彩斑斓的宝贵财富，其中的快乐足以让人一生回味无穷，流连忘返。

可是现代的儿童身上所应有的天真烂漫、童真童趣已渐行渐远。

在执教三年级的课文《圣诞节的礼物》时，笔者有意识地唤醒孩子们的童真——"在西方圣诞节前夕，圣诞老人会背着一袋礼物，顺着烟囱爬进屋里，将你想要的礼物装在你挂在床头的袜子里……"讲完以后，孩子们却异口同声地说："那是哄小孩子的，老师，你也相信啊？"班上只有一个小男孩在当晚把自己的袜子挂在了床头，可是他并没有得到预期的礼物，得到的是家长的数落和责备，家长认为自己的孩子诸如此类的行为幼稚、可笑。顷刻间，孩子仅存的最后一丝幻想被毁灭。

还有一次笔者在给五年级的孩子推荐童话阅读书目，话还未说完，就被孩子们沾沾自喜的一句"不会吧，老师，这太幼稚了吧"打断。这重重的一棒直击心灵深处，作为一名小学语文教师为此而感到痛惜！

是谁席卷了孩子们如画的童年？是什么磨灭了孩子们纯朴的童真？是什么俘虏了孩子们美好的童心？是谁折断了孩子们想象的翅膀？又是谁夺走了孩子们童年的快乐？

随着网络时代的不期而至，信息大爆炸影响了现代的每一个人，电视网络不可思议地冲击着孩子们脆弱的心灵，各种各样参差不齐的"快餐文化"侵蚀而来。尼尔·波兹曼在《童年的消失》中宣称"以电视为中心的媒介环境正导致童年在北美消失"，而在中国又何尝不是呢。功利性地诱逼孩子阅读各种名著、辅导书籍，让他们如啃鸡肋，食之无味，弃之可惜。

探索、幻想、好奇、爱玩是孩子的天性，但现在的孩子花着更多的精力和时间坐在各种各样的补习班和兴趣班的课堂上。为的便是家长们"不让孩子输在起跑线上"的用心良苦。于是童年幻想的缺失造成了童年的空白，而童年的空白直接导致人生的空白，这多么可悲和可怜啊！这样缺乏想象、缺少童真的童年是多么可怕。

正如舒婷在《留住那美丽的童话世界》中叹道："人们不再像屈原那样，相信天上有人看门；不再像曹植那样，相信洛水有美丽的女神；不再像李白那样相信太阳由六条巨龙驾驭；不再相信月亮上有美丽的嫦娥，有可爱的玉兔，有芬芳的桂花树。人们眼中的山河日月，神秘不再，敬畏不再，神往不再。当天地成为失去魅力的空间，人便成了一个地球上的孤独者。"

我们再也触摸不到纯洁无瑕的童心，看不到天真烂漫的童趣，感受不到直率纯朴的童真。儿童固然属于家庭、属于社会，但更属于大自然，更需要以一种自然的状态健康生长，更需要顺应大自然生物的生长规律，茁壮成长。塑造孩子固然重要，但要以功利性为目的、以牺牲童真为代价，最终的结果只能是《病梅馆记》中的"病梅"，看着华丽却并非本质，得不偿失。

走进儿童的心灵，呵护稚幼的童心。

少一点功利心，多一点激动，多一点感动，要能弯下腰来蹲下来与孩子平等对话，耐下心来倾听孩子们发自肺腑的心声，分享他们内心深处的快乐和烦恼，因为每一个孩子都渴望被人理解、被人接受、被人认同。所以我们需要多一份宽容、多一份尊重、多一份欣赏。站在孩子的角度理解他们，并跟们一起幻想，拥有一支神笔，做一回现代的马良；同他们一起渴望，拥有一根魔法棒，穿上晶莹剔透的水晶鞋；同他们一起神往，拥有一盏神灯，满足自己心中各种天马行空、神秘多彩的愿望。一起来保护儿童心灵中的"真善美"，呵护他们幼稚而美好的童真。

新课标提出"学生是学习的主体。爱护学生的好奇心和求知欲……"以儿童为本，多一点放手，少一些牵制，留给孩子更为广阔的空间。

做一名点灯人，点燃儿童阅读的火种。

儿童的生活空间相对狭窄，需要通过阅读来拓展他们的精神空间。然而受到"应试"左右的阅读染上浓重的功利色彩，枯燥无味和距离儿童甚远的书籍冲淡了孩子阅读的热情。良莠不齐的网络"浅阅读"也逐渐疏离替代了"生态阅读"。

在当前阅读环境纷繁芜杂的情况下，更应该为儿童营造一个相对纯净、健康的阅读空间，培养他们良好的阅读习惯和高雅的阅读情趣。为此笔者倡导用童话来唤醒蕴藏美好人性的种子，做童年的引领者，接过梅子涵先生的火种，做一名儿童阅读的点灯人，点燃儿童阅读的火种，重新照亮儿童真、善、美的心灵。

让童年浸润在鸟语花香中，茁壮成长。

爱玩是孩子的天性，他们渴望在玩中探索世界，在大自然中寻找童趣，在幻想中展开双翅，翱翔于辽阔的大地、广阔的蓝天、浩瀚的宇宙，探秘未知的领域，从而获取心灵的满足和丰盈。

苏霍姆林斯基强调"给孩子以产生富有诗意的灵感的乐趣，唤醒他心灵中充满诗意的创造的生命源泉"。这种创造灵感需到大自然中去寻找，而对于长期身居城市的孩子，社会性使他们失去了本有的灵性，更需要再回到大自然中汲取雨露的浸润、阳光的沐浴。《小学生汪曾祺读本》拉近了孩子与大自然的距离，使他们切身感受到大自然的乐趣——仰望树上掠过的麻雀，聆听黄莺的吟唱，俯瞰蚂蚁成群结队的搬运。《昆虫记》让儿童在童趣中对生命的热爱有了更深的认识和理解。《童话庄子》里的独角兽与百足虫更给孩子的童年蒙上了一层神秘的面纱。

正如特级教师周益民所倡导的那样，"亲近自然，本于童话，感受多彩的生命，童话是永恒的孕育的奇葩，童话世界就是童心世界，童话精神就是儿童精神。"童话净化心灵，陶冶情操，滋润人生，让我们为孩子营造一个童话世界，把快乐还给孩子，让孩子们幸福地生活在金色的城堡里！

让童年成为梦中的真，真中的梦。

第二篇

02

求索之花：课题研究

"以实践活动为载体提高学生习作能力的探索"
结 题 报 告

安顺市实验学校　胡艳梅

一、研究背景

（一）选题背景

1.《义务教育语文课程标准》及教育理论要求

2011 年版《义务教育语文课程标准》指出，习作是运用语言文字进行表达和交流的重要方式，是孩子认识世界、认识自我、创造性表述的过程，习作能力是语文素养的综合体现。新课标不仅指出了作文的重要事实，还点明了写作要写真实的世界，要说真的话，要抒发真的情，这是给孩子未来的思想做了正确导向。

现代教育理论告诉我们，小学阶段是一个人的综合素养发展的重要时期，小学阶段所接受的教育将对学生的一生产生十分重要的影响。语文作为人文性和工具性相统一的基础学科，语文素养既是综合素养的重要组成部分，又对综合素养具有重要的支撑和促进作用，写作能力则是学生语文素养的综合体现和重要组成部分。

2. 习作教学现状

现行的习作教学主要体现为依托教材的命题（或话题）作文，教师命题的任务性作文，或情景作文教学，抑或是依托漫画的作文教学。这些习作教学，基本上遵循了"习作命题—方法教学—习作练习—批评修改"的模式，其内容多显得空洞、单调或失真，缺乏实际内容的支撑。

甘肃省小学高级教师王瑛在《小学高年级作文教学的现状与改进策略》一文中指出，目前小学语文写作所面临的现状：一是学生阅历浅薄，缺乏写作素材；二是教师的教育观念停留在习作后的点评上，缺乏有效的教学方法；三是习作教学追求速成，让作文失去了真实性。[①] 安徽省特级教师李玉勤老师在其著作《小学习作教学的突围与实践》一书中则直接质问"是什么让学生习作失去了热情"，认为习作地位从属于语文教学的正课活动，教师没有积极有效地指导；给学生的习作标准过高，总是以文艺性和思想性来要求，从而挫伤了学生习作的兴趣；命题主观，脱离生活的体验，让孩子形成了说假话、套话、空话的习惯或性格；习作方法"八股"格式化，学生思想被禁锢，感情冷漠，创造力和进取精神被弱化了；习作偏重形式和辞藻的华丽，忽略了真实的内容和情感；习作的讲评缺少人文关怀，随心所欲，或是流于形式的批阅，没有形成有效而及时的指导。[②] 同样，江苏的特级教师吴勇也注意到当下习作教学缺少了学生的真实和自由，这样的教学效果是不够好的。

因此，怎样给孩子系好习作生涯的"第一颗纽扣"就成了小学作文教学的重要课题，我们也将把习作教学的视野拓展到学生广阔的生活中，试图将孩子的学习和生活实践与习作有机地联系起来，形成能有效地提高学生习作能力的教学模式或系列策略。

（二）概念界定

1. 相关作文教学主要模式

"情境作文教学"主要依托的是教师精心设定的情境，让学生通过观察情境来实现写作。它关照了学生的写作兴趣，让学生在情境中比较自由地表达。

"游戏作文"是教师设计课堂游戏，学生参与游戏，并以此为习作内容的作文教学形式。有"先游戏再作文"，或者"游戏和作文交替"等教学模式。其互动性极强，学生参与程度高，既照顾了学生的写作兴趣，也增加了学生的体验感，落笔更实际。这在当下是非常流行的一种体验式的作文教学方式。

"活动作文"或者"基于探究的活动作文"，是指学校（或教师）组织丰富多样的探究活动（其实也会包含游戏作文），学生参与探究过程，将之转化为习作教学的课程资源。这样的作文教学将视野投向了有意义的活动，活动多是经过设计的、带有习作目的的教学活动。

以上几种作文教学体系（或者模式）在一定范围内产生了比较深远的影响，

① 王瑛. 小学高年级作文教学的现状与改进策略［J］. 基础教育，2016，2（7）.
② 李玉勤. 小学习作教学的突围与实践［M］. 芜湖：安徽师范大学出版社，2018：3.

他们都注重学生在特定场景中的体验，注重学生对写作文的兴趣，注重引导学生写出实实在在的亲历（或情景想象），都属于实践活动范畴的作文教学。

2. "以实践活动为载体"的作文教学

2011 年版《义务教育语文课程标准》指出："写作教学应贴近学生实际，让学生易于动笔，乐于表达，应引导学生关注现实，热爱生活，积极向上，表达真情实感。"

我们明确地知道，作文不能只关注兴趣，不仅仅是设计了的情景、游戏或者活动，而是更广阔的"生活"。江苏省特级教师吴勇指出，"儿童'自身经历'就是一份丰厚的习作资源"①，"以实践活动为载体"的作文教学关注的就是学生的"生活"，即学生的自身经历。其教学资源包含了包括学生学习和生活的活动在内的具有"实践性"的活动，涵盖了"情境作文""游戏作文""活动作文"的实践性活动内涵，即"以实践活动为载体"进行作文教学。

本课题将以日常学习和生活、课堂活动、传统文化活动、课内外阅读活动整合的模式，让写作像听故事、玩游戏以及做实验一样成为学生主动的需要和内心的欲望，把"要我写"变成"我要写""我想写"，探究提高学生写作能力的教学模式或教学策略。让学生通过亲身参与实践活动，学会策划活动、开展活动、做观察记录、写活动总结或活动作文，从而提高写作能力；通过开展课外阅读活动，以与经典对话、再现经典故事、朗诵经典段落、排练课本剧等实践活动为载体，让学生养成阅读习惯，在海量阅读中提高写作能力；把握好教材和实践活动的关系，让学生挖掘实践中的素材，利用好实践中的材料，在有效的教材教学指导下提高写作能力。

（三）课题意义

1. 理论意义

"以实践活动为载体提高学生习作能力的探索"这一课题的研究并非独有，前人已有了一些专门研究，大致看来，几乎都受到了杜威的"教育即生活"和陶行知的"生活教育"理论以及建构主义教育理论的深刻影响，在作文教学中比较具代表性的就有"情境作文""游戏作文""活动作文"等作文教学研究的相关理论和成果。

---

① 吴勇. 吴勇用教材——小学教材习作教学探索［M］. 福州：福建教育出版社，2017：9.

本课题在学习相关理论和研究成果的同时，试总结其有益于小学作文教学的一些理论成果，结合课题和实际教学实践，对已有的成果进行进一步的补充和完善，并形成利于实践的有效的作文教学模式或策略，促进区域内语文教学的整体发展。

2. 实践意义

在教师和教育教学层面，开展以实践活动为载体的作文教学实践和研究：一是丰富习作教学的方法、手段和经验，深化对习作教学的理解；二是培养写作教学智慧，丰富写作教学策略；三是提高语文教育教学，尤其是作文教学的质量；四是在提高教师写作教学水平的同时，使其提高自身教育科研素养和能力；五是用实践验证前人的经验，也为后来者积淀成功而有效的实践经验。这些实践中的期待，是我们要用实际行动去践行的，而践行总结出的经验就是为了更好地实践，这样的实践探索研究具有极大的实践意义。

在理论实践层面，开展以实践活动为载体的作文教学实践和研究，"他山之石可以攻玉"，借鉴已有的习作教学理论成果，结合当地（尤其是本校）的实际情况，在教学实践中加以验证和完善，形成更具区域特点的作文教学实践理论。同时，还能以此为实践依托，推进新课程改革在教学中的实践，促进学校实践活动的开展以及拓展延伸，深入推进素质教育，促进学校内涵发展。在实践和研究的过程中，我们希望通过探究有效的写作教学策略，形成有效的习作教学模式或理论体系，产生比较广泛而深远的影响，促进语文教学质量的进一步提升。

二、研究综述

在语文教学中，习作的教学日益受到关注，相关研究的数量也呈现逐年攀升的趋势，并且研究也走向多元化——从命题到过程，从过程到结果的各环节都呈现了不同视角的或不同内容的细化研究。尤其是小学阶段习作教学的研究，也在新一轮课改（2011年）推行后显现出了繁荣的趋势。

当下习作教学的现状普遍体现的是学生不愿写、教师不愿教；教师进行习作教学是为完成任务，学生写作文是为应付任务；而学生习作内容相近，写法相似，凭空编造。在习作中学生失去了"认识世界、认识自我、进行创造性地表达"[①]

---

① 中华人民共和国教育部．义务教育语文课程标准（2011版）[S]．北京：北京师范大学出版社，2012.

的真实，没能体现孩子们千差万别的独特的感知和体验。因此，习作教学成了语文教学中的一大困惑和难题，怎样解惑——怎样实现有效的习作教学，怎么才能通过习作教学提高学生的习作能力，就成了许多语文教师或者研究者开展习作教学相关研究的出发点。

（一）基本理论依据

如前所述，现在的习作教学都特别重视学生的体验，不论是"情境作文"，还是"游戏作文"，抑或是"活动作文"，都认为学生的亲身体验是习作的前提，认为当下许多学生写作水平不高与缺乏实践密切相关。这些研究体现了马克思主义哲学辩证唯物主义思想，主要受美国实用主义教育家杜威"做中学"和我国著名教育家陶行知先生"生活教育"的教育思想启迪。研究者们认为，生活才是学生习作的源头活水，有了实在的体验才能写作，有了生活的体验才能写出好的文章。建构主义学习理论认为，学习是从原有的经验出发，在引导之下建构起新的经验，习作也要在已有的经验中，在教师的引导下，建构起习作的能力，提高习作的能力。

（二）相关文献数量分析：以"中国知网"的检索数据为例

在中国知网文献搜索主题栏输入"作文教学"，显示有86058篇文献；输入"小学作文教学"，显示有10706篇文献；输入"习作教学"，共出现12983篇文献资料；输入"小学习作教学"，共出现1960篇文献资料。用关键词搜索，输入"作文教学"，显示有61030篇文献；输入"小学作文教学"，显示有538条文献；输入"习作教学"，显示有8122条文献结果；输入"小学习作教学"有634条文献结果。

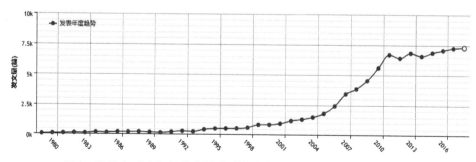

图1 2017年（含）以前主题为"作文教学"的文献的发表趋势分析

在中国知网使用高级检索，在主题处输入"作文教学"，在关键词处输入""'且'：活动"（以下均为""'且'："）的检索结果为96条；主题为"小学作文教学"，关键词为"活动"的检索结果为 12 条；主题为"习作教学"，关键词为"活动"的检索结果为 29 条；主题为"小学习作教学"，关键词为"活动"的检索结果仅为 4 条。主题为"作文教学"，关键词为"实践活动"的检索结果为 51 条；主题为"小学作文教学"，关键词为"实践活动"的检索结果为 15 条；主题为"习作教学"，关键词为"实践活动"的检索结果为 9 条；主题为"小学习作教学"，关键词为"实践活动"的检索结果仅仅为 1 条。

在中国知网使用高级检索，主题为"作文教学"，关键词为（以下均为"'或'："）"'或'：活动"的检索结果为 93099 条；主题为"小学作文教学"，关键词为"活动"的检索结果为 17836 条；主题为"习作教学"，关键词为"活动"的检索结果为 20091 条；主题为"小学习作教学"，关键词为"活动"的检索结果仅为 9096 条。在中国知网使用高级检索，主题为"作文教学"，关键词为（以下均为'或'：）"'或'：学生活动"的检索结果为 86571 条；主题为"小学作文教学"，关键词为"学生活动"的检索结果为 11224 条；主题为"习作教学"，关键词为"学生活动"的检索结果为 13497 条；主题为"小学习作教学"，关键词为"学生活动"的检索结果仅为 2477 条。

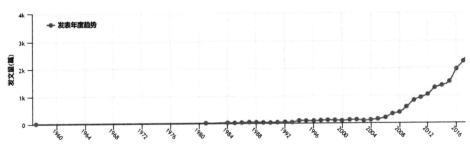

图 2　2017 年（含）以前主题为"小学作文教学"的文献的发表趋势分析

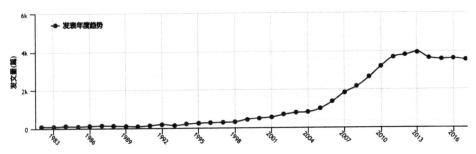

图 3　2017 年（含）以前关键词为"作文教学"的文献的发表趋势分析

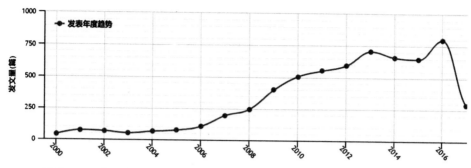

图4 2017年（含）以前关键词为"小学作文教学"的文献的发表趋势分析

从文献的检索结果看来，关于习作方面的文献数量比较丰富，从检索结果中的文献发表趋势（以图1至图4为例）来看，习作方面研究的文献数量在逐年增长，2011年前后增长十分显著，2017年文献发表的数量基本是最多的，且总体呈现平稳中略有增长的趋势。这表明，习作教学研究近几年得到了相关领域的重视，已然成为语文教学研究中的热点。与此同时，我们也注意到，将学生的"活动"或者"实践活动"与习作联系的研究的文献数量在比较模糊的检索中显示较多，可高达93099条，小学占比约为45%；但是在相关度比较高的检索中无论是所有文献的数量，还是小学部分文献数量占比都比较少，表明将习作教学与"学生实践活动"相联系的研究还不足，或者说基于实践的习作教学研究是不完善的。

（三）相关内容综述

1. 情境作文教学

自20世纪80年代李吉林老师主张情境教学以来，情境教学已成为颇有成效的一种教学形式，以此开展的研究可谓众多，研究成果也颇为丰富和成熟。将此移植到语文教学，乃至习作教学上的研究也还方兴未艾，上海师范大学硕士研究生侯改芳在2013年完成的硕士学位论文中对"情境作文"做了比较全面的阐述，进行了比较深入的探讨和研究。

其指出，情境作文是教师在教学中有目的地创设典型形象和与写作主题相关的情境，以此调动学生的写作兴趣，激发其情感，使其产生表达欲望、写好作文的一种作文训练模式。① 要写出优秀的习作，就得营造出能激发孩子兴趣，使其产生情感体验的情境，强调的是"走进生活，走进真实场景，体验真实的

---

① 侯改芳. 小学情境作文教学策略研究［D］. 上海：上海师范大学，2013：4.

情境"①，即要能让孩子在轻松的氛围中有体验，根据体验写出"真实"的作文。

作者就情境教学的三个方面策略给予了叙述，一是教学准备策略，二是教学实施的策略，三是教学评价的策略。尤其在教学实施策略方面给出了许多有益的教学案例，颇为清晰，具有启发意义。

2. 游戏作文教学

喜欢游戏是孩子们贪玩本性的体现，如果把游戏引入写作，就切合了儿童的这一心理特点。而学生由于生活经验和视野的局限性，并不能将生活及时或准确地放到习作里面，因而学生常常出现没什么可写的现实状况。游戏作文的提出，概是出于解决"学生没有东西可写"的困惑，江苏省高级教师李继东就认为，游戏为习作提供了丰富的素材，给学生提供了写作的动力，为习作提供了有效的写法。②

这种以游戏来构建习作教学的方式影响比较大，几乎教师们在教学中或多或少都会使用。它主要解决了写作的内容，把游戏引入课堂，让学生在游戏中获得丰富的体验，使学生能够在习作中有内容可写。其强调引导学生在游戏中观察体验，在其中适时引导孩子通过视觉、听觉、感觉、味觉等获取习作的素材，捕捉自身在游戏中的感受、思想、情感等，并在教师提供习作知识和技巧的基础上将这些转化为文字表达出来。这类文献也对游戏习作的教学策略展开了讨论，譬如，开发游戏的策略，李继东老师所提及的"利用现代游戏"和"创编游戏"的策略，为游戏作文教学在理论上提供了支持，在实践中提供了参考。

3. 活动作文

活动作文的内涵相对比较丰富，乃至包含了前两者的内容，其遵循"生活教育"的思想，寻求习作的开放和自由。要求学生从活动实践中捕捉细节，获得体验，多想多写。

王天马在其硕士学位论文中还梳理了各种形式的活动作文：游戏活动，在设计的游戏中先进行活动体验再进行作文训练；表演式活动，对课本剧或者小剧本进行设计表演，根据表演情节和从中获得的体验进行习作训练；竞赛活动，灵活地选择场地设计比赛，从中获得体验后进行习作；连写活动，"词语接龙"

---

① 侯改芳. 小学情境作文教学策略研究［D］. 上海：上海师范大学，2013：17.
② 李继东. 游戏习作价值及其模式构建［J］. 现代中小学教育，2015，31（8）.

式的连续写话，最终使其成为习作；交际式活动，任务性地进行交际，再根据交际体验习作；探究式活动，犹如现在语文课程中的综合性学习活动，开展跨学科的实验性的或者探索性的活动，获得素材后进行习作。实际上，这样的教学拓展了情境和游戏的内涵，拓宽了学生的生活视野。

经考察，除此之外，许多关于"体验式习作""基于生活思想的习作"等的教学，基本也属于活动作文的范畴。

综上所述我们发现，当下小学习作教学的研究基本遵循了"写真"的原则，将习作与学生的生活联系了起来，体现了《义务教育语文课程标准》习作是"孩子认识世界、认识自我、创造性表述的过程"的理念。同时，我们也发现，当下这几种习作教学的主要模式虽让学生有所体验，但是侧重点都是基本局限在了教师设定的情景或者活动当中，虽可能达到习作教学的目标，但不是"广阔的生活"的全部，甚至只是大千世界中的沧海一粟。

"以实践活动为载体提高学生习作能力的探索"试图搭建一个桥梁，将学生广阔的生活与习作联系起来，让他们能写、想写，写出真实的内容、真切的情感，让习作成为其学习和生活的一部分，提高学生习作能力，同时力求为小学语文习作教学的发展做出有借鉴性和推动性的贡献。

三、研究程序

（一）研究设计

第一阶段（准备阶段）（2016 年 1 月—2016 年 4 月）

1. 整理课题申报相关资料，完成课题申报、立项。

2. 收集国内外有关小学语文习作教学实践活动的研究文献及实践资料。

3. 制订研究方案及研究计划，做好实验探究准备。

第二阶段（实施阶段）（2016 年 9 月—2018 年 7 月）

1. 课题研究人员通过开展集中学习、分享习作教学的相关著作、文献资料，进一步学习相关理论知识，深化对习作教学研究的认识，提升课题研究理论素养，为课题的展开提供理论支撑。

2. 由课题主持人组织，邀请具有丰富语文教学实践经验的名师对课题组成员展开理论培训。

3. 设计学生习作兴趣和能力相关问卷，并开展学生写作能力情况问卷调查，以调查的数据为基础，为开展相应的习作教学实验活动做准备。

4. 选择实验班和对比班开展习作教学实验研究。

（1）实验班：2013级四班；对比班：2013级二班。将实验中的做法和取得的成效及时在课题组内反馈交流，并推广到学校各年级各班的习作教学当中，再在定期的交流中反馈意见和效果，优化教学实践中的方法和策略。

（2）开展研究：以学校、课堂开展的活动为重点，研究学生在实践活动中，写作能力得到提升的方法。以经典阅读、专题阅读为重点，通过开展阅读实践活动、上课外阅读指导课，把阅读方法教给学生，找到阅读与写作的契合点，探索出提高学生写作能力的方法。

5. 搜集学生活动图片、学生习作集或相关材料、教师教学设计、课堂实录，建立习作教学实验资料库，开展提高学生写作能力的实践研究，定期组织案例分析与交流。

6. 做好研究过程中形成的活动设计、课例、个案、学生作文、教师反思等资料的积累，并对研究过程中获得的资料、数据进行分析、汇总，撰写阶段性研究论文。

7. 开展"习作教学"汇报课，进行教学设计、反思展示，开展习作心得（论文）交流活动，形成研究成果。

8. 完成阶段研究总结，进行阶段反思，开展反思研究，再在实践中进一步完善和落实研究成果。

第三阶段（总结阶段）（2018年1月—2018年8月）

1. 整理课题研究开展以来的各类资料，对资料加以分析。

2. 搜集习作教学研究实验中学生相关活动写作材料，形成学生作文（或成果）集。

3. 搜集和探讨实验研究中的教学设计、教学实录或课例，筛选典型案例，形成优秀课例。

4. 撰写课题结题报告，形成课题组研究成果。

（二）研究对象

1. 设置实验班和对比班

以安顺市实验学校2013级四班作为习作教学实验研究班级，把该校2013级二班作为对照班级进行实验比较，这样有利于检验实验的成效。

2. 面向全校小学阶段习作教学

在实验班进行实验的同时，将全校小学阶段班级作为推广研究分析的对象，把实验的优秀成果进行及时分享和检验，有利于完善习作教学中的方法和策略。

（三）研究方法

1. 文献研究

查阅国内著名数据库及习作教学的相关教育教学专著，搜集整理习作教学相关著作或文章，了解相关领域的研究现状，拓宽研究的视野，梳理出相关理论，为课题提供坚实的理论支撑，更好地把握课题方向、指导课题的具体实施。

2. 问卷调查

（1）对实验班级进行两次习作兴趣和能力情况的问卷调查：在实施实验之初开展随机问卷调查，掌握学生习作现状，为采取行之有效的尝试性实验研究指明方向。

（2）在课题结束前用同一问卷开展随机调查，将数据与前一次的调查结果进行比对分析，检验实验的效果，为课题研究的成果提供事实支撑，便于梳理研究成果。

3. 实验研究

以学校、课堂开展的活动为重点，研究学生在实践活动中，习作能力得到提升的方法。以经典阅读、专题阅读为重点，通过开展阅读实践活动、上课外阅读指导课，把阅读方法教给学生，找到阅读与写作的契合点，探索出提高学生习作能力的方法。

设置实验班级，立足于"活动·探索·建构"课型理念，以实践活动为载体，设计习作教学活动，搭建习作平台，加强习作教学指导，探索出提高学生习作能力的教学策略，最终实现学生习作能力提高的教学模式构建。

4. 案例分析

（1）剖析教师们习作教学实践中的课例，探究习作教学的策略。

（2）讨论不同年级段习作教学的方法，探究习作教学的策略。

（3）对实验班的语文考试成绩进行分析，探讨习作教学的策略。

（4）对典型学生进行分析，探究习作教学的策略。

5. 访谈法

（1）访问安顺市实验学校小学语文教师，探讨关于习作教学的方法和策略。

（2）访谈习作能力强、习作水平较高且稳定的学生，探讨习作教学的指导方法和策略。

（四）技术路线

1. 研究的主要思路

习作是一个思维的过程，源于人自我表达的欲望和社会交流的需要，是一个主观的过程。《义务教育语文课程标准》指出，在写作教学中，应注重培养学生观察、思考、表达和创造的能力。要求学生说真话、实话、心里话，不说假话、空话、套话，并且抵制抄袭行为。为学生的自主习作提供有利条件和广阔空间，减少对学生习作的束缚，鼓励自由表达和有创意的表达。鼓励写想象中的事物，加强平时练笔指导，改进作文命题方式，提倡学生自主选题。写作教学应抓住取材、立意、构思、起草、加工等环节，指导学生在习作实践中学会写作。重视引导学生在自我修改和相互修改的过程中提高习作能力。

2. 课题实践探究

一方面，可以依托安顺市实验学校的体育俱乐部开展系列教育实践活动，如阳光体育运动 1 小时，足球课、篮球课、田径课的开设等，培养学生体育兴趣；开设科技、艺术、文化、教育四个大类、24 个项目、43 个组别的学校综合实践活动特色教育课；组织学校体育节、校园足球比赛、读书节、科技艺术节等大型活动，引导学生根据体验习作；其次，结合传统节日、国家、世界重大节日及其相关活动引导学生体验习作；另一方面，在语文课堂教学中，在语文兴趣小组活动中，搭建起实践活动与习作的平台，加强生活体验和习作指导。

3. 习作策略探究

明确实践活动内容，学生通过亲身参与实践活动，学会策划活动、开展活动、做观察记录，写出活动总结或活动作文，从而提高习作能力；通过开展课外阅读活动，以与经典对话、再现经典故事、朗诵经典段落、排练课本剧等实践活动为载体，让学生养成阅读习惯，在海量阅读中提高习作能力；根据学生活动经验，搭建起习作的平台，营造习作的氛围，在吸引孩子写作的过程中提高其习作兴趣和能力。

4. 课题拟创新点

现在城市的孩子生活环境单一，缺乏丰富的生活经验、实践经验，写作文往往是"闭门造车"、言之无物。我们以学校、课堂为依托，通过开展丰富多彩的实践活动，让学生成为活动的主人，在活动中合作探究，同伴互助，分享感悟，为学生写作文创设了有效的情境，搭建理想的平台，让习作的乐趣和智慧在活动中培养起来。

现在现代信息技术空前发展，智能手机、网络等已成为制约学生阅读兴趣的不利因素，因此，我们通过开展有趣又有效的阅读实践活动，从课内延伸到课外，从经典阅读到专题阅读，培养学生的阅读兴趣，让习作能力在形成初步文学修养的过程中得到提高。

课题将把"讨厌的作文"变为"有趣的写作"作为方向和目标，通过实践研究把课堂变成生活实践和习作的纽带，让学生习作水平在"乐写"的过程中实现提高。同时，这也让有效的教学模式或策略在课题中形成，使课题组成为推动习作教学水平提高的重要参与者。

四、研究发现或结论

（一）问卷调查

1. 问卷调查和结果统计

在课题筹备之初，课题组就积极策划了一次对实验班学生的问卷调查（见图5），旨在了解实验开始前学生对习作的态度和认知水平，并试图在习作兴趣、态度、信心等方面有一个比较清晰和具体的认识。在课题即将结题时，又在实验班用同样的问卷对学生进行了随机调查，旨在从调查中直观地了解学生习作水平，通过与前一次调查的比较，分析此次课题实验的效果。

从表1和表2中的调查数据结果来看，不论哪个年级的学生基本都喜爱阅读，并认为课外阅读对于提高习作水平有促进作用。在关于作文的接纳度的调查中显示，孩子们并不讨厌写作文。对作文意义的认知度的调查显示，实验开始前很多学生对习作意义的认知只停留在乐趣中，并认为习作能发挥他们的想象力，挖掘他们的一些潜能。经过两年的学习，越来越多学生认可作文写事实、反映事实、培养实事求是态度的意义。对于习作的评价，学生们乐于接受别人给予的评价，并认为评价能对作文有大的帮助，却出现近一半的学生不愿意去评改其他学生的作文的情况。在学生的对自己习作的自信度调查中，低年级的学生显示不太自信（有学生在调查中直言不敢参加比赛），而高年级的学生习作自信度明显提高。习作兴趣维持度调查显示，经过两年的成长，学生习作兴趣增长了，并希望得到锻炼和提高。

X年级"实践作文教学"问卷调查统计表

序号	问题	人数统计	
		是	不是
1	我喜欢课外阅读，在阅读中提升习作水平。		
2	我喜欢写作文。		
3	作文可以发挥我的想象力，促进我的思维，挖掘我的潜能。		
4	作文可以培养我实事求是的科学态度，掌握科学思想方法。		
5	游戏作文让我在玩中学到习作方法，我很喜欢。		
6	拿到作文后，我能认真阅读老师在作文中的批语。		
7	我会根据老师的批语自觉地把作文进行再次修改。		
8	我喜欢评改其他同学的作文。		
9	我愿意把自己的作文交给其他同学评改。		
10	我觉得大家相互评改对写作帮助大。		
11	我想珍藏我的好作文或者作文中的好词好句。		
12	我愿意把我和同学的好作文编成册，大家共享。		
13	我希望能成立班级习作社团，提高习作能力。		
14	我喜欢参加作文大赛等活动。		
15	我希望作文获得发表的机会。		
	你喜欢的作文课是什么样的？		

图5　调查问卷

调查问卷调查项目的设置目的和意义说明：项目1表示学生对阅读与习作关系的认知度，项目2表示学生对习作的接纳度，项目3—5表示学生对习作意义的认知，项目6—10表示学生对习作评价的认知度，项目11—15表示学生对习作的自信度（项目11、12表示对自己习作的认可度，项目13表示学生对习作的兴趣维持程度，项目14、15表示学生对自己习作的认可和自信度）。

表1　按年级统计情况

项目（序号）	三年级下（人数）		六年级上（人数）	
	是	不是	是	不是
1	28	2	29	1
2	22	8	25	5
3	25	5	29	1
4	15	15	22	8
5	26	4	29	1
6	28	2	30	0
7	26	4	25	5
8	13	17	16	14
9	19	11	22	8
10	22	8	28	2
11	23	7	28	2

项目 （序号）	三年级下（人数）		六年级上（人数）	
	是	不是	是	不是
12	18	12	25	5
13	19	11	24	6
14	5	25	17	13
15	18	12	20	10

表 2　按结果统计情况

项目 （序号）	是（人数）		不是（人数）	
	三年级下	六年级上	三年级下	六年级上
1	28	29	2	1
2	22	25	8	5
3	25	29	5	1
4	15	22	15	8
5	26	29	4	1
6	28	30	2	0
7	26	25	4	5
8	13	16	17	14
9	19	22	11	8
10	22	28	8	2
11	23	28	7	2
12	18	25	12	5
13	19	24	11	6
14	5	17	25	13
15	18	20	12	10

2. 三年级下调查数据分析

从图 6 可以看出，肯定的回答明显多于否定的回答，但是从几组数据中我们发现低年级的学生有如下几个突出的特点：

首先，他们对习作要反映客观事实的认识是不够的，只有一半的学生认为习作可以培养"实事求是"的态度。这表明在写作教学中不仅要加强指导学生对生活的关注，更需要在教学中将作文的视野与生活联系起来，让学生走近生活，对生活有所感触，写出真情实感，才能体现出语文工具性与人文性相统一的学科特点。

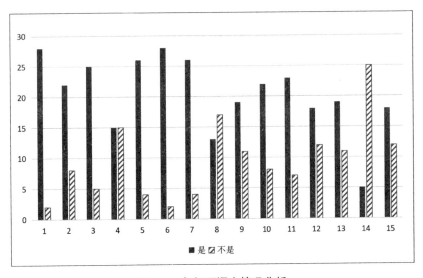

图6　三年级下调查情况分析

其次，他们对别人给予的关于自己的作文的评价态度积极，无论是教师还是同学的评价，他们基本都认为对习作帮助很大，并能根据评语进行修改，但是多数学生不愿对同学的习作加以评改。

另外，他们对自己的习作表示认可，但缺乏自信。主要表现为愿意保留或者发表自己的习作，却不敢参加习作比赛，一定程度上显示出了对自己习作水平的不自信。

3. 六年级上调查数据分析

从图7数据来看，经过两年的习作教学实验，所有项目的肯定答案均高于否定答案，我们从几组突出的数据发现高年级的学生有如下几个特点：

第一是对待习作的态度非常肯定，对习作的功能和意义认识上有了巨大的变化，尤其体现在对"实事求是"的认知上。第二是对习作的评价上态度更加积极，但也有较多的学生不愿意评改他人的作文。第三是对作文的自我认可度和自信心增强了，尤其在参赛这一项上进步巨大。另外，在作文兴趣的维持度上，他们比三年级时也有了比较大的提高。

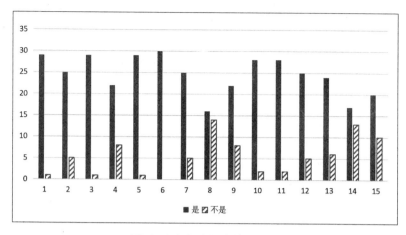

图7 六年级上调查情况分析

4. 实验前后数据比较分析

我们将实验前后两组数据中的肯定项数据做了一个比较，如图8所示。

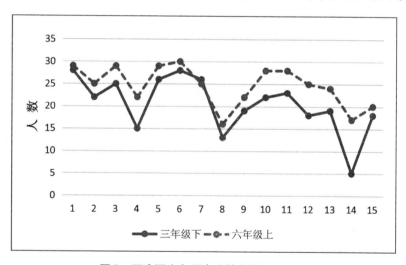

图8 两次调查各项肯定答案的数据对比

从对比中我们发现了从实验前到实验后的一些共同点：学生从始至终都喜欢课外阅读，并认为课外阅读能帮助提高习作水平，即也印证了阅读对于写好作文的重要性，进一步说明加强对学生课外阅读的指导重要性不言而喻。同时，教师的评价会使学生愿意修改习作，因此这在我们的习作教学中是不可忽略的。另外，学生比较不愿意评改他人的作文，也即评价作文的意识不强，而这恰恰是作文教学中学生主体价值的一种缺失，我们在实验中没有侧重培养，是一种遗憾。

与此同时，从比较中我们也不难发现，学生在实验前后，在关于习作的诸多方面都取得了进步，尤其在某些重要的方面取得了较大进步：一是实验后学生习作的兴趣较实验前提高了 10%，习作的兴趣维持度上升了 16.7%；二是实验后学生对作文"写生"，即习作观照现实，体现"语文工具性与人文性相统一"的认知程度提高了 23.3%；三是习作评价意识增强了，认为评价对写作帮助很大的学生增加了 16.7%；四是对自己的习作认可度均提高了 16% 以上，尤其是对习作水平的自信心增强了不少，比之前提高了 40%。

5. 开放性问题调查结果分析

我们在问卷中还设置了一个开放式的问题："你喜欢的作文课是什么样的？"这一问题的设置主要考察的是学生初期习作兴趣点和经过一系列的习作教学训练后习作兴趣的变化情况。

（1）前测调查数据分析

在第一次调查中我们发现，30 个被调查的学生，只有两个学生没有回答此问题，其余 28 个学生都表达了他们自己的想法。学生在表述喜欢的作文课时提到了一些与习作相关的词语，其中"游戏"一词出现频次为 7，"编童话"出现了 8 次，"玩耍"出现了 6 次，"（写）故事"有 5 次，"有趣"出现了 3 次，"有意义"出现了 2 次。可以看出，"游戏"和"玩耍"加起来频次跟"编童话"和"故事"相加的频次都为 13 次，如果将他们分别归结为玩耍和想象，那么他们在 30 份问卷中的频次占比均为 43.3%，两者相加则可高达 86.7%，即使考虑表述中有交叠的部分，其比例也高于 60%。也就是说，从频次最高的"编童话"到频次最低的"有意义"，无不在向我们揭示学生心目中的作文就是学生那颗纯洁而又喜欢玩耍的天性的表达，我们可以断言如果学生们的天性表达受阻，那么他们写作的兴趣也就将丧失。人们常说"兴趣是最好的老师"，因此保护学生的兴趣就是保护学生的天性，培养学生的习作兴趣就是要让学生的天性得到表达。

与此同时还存在一个事实，低年级的学生毕竟生活阅历较少，阅读的积累量也还欠缺，其学习和生活的视野还很有限，因此他们对习作的认识是不全面、不深刻的。他们天性的表达基本源自有趣味的活动或者美好的想象，从而忽略了作文是语文综合素养的重要组成部分和语文是人文性与工具性的统一这两个实践性的特点。所以，我们在实施习作教学实验探究的时候，除了搭建其表达需求的习作平台外，还要将学生的习作视野打开，将他们带入生活的广阔天地里，深化他们对习作的认识——习作不只是天性的表达，而且是一种需要——培养学生真正的写作兴趣，从而提高他们的写作水平。

（2）实验后调查数据分析

在实验后的调查中，我们发现学生在表达对写作的认识时，表述更加清晰了，除了表达出玩耍的天性外，还体现出了"实事求是"的写作态度。在他们的表述中，30份问卷就出现了20次"游戏作文"，其他词语如"实验""玩耍""观察"等都不同程度地在问卷中被清晰地提出，可见"以实践活动为载体的习作教学"不但保护了学生的天性，还发展了学生的天性，同时也将《义务教育语文课程标准》中要求的"观察周围世界"和"写实"的目标扎实地落实，培养了学生的习作兴趣，能通过写作记录所看、所想，描写真实的世界，表达真实的情感。

综上所述，我们可以肯定地说，"以实践活动为载体提高学生习作能力的探索"一系列尝试是成功的。实践证明，它不仅仅保护了学生天性的表达，还提高了学生的习作兴趣；不仅仅让学生对作文有了深刻的认识，还发展了其习作的自信心；不仅仅培养和激发了学生的习作能力，还进一步提高了其习作的水平。

表3　实验班和非实验班五年级第二学期两次语文考试成绩数据

期中考试成绩			期末考试成绩		
项目	非实验班	实验班	项目	非实验班	实验班
考试人数	78	80	考试人数	79	80
及格人数	73	78	及格人数	76	80
及格率	93.6%	97.5%	及格率	96.2%	100%
总分	5477.5	6513.5	总分	6434	6753.5
平均分	77.4	81.4	平均分	81.4	84.4
红分人数（80-100分）	44	51	红分人数（80-100分）	56	67
红分率	56.4%	63.8%	红分率	70.9%	83.8%
最高分	92.5	93	最高分	92	94.5
最低分	32	57	最低分	40	64
100	0	0	100	0	0
90—99	1	13	90—99	7	15
80—89	43	38	80—89	49	52

续表

期中考试成绩			期末考试成绩		
项目	非实验班	实验班	项目	非实验班	实验班
70—79	23	21	70—79	16	9
60—69	6	6	60—69	4	4
50—59	2	2	50—59	2	0
40—49	1	0	40—49	1	0
30—39	2	0	30—39	0	0
20—29	0	0	20—29	0	0
10—19	0	0	10—19	0	0
0—9	0	0	0—9	0	0

（二）实验班与非实验班考试成绩比较

在语文教学中我们常常听到这样一种说法，"得作文者得语文，得语文者得天下"，由此可见作文在语文中的地位之重要，作文水平的高低也直接决定了语文考试成绩的高低。根据教师们的经验，作文成绩的差别决定了学生考试成绩的差别，各班级（平行班）之间语文考试成绩的差异也同样体现在作文的整体水平上，因此，语文考试成绩与习作水平有较紧密的联系。另外，实验班和非实验班处于同年级，均为平行班级，语文常规教学按统一计划及进度开展，每次期中和期末语文测试都由其他年级组语文教师流水式阅卷，由学校统一录入数据，因此数据具有较好的信度和效度。

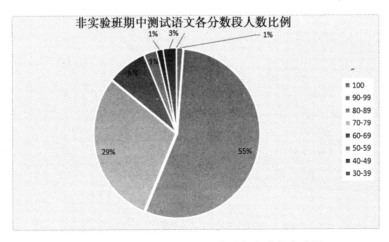

图9　非实验班期中测试语文各分数段人数占比图

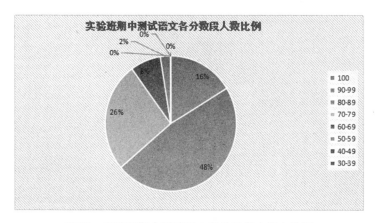

图 10　实验班期中测试语文各分数段人数占比图

所以，在作文教学实验研究中我们考察了实验班和非实验班五年级第二学期的两次语文考试成绩，以此剖析"以实践活动为载体提高学生习作能力的探索"的作文教学实验所取得的成效。

从图 9 和图 10 我们发现，两个班的期中考试成绩主要都集中在 70 分到 100 分之间，其中实验班和非实验班的红分率分别为 63.8% 和 56.4%，即实验班红分率高出非实验班 7.3%，特别是 90 分以上的人数，实验班竟高出非实验班 15%；70 分到 80 分段的学生人数差别不大，低分比率实验班则低了 5%；实验班的平均分比非实验班高出 4.0 分。这表明，实验班在期中语文考试中成绩比较突出，作文整体水平高于非实验班。

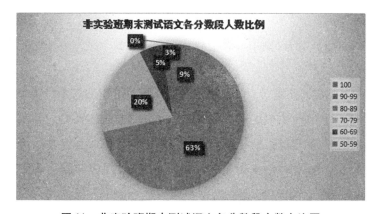

图 11　非实验班期末测试语文各分数段人数占比图

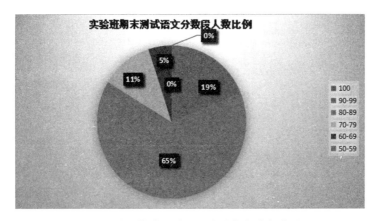

图 12　实验班期末测试语文各分数段人数占比图

在期末考试中，实验班仍然取得了比非实验班更好的成绩，其中实验班 90 分以上人数占比高出非实验班 10%，红分率则高出 12.9%，班级平均分也高出 3.0 分。也就是说，实验班在期末考试中仍然占据了优势，尤其是高分段学生比例较高，差别较大。

综合两次考试的成绩比照，我们认为"以实践活动为载体提高学生习作能力的探索"的课题实验探究在教学实践中对学生产生了积极影响，取得了比较显著的成绩。

五、分析和讨论

（一）访谈观点讨论

1. 教师观点

在针对习作教学的讨论中，对于教什么，怎样教学生写好作文，教师们发表了一些观点：

（1）贵州省特级教师、工作室成员封蓊认为，习作训练不能脱离文本。多年的教学经验发现，学生们的习作水平不是一蹴而就的，而是需要不断的训练的，这个训练是有预谋的、精心设计的，但不论写什么，写作总是离不开教材文本的。我们所使用的教材（课标人教版语文教科书）中的每一个单元其实对应的都是一个主题，每一篇课文都是该主题下写作的范本。

"我曾经在上课时尝试'一课一得'的写片段训练，根据文本所教授的习作方法或者要点，教学生仿写一个片段，从片段的角度来看还是取得了不错的效果。但是我后来发现，当他们再写成一篇完整的习作时，问题又出来了——

片段不能够形成完美的整体。"她指出，"在主题要求之下把习作目标细化到每一课当中，然后在主题习作教学时教学生把平时的片段整合起来，这样就使习作训练碎片化，碎片又通过习作课整合为一个整体了。"

封葑老师作为一位有着丰富的成功教学经验的教师，在习作教学中非常重视文本和习作的关系，她把阅读教学，即学生的课堂实践经验，跟学生的习作成长联系了起来，让课堂所学在迁移中变成学生所得。

（2）安顺市实验学校小学语文教研组组长姚蕾老师认为，培养学生良好的阅读习惯对于他们的习作成长很重要。他们现有知识和经验不够，阅读是他们认识世界、获得更多经验的一种很有效的途径和方式。

另外，她认为在学生刚开始学写作文的时候，不能急于求成，拔高对学生的习作要求。"我在他们第一次（三年级）学写作文时，发现他们根本不会表达，写得乱七八糟的，没有什么章法，"姚蕾老师感叹道，"不过我没有就此放弃，而是在接下来的教学中，根据此次习作的不足进行有针对性的训练。大概进行了连续的3次指导和习作训练，我发现他们的进步很明显，写得很不错……"

这位颇有经验的优秀的一线教师对写作教学，尤其是作文教学的起始阶段的认识和理解，很是贴合《义务教育语文课程标准》中所述的内容，她认为习作教学应该符合儿童的认知特点，培养他们的习作兴趣，而不是以教师一贯的想法肆意拔高要求。同时，我们注意到她强调了阅读对学生习作经验的重要性，所以培养学生良好的阅读习惯应该成为提高他们习作水平的一个策略。

（3）安顺市教育科学研究所研究员潘艳老师认为，学生在生活或者学习中积累了不少习作素材，当教师在教学中指导他们写作的时候，应该特别注意习作教学目标在教学环节当中的落实。"在教学中，如果学生只是把他的经验写出来了，那么这是光有作文的形。如果在教学环节中，落实好写的目标——是训练什么修辞，还是某一种习作的方法，是训练某一种结构，还是细节的描写等，都应该细化到教学的环节中，并让训练的点落实在写上边。这样，学生写出的习作既有了形，又有了神……"

潘老师强调了习作目标在习作教学中需要落实好，只有将习作训练的点落实到每一个教学的环节上，学生才能真正意义上地提高习作水平。

（4）工作室主持人胡艳梅老师认为，学生写作文写得好的前提是要有写的内容，有了内容才能去教他们方法和技巧。"在教学实践中，我们往往发现学生们难于动笔，或者是照搬人家的作文来完成任务，其实就是缺乏可写的内容。"胡老师这样说道，"我在教学中就尝试了一些方法，比如，让他们玩一个游戏，并根据游戏过程来写作文；做一个小实验，再把实验中的发现写出来；进行'读写结合'的阅读教学尝试，在课文教学中将文中的写作方法作为训练内容开展片段写作，等等。"这样，无论是刚刚开展了的活动，还是课文学习后的写作，都有了体验，他们在写的时候就有了可写的东西，写出来的文章就不再空洞无物了。

胡老师的观点显得更有包容性，也更符合现在习作教学应该面对的现状——我们应该明确习作教学的内容，有了内容才有教的过程，学生才能有效地学习。

（5）其他观点：有教师认为，应该引导学生从多种渠道获取更多的生活经验和体验，应该重视对学生获取材料时和写作时方法的指导。另外，学生活动除了教师的指导，还应该给他们提供展示的平台，让他们有兴趣和持续的动力去获得更多的资源。还有教师认为，我们的作文教学要注意单元内部与课文、口语交际的关系，注意考察教材编者的意图，挖掘适合我们学生的素材，加以教学和指导。

综上，我们认为学生习作能力或者水平的高低，跟是否拥有丰富的生活体验，是否拥有丰富的知识和经验，是否得到教师的引导和指导，是否落实好作文训练的目标都有着密切的关系。

2. 学生反馈

在课题开展过程中，我们观察和询问了一些习作能力强，习作水平相对较高的学生，试图剖析怎样提高学生的习作能力。从观察和交流中，我们发现：

一是阅读量大，且多读"好书"。这是所询问的学生共同的特点，他们几乎离不开书，每天都会用一些时间来看课外书，多的一周可以看二三十万字的书籍，而且他们所读书籍多为名家名著或者经典书目，如《三体》《论语》《解忧杂货铺》《野草集》等。

二是比较喜欢语文。相对很多学生而言，他们喜欢语文，喜欢语文中的文字，喜欢去写、去表达，对所有与语文相关的学习活动都充满了热情。例如，观察学校中自己喜欢的一角，并以此写一篇习作。他们比其他学生观察得更积极和认真，其他学生写的要么成了想象，要么就是看到了一个粗略的形象，他们则专注于某一棵树、某一处小景，写得实在又细致，显得认真得多。

三是善于捕捉生活细节。他们跟多数学生一样，没有丰富的生活经历，但是他们在学习中有比其他学生更强的观察能力，例如，同是写一节课，多数学生只是将事情经过说了个大概，而这些学生则可以把同一件事情当中教师手指的动作，面部细微的变化刻画得生动形象。

因此，从学生的角度来看，要提高他们的写作能力，就要培养他们的写作兴趣，让他们有一定的阅读积累，培养其对生活观察和体悟的习惯。

江苏省特级教师吴勇在其编著的《吴勇用教材——小学教材习作教学探索》一书中指出，如果没有教师的教，那么就不会有有效的作文指导，自然就不会有有效的学生写作。同时，他剖析了儿童习作教学中常见的弊病，"从一开始就将成人的思维贯于教学之中，重视习作的技法教学，破坏了儿童的写作生态，学生在这样急于求成的教学中导致其失去了写作信心"①。

因此，我们认为学生占有丰富的写作材料是写好作文的前提，包括生活的体验、学习的体验、阅读的积累，等等。材料要转化为学生的作文，则离不开教师搭建的桥梁，即教师在各种活动之后将各种体验与习作联系起来，即在活动中指导习作，在习作中指导活动体验——教师的有效的指导为实践活动和习作架起了一座桥梁，习作教学的课堂就成了"桥梁"的实际载体。

（二）习作教学实施策略

在课题实施过程中，我们在学校众多语文教师的实践中，梳理和总结了一些比较成功的教学策略。为了能更好地讲清楚，我们按照《义务教育语文课程标准》中划分的小学写作的三个阶段来说，即一、二年级为低年级段，三、四年级为中年级段，五、六年级为高年级段。

1. 低年级写话训练

《义务教育语文课程标准》在低年级的教学目标中指出要让学生"对写话有兴趣，留心周围事物，写自己想说的话，写想象中的事物"，因此，我们要注意调动学生的好奇心，对事物的新鲜感，激发并维持其写作的兴趣。

（1）看图随意写话。刚开始的写话，我们基本上是让学生从看图开始的，因此，一幅适合他们的图画就是一则好的写话训练材料。然而，我们不能仅仅停留在教材和作业练习中提供的有限的材料。现在是一个信息大爆炸的时代，

---

① 吴勇. 吴勇用教材——小学教材习作教学探索［M］. 福州：福建教育出版社，2017：9.

也是媒体多样化和便捷化的时代，所以我们倡导学生利用网络空间，建议家长和学生每天一起在手机或者电脑上找一幅学生喜欢的简单图画，让学生用语言（可用拼音）不做限制地将图画内容大概描述下来，再回到课堂给予适当展示或者让教师批阅。

这样，既实现了亲子陪伴，又在帮助学生根据自己的兴趣完成了写话的训练。所写内容不一样，既培养了学生学习上的自主意识，又达成了让其自由自主地表达个性的目的。

（2）培养阅读的习惯。推荐学生阅读适合一、二年级学生的绘本或者易读的书籍，让学生在阅读当中感受叙事的逻辑，体会阅读的快乐，培养起阅读的习惯，积累语言的素材。

2. 中年级学写作文

（1）培养良好的阅读习惯。阅读自始至终对于写作的作用都是不可或缺的，因此在此阶段特别要注意学生阅读习惯的培养。

一是从绘本向文字读物转变，推荐适合他们的书目，可分为必读和选读两种。根据他们的年龄特点，选择适合他们又有意义的书籍作为必读书本，使学生在分享交流中有共鸣，培养他们阅读的积极性。学生自由选择书目，这样既培养了他们的阅读兴趣，又发展了他们的阅读个性。二是师生共读，师生共读一本书，定期开展交流分享，让教师能与学生感同身受，有共同的语言，对学生有针对性的指导，也潜移默化地影响学生形成阅读习惯。三是亲子阅读，从课堂到家庭，让陪伴成为阅读习惯养成的有效途径，使学生随时都有交流的内容和欲望，将阅读积累转化为思想和表达的材料。

（2）情境带入易写作。这个年级段的学生对于事物的了解偏向直观的感受和体验，习作的教学也是一样。因此，在习作教学中，要注重学生的体验与写作的关系。

一是观察生活。结合语文教材，其他学科教材，例如，科学和品德学科的活动，引导他们有目的地观察生活中的事物，例如，观察蚕宝宝的成长过程。鼓励他们用日记记录下来，或者通过口语交际说出来。据此，教师在习作教学时将生活带到课堂上，还原学生们观察的情景，教他们把观察到的事物按一定顺序表达出来。

二是游戏作文。每学期开展两三次游戏作文活动，设计有趣又简单的小游戏，指导学生玩游戏、观察游戏，然后从参与者和观察者的角度，把游戏过程记录下来，做到文从字顺、实事求是即可。

三是指向习作的阅读教学。在课文的阅读教学中，发掘和提炼符合该阶段的习作要点，进行片段仿写训练。例如，用三年级《我们的民族小学》一课中排比的手法来写一写班级里的同学们；用《花种》一课中的拟人手法来写一写校园里的植物，或是引语中标点符号和提示语训练，等等。

四是词语写话。在抄写作业中，教师每次指定使用两个所学的"好词"或重点词语进行造句，加深对词语的理解，同时训练写话和用词的能力。

在中年级段，主要尊重的是学生的写作兴趣，他们的写作可以不拘泥于形式，只要做到文从字顺，能够将重点内容写清楚即可。

3. 高年级段写作

"懂得写作是为了自我表达和与人交流，"《义务教育语文课程标准》中这样要求，"有意识地丰富自己的见闻，珍视个人独特的感受，积累习作素材。"而且课标对学生提出了做读书笔记和作文修改的要求。因此，高年级的写作教学要求远高于中、低年级，同时内容和手段要求都比较丰富和多样。

（1）基于生活材料的积累——"新闻发布会"的诞生

引导学生关心每天的生活，通过观察身边发生的事物，从听他人说、听广播，从读书看报、看电视，从移动网络端阅读或观看等途径了解生活中的新鲜事物，关心身边、国家、社会、国际事件，拓展学生们的语言环境和视野，积累丰富的生活素材。再在每天的语文课堂中设置固定时间的"新闻发布会"，让学生有选择性地交流分享有价值的"新闻"，并鼓励他们有相应的思想，对众多的材料有选择性地进行梳理和总结，并利用起来形成表达的材料。

（2）基于指向性的阅读——读书记录卡和编辑一本书

中低年级有了一定的阅读基础，培养起了阅读的兴趣和习惯，高年级则要教会学生读书——读有选择，读有方向，读有所得，读有所感。

因此，我们特别拟定了一些书单推荐给学生，并且通过写阅读记录卡、编辑一本书、开展阅读交流分享等活动，对学生的阅读加以指导和强化。一是寒暑假期间，推荐阅读书目，每周完成一次阅读记录，而且要在假期将自己喜欢的文章编辑成一本书，自己取书名、装饰，还要在篇目中写一写自己的感受或者选编的理由。二是完善阅读记录卡，对要记录的内容进行明确，比如，积累多少个动词、形容词，积累多少个语段，结合自身实际写一写读后的收获和感悟，这既是对教学目标的落实，也为积累写作的素材明确了方向，做了有效的指导。三是开展阅读交流分享会，每周设定专门的交流时间，通过推荐一本好书或者交流阅读记录卡的形式，进一步强化阅读的收获，积累写作的素材。

（3）基于目标落实的训练——读写结合与写作指导

我们在教学中确定了写作教学的目标，并把目标在单元的阅读教学中进行了分解细化，或者在阅读教学中发掘单元写作训练的点，再在作文教学中将阅读教学训练的点进行梳理和总结，整合起来，形成完整的习作。

根据教学内容和目标要求，我们大致将可训练的点大概分为：修辞手法（如比喻、排比、拟人等），标点符号（如双引号、提示语等），人物描写（如动作描写、神态描写等），习作顺序（时间的先后、观察的顺序、事情的发展顺序等），写作的结构（总分结构、分总结构等），说明方法（列数字、举例子等），其他写作方法（倒叙、插叙、对比、环境描写、设置悬念、用事例写具体等），续写课文，根据课文写解说词……我们在阅读教学中，根据课文内容，将其中发掘的训练点与单元的作文主题融合起来，再在习作教学时加以指导和整合，这样既将习作的目标落实在了阅读教学之中，又不局限于教材特定单元的材料，使习作教学有开放的资源可利用。

（4）基于自由表达个性的需要——选词写话和流动日记

在高年级的抄写作业中，应将中年级的用词语造句变为选词写话，并有更高的要求，即选择4个以上本次作业中的词语写进一段话里，既达到了生词的理解和运用，又达成了写作训练尝试使用"有新鲜感的词句"的目标，还发挥了学生自由自主的个性表达。

在学习任务较重的高年级，加上学生天生懒惰的特点，他们中许多人不能单独坚持写日记，而流动日记（5个人左右为一个小组轮流写日记）则克服了这一缺点，同时学生在流动中既可以相互借鉴和鼓励，又可以达到积累生活素材的目的。

（5）基于能力成长的需求——作文社团的产生

有一部分学生的精力旺盛，学习能力比较强，他们有吃不饱和要提升的内在需求，用"自愿加入"的原则，组织一小批作文尖子组成自己的小社团，在多于其他人的写作任务和教师的指导中，他们能得到更多的专门训练和指导，并在相互的交流和分享中得到进一步的鼓励和提高。在强强影响中，他们能进发出更强的写作动力和愿望，又会对其他同学产生积极的影响。

（6）基于写作的兴趣需求——多种互动或体验

游戏作文，组织有趣的游戏活动，指导学生有重点地观察，并根据观察写出过程、刻画细节、写出感悟来。观察作文，利用学校资源，组织有目的的观察，把观察到的事物和感受写下来。赏析性写作，沉下心来听一曲音乐或者欣赏一幅画、一场表演等，随性地写一个片段，写出自己的所感所想。话题中自由写作，如写一节你喜欢的课，让良好的体验转化为文字的表达，等等。

六、建议和启示

在"以实践活动为载体提高学生习作能力的探索"的课题研究实施两年的实践里，我们注重把作文教学的相关理论结合实际情况运用到习作指导教学的实践中。在课题实施过程中，检验了习作教学的相关理论，并在实践中加以借鉴性选择和完善，再付诸实践进行检验和完善，探索出一些适合于本校的作文教学实践的经验和策略。以实践的成功经验为基础，梳理总结出一系列便于操作、易于实施的并在教学实践中取得了显著的成效的习作教学指导策略，基本达成了课题实验的初衷，完成了相关的研究目标。

但是，鉴于课题组经验有限，课题开展的条件和时间限制等因素，课题研究还存在不足之处：

（一）研究设计上的缺陷

1. 实验样本（对象）数量少

（1）教育是为了"一切的学生"，习作教学的对象也是一切的学生。在课题研究中，为了方便实施和探究，我们选择了以点带面的研究方式，只选择一个实验班级和一个非实验班级来开展实验和对比研究，在采集数据时，尤其是问卷调查样本，又进一步缩减了数量。这样实际研究样本减少了，其研究结论的信度和效度就偏低，缺乏普遍的代表性。

（2）在实验研究过程中有阶段性的总结和成果的推广环节，但在实施过程中主要是在本校内开展推广研究，在区域内还是缺乏较广泛的实践检验，对推广实施虽有启发作用，却不能直接发挥效益。当然，工作室团队也通过送教、学术交流、优质课评比、示范课评议等方式开展了形式多样、内容丰富的习作教学指导交流活动，即便如此，其影响也是有限的。

2. 教学策略的研究设计不全面

在研究中我们为了达成学生习作能力提高的目的，侧重在写作中的指导，强调对指导策略的研究和总结。与此同时我们却发现，弱化了对学生习作评价策略的指导和对评价体系的形成研究，没有做到足够的"重视引导学生在自我修改和互相修改的过程中提高习作能力"。因此，课题组在实践过程中对作文教学策略的研究是有所缺失的。

3. 理论研究和成果借鉴局限

课题组借鉴了许多相关的习作教学理论成果和实践经验，但是考察并不包括有些卓有成效，但是影响不够广泛的教育教学成果。由于获取途径的限制，课题主要考察的是国内的主流习作教学模式和理论，却少有涉及国外的成功经验和理论成果，研究视野不够广阔，成果不够全面。

综上所述，"以实践活动为载体提高学生习作能力的探索"的探究虽然达到了预期的研究目标，但是基于研究设计上的缺陷，我们认为课题的实验留下了一串"省略号"，而进一步补充"省略号"显然还有非常重要的意义。因此我们建议：

一是在以后的相关实验研究中，选择的研究样本要在可控范围内尽可能地大，做到研究覆盖面广、结论信度和效度高、成果推广价值大。并且全面考虑发挥好团队平台，动员更广泛的一线教师，以更丰富的形式和途径加入写作教学实践和推广研究的行列，使得成果取得实效，影响更加广泛和深远。

二是在设计实验研究之初，更为全面地考虑相关因子，设计更加全面的研究计划，多线并举地开展探究活动，使写作教学的实验研究针对性更强，成果更加丰富。

三是要拓宽信息资源渠道，获取更加广泛和丰富的研究资料，不仅关注影响较大的成功经验和理论，不仅关注区域或者国内的研究成果，还要把视野投向更广泛的一线教学，投入国际视野中，让习作教学的研究成果不仅更加深刻，还要更加广泛和深远。

（二）从研究结论中得到的启发

1. 兴趣就是最好的老师

我们从研究中发现，学生从三年级开始学写作文到高年级习作能力的提升的过程，曾自己反复提到游戏、玩耍、自由等词语，这是学生的天性，也是天性的维持过程，如果我们的写作教学让学生失去了这些天性，那么习作就真的沦为了老师教学的任务，学生完成作业的任务，在应付中就失去了对作文的兴趣和信心，那么学生的习作水平是难以实现提高的。

因此，在作文指导中要根据教学的对象和内容，用好"兴趣"这个最好的老师，合理巧妙地设计能够激发学生习作兴趣和维持其表达天性的习作教学活动，让学生习作水平在兴趣中得到提升。

2. 丰富的教学活动提高写作的质量

课题的实验探究中，我们探索出许多的习作指导教学策略，而这些策略又并非完整的一堂"作文课"，而是将习作指导和训练的目标分解在丰富的语文教学活动中，调动了学生听、说、读、写各项语文能力，从丰富而不枯燥的活动中落实了具体的写作目标。最后在整篇的作文教学中，再将训练的目标整合为一体，加以引导或者指导，形成品质比较高的作文。

3. 搭建习作与实践体验的平台，提高语文综合素养

教师能够在确定的作文教学内容上下功夫，巧妙搭建起沟通学生写作与实践体验的平台，将学生引导向在活动中获得体验，再悉心指导其开展写作训练，例如，在简单而有意义的游戏作文中对观察要点的引导，写作方法的指导等，调动学生的多感官，使其在获得丰富的体验后，用一定的方法表达出来，进而形成"一种表达的需要"，既提升了其语文的综合素养，也提高了其写作能力。

4. 潜心实践和总结，在常规教育教学活动中出成果

在课题实践的过程中，教师们积极开展实验活动，并在实践中产生了许多优秀的课例，总结出了许多成功的经验，形成了写作教学的丰硕成果，也进一步提高了教师们教育教学理论和科研的水平。如果没有课题的正式开展，我们何尝不可以对自己的想法加以实践或者对自己的经验加以梳理和总结呢？这样不仅能够使自己的教育教学日臻完善，还可以形成卓有成效的些许成果，提高了理论和科研素养，也完善了自身实践的素养。

总而言之，课题的结束不是我们教育教学实践和研究的终点，所取得的成果只是阶段性的，我们将继续秉持谦逊的态度，在一线教育教学中用心实践、潜心研究，相信还会有更丰富、更有影响力的研究成果诞生。

（该课题于 2019 年成功结题。2020 年获"安顺市首届教学成果评选"二等奖，获"贵州省第五届教学成果评选"三等奖。）

"纵横信息数字化学习促进学生智力因素和非智力因素发展的研究" 课题实验中期报告

安顺市实验学校　胡艳梅

一、实验情况

课题立项以来，学校领导高度重视，按照课题申报书初步确定的研究目标和任务，从课题组织机构、人员分工、预期成果、实验周期和实验方法等诸方面逐项加以落实，成立了课题实验组。

在前面两期纵横课题实验的研究基础上，结合以往课题研究的成果及经验，本期实验，我们结合本校实际情况，在激发学生们对纵横数字输入法兴趣的基础上，与平时的写字、阅读、写作教学结合起来，制订方案如下：

1. 针对实验对象的学习情况，继续让基础较弱的学生对纵横输入法及纵横信息数字化学习有初步的了解，在掌握基本指法的前提下，较熟练地拆分所学汉字，完成简单的连词成句练习，进行初步"想打"训练，利用纵横码进行简单的看图写话。

2. 对于原实验对象，在继续培养他们自主学习、主动探索的基础上，进一步提高眼、脑、手协同并用的快速搜集、资料整理、阅读理解的能力，熟练实现"看打""想打"，自主进行网络写作，培养学生们在纵横信息数字化学习中快乐学习与主动探索的学习精神、意志和品质；探索在纵横信息化学习环境中，知识"学得—习得—建构"的新的课程结构与规律，促进儿童认知能力的发展，促进其他学习群体潜能全面发展。

3. 进行实验预设，做好前期准备，确定实验问题，明确实验任务，把实验与课程结合起来，逐步有效地开展活动，不增加实验教师和学生的负担，以使课题轻松、按期完成。

二、实验准备

（一）问题的提出

针对我校课题研究情况以及研究成果，结合本期实验的对象及其具体情况，确立了以下研究问题：

1. 根据纵横输入法的特点，加大对纵横码的基本原理、常用规则及常用功能的训练力度，使学生进一步掌握其笔形、单字、词组以及简码的使用，实行无障碍电脑上机操作。

2. 结合总课题组的实验要求，对于原实验对象，在继续培养他们自主学习、主动探索的基础上，进一步提高眼、脑、手协同并用的快速搜集、资料整理、阅读理解的能力，运用纵横数字输入法进行电子书、电子小报的编辑和制作。

（二）方法的选择

1. 行动研究法：在教学实践中研究，不断观察、分析、反思、调整，不断提高研究的效率，验证策略的有效性。

2. 实验研究法：完善组织机构，制定研究目标、范围和研究步骤，在理论的引导下，假设可供操作的材料、程序和方法，然后进行实验研究。

3. 文献研究法：对《义务教育语文课程标准》以及近年来对小学语文识字、阅读及写作教学的研究文选资料进行收集、阅读、整理、借鉴。

4. 经验总结法：在实验过程中加以回顾、反省、总结，通过分析和思考，总结实验的得失，再指导研究和实践。

（三）材料的选择

依据现行教材，我们选取实验对象所用课本中的字、词、文章为提高识字、阅读、写作能力的基础材料；再结合能提高阅读能力的素材，配合课题研究；在识字、阅读素材积累方面，一是继续原来一直使用的"小学生生活常用词语""小学生常用成语800个""小学生常用谚语100条""小学生诗句分类集锦"，提高纵横输入法操作能力的同时积累大量的好词佳句；二是利用纵横信息数字化学习，让学生积极参加"知识竞赛""在线写作""在线阅读""趣味自选项目"以及总课题组组织的各类比赛活动，让他们在快速阅读中积累丰富的词汇，促进思维的发展；三是仍以课本中的"口语交际""习作""日积月累""趣味语文"等为原材料进行练习；四是结合学校图书馆资源，给学生推荐阅读后交流练习用的篇目。

（四）实验的对象

根据以往研究状况，结合我课题组现有实际情况，确定低、中两个不同层次的实验组，具体情况是：三、四年级实验对象40名，对照组学生40名。实验对象所有学生的母语均为汉语，智力正常。

三、实验过程

（一）激发兴趣，强化技能

兴趣是最好的老师，它能使人集中精力去获得知识，是学习活动的强大动力。教育学家乌申斯基说："没有兴趣的强制性学习，将会扼杀学生探求真理的欲望。"兴趣的产生，往往要靠外界的刺激和诱发。这就要求教师经常全面、细致地观察学生兴趣的倾向性，从而使学生形成良好的学习动机，以确保教学目的的达成。游戏是儿童的天性。识字教学中游戏法的使用备受儿童的青睐。学生在玩中学、学中玩，始终处于一种愉快的状态，我们在识字教学中采用的游戏方式有猜谜语、编顺口溜、给字娃娃找家、找朋友、送信、摘苹果、开火车、跨栏等。在灵活运用的多种游戏方式中，学生从中享受到了知识的乐趣，有了自主识字的愿望，从而达到了识字的目的。经过一段时间的学习和训练，学生已经能够利用纵横码认识较多的汉字，并且较快地在电脑上输入汉字。学生在游戏的过程中，与小伙伴共同努力、积极配合，合作能力、注意力、识字能力等非智力因素以及记忆力、思维能力等智力因素都得到了培养。在扩大学生识字量的基础上，我们让初级组的实验对象进行了大胆的尝试，让他们利用纵横码进行简单的看图写话。看图写话训练是培养低年级学生认识能力、形象思维能力、想象能力和表达能力的良好途径。我们精心为学生选择了一些符合学生年龄特点的图画，让他们大胆想象，用纵横码在电脑上录入他们想要表达的内容。经过一段时间的训练，激发了学生们学习纵横码的兴趣，促进了他们智力因素与非智力因素的发展。

（二）整合教学资源，培养阅读能力

阅读能力是培养学生智力因素和非智力因素的一个重要方面，在本期的课题实验中，我们课题组也重点在这方面开展了工作。《新课标、新理念下的阅读教学》规定小学第三阶段的阅读要"利用图书馆、网络等信息渠道进行探究性阅读，扩展自己的阅读面，课外阅读不少于 100 万字"。要让学生根据其中的阅读形式自觉并积极地投入阅读活动中，顺利完成阅读任务。我们充分整合语文教学与纵横输入法的教学资源，让学生在纵横信息数字化训练的巧妙"牵引"下，带着浓厚的兴趣，走进纵横数字信息化，走进课外阅读世界，翱翔在更广阔的天空。

根据实验教师对《义务教育语文课程标准》的理解，结合纵横信息数字化学习，按照教材编排体系，以精读带略读、以课内阅读带课外阅读、以阅读方法指导阅读实践。利用学生学习纵横输入法的契机，在他们快乐学习纵横输入法的同时，向他们推荐好书、名家名作。如世界著名的童话集《安徒生童话》《格林童话》，中外儿童名著《小王子》《绿野仙踪》《屋顶上的小飞人》等。我们把这些好书的简介或精彩语段制作成精美的课件展示给学生，让他们阅读，练习纵横输入法的段落输入。学生输入的过程就是学习的过程、阅读的过程，同时，接触到这些名著，激发了他们进一步阅读的兴趣。教师可以借此机会让学生选择自己喜欢的书来读，在学生读完书后，引导他们分享自己阅读的感受，把自己的读书体会、读书笔记、积累的好词好句等制作成电子报刊，在班级中展示。同学们欣然接受任务，一个个拿出看家本领，把最好的作品展示给大家。每当"小作者"们看到老师、同学欣赏他们的作品时，都开心极了，脸上洋溢着自信的微笑。就这样，他们学习纵横输入法的兴趣更浓了，阅读面也在不断地拓宽。良好的听、说、读、写能力逐渐形成，智力因素与非智力因素也得到了培养。

（三）定期检测，制定研究策略

在开展实验的过程中，我们定期对学生进行相关的测试工作，为实验工作的开展及研究策略的制定提供依据，为实验的推广提供保障。

1. 看图作文测试

①实验对象

中年级实验学生 10 名，对照组实验学生 10 名。

②实验材料

看图作文测试材料，内容为中年级水平。

③实验设计

通过看图作文，检测学生在信息技术环境下的写话能力以及输入文字的速度。

实验组学生用纵横输入法，非实验学生用拼音输入法。在5分钟内进行看图作文测试。

④实验结果统计

表1　学生写作字数统计

对照组学生	作文字数	实验组学生	作文字数
学生1	231	学生11	303
学生2	132	学生12	314
学生3	101	学生13	358
学生4	123	学生14	331
学生5	128	学生15	326
学生6	228	学生16	286
学生7	215	学生17	318
学生8	127	学生18	315
学生9	220	学生19	342
学生10	103	学生20	305

表2　学生写作字数汇总表

组别	总人数	300字以上	201—300字	100—200字
实验组	10	9	1	0
非实验组	10	0	4	6

2. 阅读能力测试

①实验对象

三、四年级实验组学生40名，三、四年级非实验组学生40名。

②实验材料

课题组封莳、汪强两位教师自编的语文阅读能力测试试卷。测试水平为三、四年级语文水平。

③实验设计

在实验组和对照组开展阅读能力测试。通过卷面测试，检测学生的阅读能力。

④实验结果统计

表3 阅读能力测试成绩

对照组学生序号	测试成绩（满分100分）	实验组学生	测试成绩（满分100）
学生1	49	学生1	91
学生2	42	学生2	91
学生3	53	学生3	76
学生4	69	学生4	85
学生5	46	学生5	83
学生6	47	学生6	83
学生7	49	学生7	52
学生8	63	学生8	46
学生9	63	学生9	76
学生10	55	学生10	78
学生11	43	学生11	91
学生12	38	学生12	81
学生13	7	学生13	81
学生14	48	学生14	83
学生15	71	学生15	88
学生16	54	学生16	61
学生17	68	学生17	71
学生18	54	学生18	56
学生19	9	学生19	51
学生20	36	学生20	56
学生21	85	学生21	88
学生22	57.5	学生22	88
学生23	85	学生23	75
学生24	55	学生24	84
学生25	68	学生25	85
学生26	76	学生26	90
学生27	70	学生27	83

续表

对照组学生序号	测试成绩（满分100分）	实验组学生	测试成绩（满分100）
学生28	74.5	学生28	98
学生29	89	学生29	100
学生30	75	学生30	84
学生31	85	学生31	79
学生32	94	学生32	74
学生33	75	学生33	73
学生34	52	学生34	98
学生35	58	学生35	75
学生36	57.5	学生36	83.5
学生37	92	学生37	75
学生38	77	学生38	75
学生39	77	学生39	76
学生40	77	学生40	78

表4 阅读能力测试成绩情况分类统计表

组别	总人数	及格人数	及格率	红分人数（80－100分）	红分率	平均分
实验组	40	35	87.5%	21	52.5%	78.5
对照组	40	20	50.0%	6	15.0%	61.1

3. 学生语文期中测试成绩跟踪调查

①实验对象

三、四年级实验组学生40名，三、四年级非实验组学生40名。

②实验材料

2013年5月语文期中测试卷。

③实验设计

通过对实验组学生以及对照组学生2013年5月语文期中测试成绩以及期中作文得分情况的分析，研究学生经过两年多的课题实验，语文素养是否得到培养。

④实验结果统计

表5　语文期中测试成绩统计

对照组学生	语文期中测试成绩（满分100分）	作文测试成绩（满分25分）	实验组学生	语文期中测试成绩（满分100分）	作文测试成绩（满分25分）
学生1	72.5	18	学生1	86	22
学生2	50.5	10	学生2	80	20
学生3	76.5	15	学生3	78	20
学生4	71	12	学生4	71.5	18
学生5	81	18	学生5	80	21
学生6	58.5	0	学生6	78	16
学生7	83	17	学生7	80.5	23
学生8	84	20	学生8	83.5	20
学生9	73	15	学生9	81.5	16
学生10	67	10	学生10	71	15
学生11	61.5	10	学生11	87	23
学生12	79.5	12	学生12	80	18
学生13	79.5	10	学生13	81.5	20
学生14	76.5	13	学生14	81	20
学生15	72	12	学生15	77	16
学生16	77.5	13	学生16	86	22
学生17	77	12	学生17	81	20
学生18	73	13	学生18	83	21
学生19	64	10	学生19	69.5	15
学生20	50	5	学生20	82.5	22
学生21	83.5	20	学生21	94.5	22
学生22	87	20	学生22	86.5	23
学生23	85.5	22	学生23	74	15
学生24	68.5	15	学生24	71	18
学生25	83.5	17	学生25	91.5	24
学生26	75.5	18	学生26	84.5	21
学生27	74	18	学生27	80	20

续表

对照组学生	语文期中测试成绩（满分100分）	作文测试成绩（满分25分）	实验组学生	语文期中测试成绩（满分100分）	作文测试成绩（满分25分）
学生28	73	15	学生28	82	19
学生29	79	18	学生29	87.5	20
学生30	78	16	学生30	86	20
学生31	71.5	10	学生31	84	22
学生32	80.5	17	学生32	83.5	19
学生33	67.5	13	学生33	77.5	17
学生34	70	15	学生34	80.5	20
学生35	57.5	7	学生35	91.5	22
学生36	74	15	学生36	75	17
学生37	75.5	16	学生37	84	19
学生38	87.5	20	学生38	69	17
学生39	72	15	学生39	85.5	18
学生40	69	18	学生40	78.5	20

表6　语文测试成绩情况分类统计

组别	总人数	及格人数	红分人数	平均分
实验组	40	40	28	81.1
对照组	40	36	9	73.5

表7　作文得分情况分类统计

组别	总人数	20分及以上人数	20分以下人数	红分率	平均分
实验组	40	24	16	60.0%	19.5
对照组	40	5	35	12.5%	14.3

表8　实验组作文得分情况统计

组别	总人数	优（23分及以上）	良（20—22分）	中（17—19分）	合格（15—16分）
实验组	40	4人	20人	10人	6人

4. 智力因素与非智力因素调查

①实验对象

从实验组和非实验组随机抽取学生。

②实验材料

关于智力因素（注意力、观察力、记忆力、思维力、想象力、创造力）和非智力因素（学习动机、学习兴趣、情感、意志品质、性格、协调沟通能力）的调查问卷。

③实验设计

通过对学生、家长以及各任课教师的调查问卷，了解实验组学生和对照组学生的智力因素与非智力因素的发展情况。

④实验结果统计

表 9　贵州省安顺市实验学校学生智力因素调查表

学生姓名＼智力因素	注意力	观察力	记忆力	思维力	想象力	创造力
学生 1	集中	强	强	活跃	丰富	强
学生 2	一般	一般	强	活跃	丰富	强
学生 3	一般	强	强	一般	丰富	一般
学生 4	集中	强	强	活跃	丰富	强
学生 5	一般	强	一般	活跃	一般	强
学生 6	集中	较强	强	一般	丰富	强
学生 7	集中	强	强	活跃	丰富	强
学生 8	集中	强	强	活跃	丰富	强
学生 9	集中	强	强	活跃	丰富	强
学生 10	一般	强	强	活跃	丰富	强
学生 11	集中	强	强	活跃	丰富	强
学生 12	集中	一般	强	一般	一般	一般
学生 13	一般	较强	强	活跃	丰富	强
学生 14	一般	强	强	活跃	丰富	强
学生 15	集中	较强	强	活跃	丰富	强

续表

智力因素／学生姓名	注意力	观察力	记忆力	思维力	想象力	创造力
学生16	一般	较强	强	活跃	丰富	强
学生17	一般	一般	强	活跃	丰富	一般
学生18	集中	强	强	活跃	丰富	强
学生19	一般	一般	强	一般	一般	一般
学生20	集中	强	强	活跃	丰富	强
学生21	集中	强	强	活跃	丰富	强
学生22	集中	强	强	一般	丰富	强
学生23	一般	强	强	一般	丰富	一般
学生24	一般	强	强	活跃	丰富	强
学生25	集中	强	强	一般	丰富	强
学生26	集中	强	强	一般	丰富	强
学生27	集中	强	强	一般	丰富	强
学生28	一般	强	强	活跃	丰富	强
学生29	集中	强	强	活跃	丰富	强
学生30	集中	强	强	活跃	丰富	强
学生31	集中	强	强	一般	丰富	强
学生32	集中	强	强	一般	丰富	强

表10　贵州省安顺市实验学校学生非智力因素调查表

非智力因素／学生姓名	学习动机	学习兴趣	情感	意志品质	性格	协调沟通能力
学生1	明确	较浓	丰富	较强	开朗	强
学生2	明确	浓	丰富	强	开朗	强
学生3	明确	浓	丰富	一般	内向	一般
学生4	明确	浓	丰富	强	开朗	一般
学生5	明确	浓	丰富	强	一般	一般

续表

学生姓名 \ 非智力因素	学习动机	学习兴趣	情感	意志品质	性格	协调沟通能力
学生6	明确	较浓	丰富	强	内向	一般
学生7	明确	浓	丰富	强	开朗	强
学生8	明确	较浓	丰富	强	开朗	强
学生9	明确	浓	丰富	强	内向	强
学生10	明确	一般	丰富	强	开朗	强
学生11	明确	浓	丰富	较强	开朗	强
学生12	明确	浓	丰富	强	外向	强
学生13	明确	较浓	丰富	较强	外向	强
学生14	明确	一般	丰富	一般	活泼	强
学生15	明确	丰富	丰富	较强	内向	较强
学生16	明确	一般	丰富	一般	活泼	强
学生17	明确	一般	丰富	一般	外向	强
学生18	明确	浓	丰富	强	内向	较强
学生19	明确	较浓	丰富	一般	内向	一般
学生20	明确	浓	丰富	强	外向	强
学生21	明确	浓	丰富	强	开朗	强
学生22	明确	浓	丰富	强	内向	强
学生23	明确	较浓	丰富	一般	活泼	较强
学生24	明确	浓	丰富	较强	活泼	强
学生25	明确	浓	丰富	强	内向	强
学生26	明确	一般	丰富	较强	内向	一般
学生27	明确	较浓	丰富	强	内向	一般
学生28	明确	一般	丰富	较强	开朗	较强
学生29	明确	浓	丰富	强	开朗	强
学生30	明确	一般	丰富	一般	开朗	强
学生31	明确	浓	丰富	一般	内向	一般
学生32	明确	浓	丰富	强	开朗	一般

四、实验分析

（一）看图作文测试

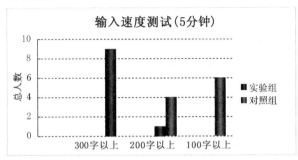

图1　两组学生输入字数分析

对以上测试结果进行分析，实验组学生5分钟输入300字以上的有9人，输入201~300字的1人，对照组输入201~300字的有4人，输入100~200字的有6人。可以看出实验组学生均能熟练地运用纵横输入法进行输入，实验组学生对图意的理解能力强，输入达到了一定的速度，已经能够较熟练地进行"想打"，并且感悟深刻，能联系自身实际有感而发，文章生动，构思巧妙；非实验组学生由于平时练习的机会少，即使是运用拼音输入法也输入得比较慢，从词组和文章的速度来看，都大大低于实验组学生的速度，并且非实验组学生阅读面较窄，输入习作时，构思的时间比较多，结合自身实际比较少，文章显得生涩，不够生动。

（二）阅读能力测试

1. 测试结果对比分析

通过对比分析，发现实验组学生的及格人数比对照组多15人，及格率高37.5%，红分人数多15人，红分率高37.5%。

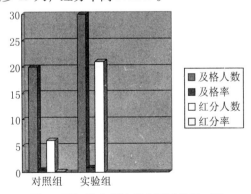

图2　两组学生阅读能力测试结果对比

2. 两组测试平均分

实验组学生阅读能力测试平均分比对照组学生高 17.4 分，可以看出实验组学生的阅读能力明显强于对照组学生。

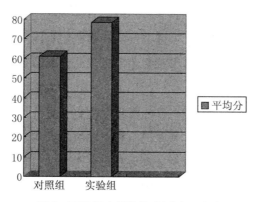

图3　两组学生阅读能力测试平均分

（三）语文期中测试

1. 对照组、实验组学生语文期中考试成绩分析

实验组学生的语文期中测试成绩在及格人数、红分人数、平均分都明显高于对照组。

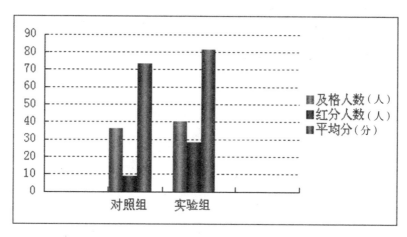

图4　两组学生语文期中考试及格人数、红分人数及平均分

2. 两组学生语文期中考试作文得分情况分析

从学生的期中作文得分情况看，作文总分 25 分，达到 20 分及以上的学生，作文属于优良，语句通顺，叙述完整，能围绕主题写得生动具体。从两组成绩来看，实验组学生作文水平明显高于对照组，20 分及以上人数实验组为 24 人，

对照组为 5 人，实验组比对照组多出 19 人，红分率实验组为 60%，对照组为 12.5%，实验组高出对照组 47.5%。

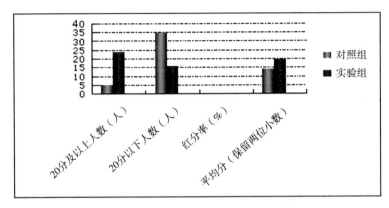

图5　两组学生语文期中考试作文得分情况

3. 实验组学生作文得分情况分析

实验组学生作文达到优秀的人数只有 4 人，达到良的有 20 人，达到中等的有 10 人，合格 6 人。对于成绩为良的实验组学生，要努力让其成绩达到优秀对于成绩为中等、合格的同学，要努力让其成绩达到良，需要在下一步的纵横课题实验中将学生的具体情况与写作教学很好地结合起来开展教学。

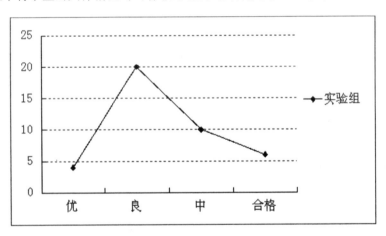

图6　实验组学生语文期中考试作文得分情况分析

（四）智力因素与非智力因素调查情况

1. 智力因素调查分析

通过分析，实验组大多数学生在注意力、观察力、记忆力、思维力、想象力、创造力等智力因素方面有较好的发展，有一小部分还需要加强培养。

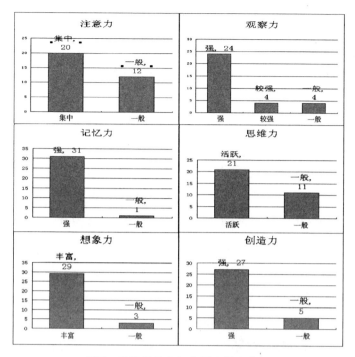

图7 实验组学生智力因素调查分析

2. 非智力因素调查分析

通过分析，实验组大多数学生在学习兴趣、意志品质、性格、协调沟通能力等非智力因素方面有较好的发展，有一小部分还需要加强培养。

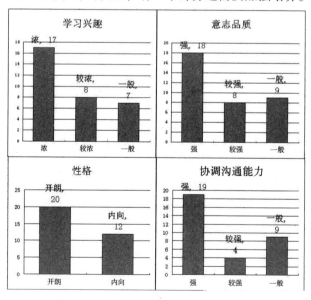

图8 实验组学生非智力因素调查分析

五、实验小结

安顺市实验学校"纵横信息数字化学习促进学生智力因素和非智力因素发展的研究"课题实验开展两年多以来，课题组的实验老师勤于学习，不断探索，勇于创新，课题实验工作取得了长足的进步，学生真正体验到了纵横信息数字化学习带来的乐趣。

1. 实验对象能较熟练地掌握一级简码、二级简码，并且词汇量得到了大幅提升，扩大了学生的识字量和阅读量，能够利用纵横码进行简单的看图写话。

2. 在实验过程中，实验教师根据文本的特点，把最为有效的阅读方法和技巧教给学生，以提高阅读能力。我们总结的阅读四字诀是：一"想"、二"画"、三"写"、四"读"。实验组学生能较为熟练地运用纵横信息数字化独立地通过网络进行资料的查找与搜集，锻炼了学生的归纳概括能力，活跃了他们的思维，提高了他们的阅读理解的能力。

3. 实验对象可在熟练进行"看打""想打"，自主进行网络写作的基础上，很好地运用纵横数字输入法进行电子书、电子小报的编辑和制作，并初步尝试运用 Powerpoint 演示文稿对一个主题进行演示文稿制作。

4. 切实提高实验对象的主动学习能力与信息素养，端正其学习态度让实验对象在纵横信息数字化学习过程中能够积极、主动地快乐学习，培养其主动探索的学习精神、意志和品质。

5. 在分词训练中，由系统自动拆分的词组往往会影响和改变学生固有的知识结构，但从另一个角度观察则可以开阔学生的眼界，扩大其词汇量。

6. 实践过程中，在语文教学中有效融入纵横信息数字化的学习，与阅读教学、古诗文诵读结合起来，对巩固学生的识字能力、培养其阅读能力有明显的促进作用，在开展该课题研究的过程中，学生观察、信息处理的能力得以增强，学生的实践能力和信息素养有了明显提高，语文素养等得到了培养。

总之，通过两年多的课题实验，学生的智力因素与非智力因素等综合素养得到了提升，达到了实验的预期目标。但在课题研究过程中，仍然需要继续激发实验组学生对纵横码输入法学习的积极性，帮助他们不断巩固提高，指导他们合理安排学习各门功课的时间与练习纵横码输入法的时间。

我们将本着总课题组培育"高素质、高品格、高智慧"的信息时代数字化创新人才的最高目标，在研究中，让学生更积极、主动地快乐学纵横，在课题实验中，我们要继续努力，在让学生学习纵横输入法的过程中达到培养学生智力因素与非智力因素的目的，力争让课题实验再上一个新台阶！

（该课题实验中期报告在总课题组课题实验报告中期评审中获评"A"等并发表于总课题组网站。）

"统编教材小学语文主题微学习实践"
课题开题报告

——2019 年获得贵州省教育科学规划
一般课题立项

安顺市实验学校　胡艳梅

一、核心概念、研究背景和价值

（一）核心概念

微学习，是基于微内容和微媒体的学习，是对分散性内容进行自主学习的新型学习方式，是人们在学习、培训领域关注和使用的一种学习形态。它是微观方面的各种学习模式、概念以及过程，处理相对较小的学习单元以及短期的学习活动，随时随地学习，想学就学，文理百科，天地万象都是学习内容。

本课题将"微学习"的理念与已经在语文教学领域产生了深远影响的"主题式"教学的成功经验相结合，运用于新一轮语文教学改革的实践中。在使用统编教材开展语文教学的过程中，课题将从教师、教材、学生出发，根据教学的内容，梳理和确立学习的主题，将学习内容根据主题切割为微小的学习模块，多渠道地开展教学活动，培养学生的语文素养。

（二）选题背景和价值

1. 研究背景

（1）课标要求

《义务教育语文课程标准》中明确指明，语文课程是一门综合性、实践性课程。2018 年《义务教育语文课程标准》强调"学习资源和实践机会无处不在，无时不有。因而，应该让学生更多地直接接触语文材料，在大量的语文实践中体会、掌握运用语文的规律，而不宜刻意追求语文知识的系统和完整"，应拓宽语文学习和运用的领域，注重跨学科的学习和现代科技手段的运用，开发有活力和开放的语文课程，培养学生主动探索、团结合作、勇于创新的精神。

（2）研究综述

以窦桂梅为代表的"主题教学"实践的研究，在全国小学语文教学领域产生了广泛而深远的影响。由"主题式"教学衍生出"单元主题"整合教学、"主题模块"教学以及"群文阅读"教学等众多成功的语文教学形式或模式，为培养学生的语文核心素养提供了有效的途径和方法，为促进语文教学发展提供了借鉴。"微学习"的概念于2004年提出，随着学习环境、数字媒体、学习工具等的快速发展和变化，其在培训和学习领域得到了深入的研究和运用。当前，在语文教学领域，微学习理念的研究和使用，大致可分为"微课程"的研究和开发使用，以及基于"互联网＋"的教学研究（主要形式有"微课""翻转课堂""慕课"等）。基于现代"互联网＋"思维的微学习，在微媒体发达的今天，为语文学习者提供了"无限"的学习可能和资源。

2. 研究价值

"主题微学习实践"的教学活动具有碎片化、灵活化、个性化等分散性特点，又具有可以在主题学习的框架内将相关知识进行统整归一的特性。在我国教育信息化步入2.0时代的当下，"统编教材小学语文主题微学习实践"适应了新时代信息化学习特点，体现着小学语文教学中老师创造性地教学和学生创造性地学习的活动过程，体现着语文学习中主体的独立和个性，体现着师生语文素养动态的实践和提升过程，是语文教学提升小学生语文核心素养的创新性尝试。课题试图在语文教学的实践和探索中实现微学习与主题学习的"1＋1大于2"的语文教学模式。

二、研究目标、内容、重点、难点

（一）研究的目标

本课题的研究以提高小学语文教学水平和质量、促进教师专业发展、培育和提高学生语文核心素养为宗旨，拟确定目标如下：

1. 通过"主题微学习实践"教学活动，拓展语文课程视野，拓宽语文学习渠道，开发值得推广的语文微课程。

2. 构建自主、合作、探究的学习模式，创新、开放、高效的语文教学模式，形成优秀案例。

3. 在研究中以识字、写字、阅读、习作、口语交际为核心，使其与语文知识、语文能力、语言积累、审美情趣、思想道德、个性品质、学习方法、学习习惯相融合，让学生逐步形成适应个人终身发展和社会发展需要的必备品格与关键能力。

（二）研究内容

以当前统一的部编版小学语文教材为基础，以《义务教育语文课程标准》为指导，以使用教材的1—5年级小学生为实验对象。研究以下内容：

1. 拓展阅读量的主题微学习实践策略，如开展"文言启蒙主题微学习实践活动"，拓展阅读量和文言视野。

2. 文化浸润（如红色文化、传统文化渗透等）的主题微学习实践策略，如开展"传统节日主题微学习实践活动"，通过对不同节日的缘起、习俗（衣、食、住、行……）等内容的选择性微观学习，加强学生对传统文化的认知。

3. 识字主题微学习实践，使学生掌握识字的方法，拓宽识字渠道，丰富识字量。

4. 提高口语表达能力的主题微学习实践，如实行"课前三分钟主题微学习实践活动"：低年级"童谣、诗歌、韵文诵读"，中年级"新闻发布会"，高年级"小小演讲家"。

5. 提高习作能力的主题微学习实践，如在日常教学或阅读中，按生成的习作训练点实行"微习作主题实践活动"。

（二）研究重点、难点

课题研究的重点旨在探究中形成有利于提高部编版语文教材使用效率、培养和提高学生语文核心素养、促进语文教师专业成长的创新、高效的教学实践策略和小学语文教学模式。

本课题是教学的一种创新性尝试，在开展研究的同时会面临一些难点。一方面是在新课改、新教材使用的背景下，老师们在新理念、新知识、新技术、新方法等方面的不足会成为课题视野的局限，限制了"主题微学习"的开展。另一方面是"主题微学习实践"需要实施条件或者环境，例如家庭教育的配合、社会资源的挖掘和配合、数字媒体的应用等，这些也成了实验的不确定因素。

三、研究思路、方法和实施步骤

（一）研究思路

本课题旨在探究提高（统编教材）语文教学水平和质量的实践策略，构建自主、合作、探究的学习模式，创新、开放、高效的语文教学模式，基本思路如下：

1. 通过阅读相关理论和研究资料以及团队的学习和探讨，开阔研究的思路和视野，提高团队教师理论研究和实践探索素养，提高教师课程和资源的开发利用能力。

2. 通过团队成员的中心效应，带动更多的一线教师参与课题的相关实践研究，丰富课题内容，充实课题研究形成的成果。

3. 通过课题实施，探索开发语文资源的途径、丰富学生语文体验的策略，总结形成研究成果。

4. 通过课题实验，探究具有可推广性、实效性的小学语文的教学模式。

5. 将成果梳理总结，形成创新成果，通过不同渠道发表、出版或者交流推广，扩大实验成果及其影响。

（二）研究方法

1. 文献研究：阅读教育教学专著，搜寻和阅读"微学习"和"主题教学"相关理论、著作或文章，为课题提供坚实的理论支撑，指导课题的实践探索。

2. 个案研究：以课堂开展的活动为重点，研究学生在主题微学习实践活动中语文素养得到提升的方法。

3. 实验研究：以实验教师教学班为课题实验对象，以主题微学习实践活动为载体，探究学生语文素养提高的教学模式构建。

4. 田野研究：通过教师与学生共同生活的教室生活，通过谈话交流、讨论分析，从中观察、了解和认识学生的学习过程和状态，搜集和积累相关数据，做好过程性资料的留存和分析，对课题研究的效果进行深入研究和解释。

5. 经验总结：对课题的研究成果和经验进行整理、归纳、提炼和总结，形成具有一定结构体系的经验和研究成果。

（三）实施步骤

第一阶段：准备阶段（2019 年 3 月—2019 年 5 月）

1. 查阅文献，研究小学语文"主题教学"和"微学习"现状，组织研讨课题内容，明确成员职责分工，撰写课题报告，筹备课题。

2. 团队开展相关理论培训和学习，研讨、开发主题微学习实践具体内容。

第二阶段：实验阶段（2019 年 6 月—2020 年 11 月）

在各年级开展主题微学习实践实验，搜集实验数据和相关资料。

进行阶段总结、研讨，形成阶段成果，完善实验研究策略。

第三阶段：总结阶段（2020 年 11 月—2020 年 12 月）

1. 梳理实验数据、教学案例、学生成果、论文（或教学设计）等成果资料。

2. 撰写结题报告，集结研究成果。

四、预期研究成果

（一）课题研究报告和课题总结

（二）围绕课题研究形成的论文或教学设计

（三）典型课题汇编

（四）学生成果集

参考文献

[1] 吴其军，李智. 移动微学习的理论与实践［M］. 北京：北京大学出版社，2015.

[2] 潘建英. 高校微学习［M］. 乌鲁木齐：新疆青少年出版社，2014.

[3] 田雪. 微学习研究综述［J］. 科教导刊（下旬），2016（9）：39 - 40.

[4] 张振虹，杨庆英，韩智. 微学习研究：现状与未来［J］. 中国电化教育，2013（11）：12 - 20.

[5] 张静然. 微课程之综述［J］. 中国信息技术教育，2012（11）：19 - 21.

[6] 黄国才. 说说"微课程"——微课程的研发和挑战［J］. 小学语文教学，2015（34）：38 - 39.

"微"理念于"课外阅读课程化"的启示

——基于对教学设计《快乐读书吧：读读童谣和儿歌》的分析

安顺市实验学校 汪强

　　引　言：《快乐读书吧：读读童谣和儿歌》是统编版小学语文教材一年级下册第一单元（识字单元）特色版块"快乐读书吧"的教学内容。笔者根据《义务教育语文课程标准》（2011 年版）及教材意图，结合学生现阶段特点，融入了时髦的"微"理念，设计了一个课时的教学活动（教学设计见图1—4），活动主要内容分为课前游戏、谈话导入、学习教材、阅读分享、作业布置五个部分。

　　笔者将对教学设计进行分析，主要侧重对各版块活动中涉及课程资源开发和课程实施方面的内容进行讨论，试分析该课例对统编教材"课外阅读课程化"理念的实践启示。

一、本课目标及落实分析

（一）课程及本课教学的目标

1. 《义务教育语文课程标准》对该年级段的目标表述：喜欢阅读，感受阅读的乐趣；学习用普通话正确、流利、有感情地朗读课文；诵读儿歌、儿童诗和浅近的古诗……获得初步的情感体验。

2. 教材（本课）教学目标：对童谣和儿歌产生兴趣，喜欢读童谣和儿歌类的书籍；尝试进行自主阅读，结合生活实际增强阅读体验；乐于展示自己的阅读成果，愿意和小伙伴分享阅读感受和书籍。

（二）目标落实在设计的每个环节之中

《义务教育语文课程标准》的落实必须依托课程、教材及教学活动的实施，落实的效果则反映在教学活动及其反馈评价之中。

1. 课前游戏：兴趣是学习的动力，是一堂课落实教学目标的起点。笔者利用网络资源准备，以现代媒体做媒介，以符合低年级学生特点为依据，设计了音画兼备，又具互动效果的儿歌视频《五指歌》。此歌的歌词内容和需进行的身体活动，即使零基础的学生也可以完成。有趣、好玩又紧扣课题，能较好地激发学生参与课堂的兴趣和信心，也为后面的教学活动打好基础，为学习新知提供支架。

2. 谈话导入：从趣味活动，联系起教材和课堂，切入课题，回归教材，以教材为出发点，为积极组织和发挥本课教学资源提供支持，为实现读更多儿歌和童谣的目标搭建桥梁。

3. 学习教材：融合阅读教学的指导技巧，巧用"微"理念，借助丰富的教学手段和教学活动，促进目标的落实和达成。

（1）多种形式的读。听读、自由读、指名读、赛读、思读、齐读，多种形式的读，让学生在不同形式的实践中熟悉文本，与教材充分对话，获得独特的体验。同时，通过老师的语言引导和启发，在细微处落实"立德树人"的教书育人理念。

（2）多种诵读方法。打破传统的"言传"和"身授"，挖掘和利用网络资源，笔者安排了"打节拍读""与伙伴玩""表演读"三个真人视频，每一个视频就是一节"微课"。

这样，利用信息时代的信息资源优势，既克服了教师备课多花时间的弊端，也减轻了老师上课讲得多而"费力不讨好"的负担；简洁明了的"微课"既克服了老师枯燥的讲和组织课堂的诸多困难，也提升了学生学习的课堂新鲜感和学习童谣和儿歌的兴趣。

这样的设计，能很大程度地调动学生的自主能动性，使其参与主动参与到读童谣和儿歌的过程中，同时也增加了许多不同的语文实践机会。

（3）视听阅读巧引入。在设计过渡时，笔者打破了读儿歌的壁垒，结合教材提示的资源，巧妙融入了动画儿歌《小老鼠上灯台》。这一短小的生动片段既轻松愉悦，又对以上诵读儿歌的方法进行了补充；既让学生对童谣和儿歌有了进一步的认识，又打开了学生了解和学习童谣、儿歌的新路径，"唱"也是诵读儿歌的一种形式。

4. 阅读分享：利用"微"理念，整合多种课外资源，为学生阅读的延伸和拓展提供可能。

（1）笔者采用的"奖章（书签）"激励，其中就隐藏了一个大秘密——每张书签都精心设计了一首童谣或者儿歌，而且每个学生得到的基本不重复。这样，获得的学生就有了可读的微型材料，获得越多拥有的阅读材料也就越丰富。同时，这也为实现"分享阅读感受"和"分享自己阅读的书籍"（只不过书籍变成了一张一张的书签）提供了物质支持。

（2）每个学生都有一份学习材料，半张 A4 纸里面包含了两首不一样的经过老师筛选的既简单又经典的童谣和儿歌，为实现课堂的拓展和延伸提供了有力的支持和保障。

五、板书设计

快乐读书吧：读读童谣和儿歌

小刺猬理发

摇摇船

这些环节的设计，充分利用了"微"的理念，组织和调用了丰富的教学资源作为教学内容的支持。其目的是教学目标的落实——读和分享，分享感受和书籍；同时也是让学生读更多的童谣和儿歌，是"课外阅读课程化"的实现。

5. 作业布置：延续课堂，以"微"理念把读儿歌和童谣延伸至课外。

（1）开展主题微学习"有趣的童谣"。通过精心设计的读书卡，具体细致地指导学生在课外，不受限制地、灵活地选择途径，用自己喜欢的或者合适的方法读更多的童谣和儿歌。这一设计适合所有学生，即能保证每一个学生都可以"读"到更多的童谣和儿歌。

（2）推荐阅读或观看（听读）整本书或整部动画专辑，将读童谣和儿歌从"片段"走向"整本"，意图引导学生在条件满足的情况下，实现整本的读和大量的读。

设计实际上能兼顾每一个学生，又具体地指导他们充分将身边的资源变为学习材料，具有理论和实践方面的积极价值。

据研究表明，城乡接合部以及乡村学校学生的阅读环境、资源和支持（指家长和老师的指导）是十分有限的，因此不可能做到学生人人有课外书，甚至不可能做到读到与课内相关的课外文本。那么，老师对于资源的挖掘和利用的意识和能力，成了实现"课外阅读课程化"的重要因素。"微"理念的应用对此就颇有启示意义。

二、"微"理念及相关设计

（一）"微"教学理念

微，即小。微学习，是基于微内容和微媒体的学习，是对分散性内容进行自主学习的新型学习方式，是人们在学习、培训领域关注和使用的一种学习形态。它是微观方面的各种学习模式、概念以及过程，处理相对较小的学习单元以及短期的学习活动，随时随地学习，想学就学，文理百科，天地万象都是学习内容。

微教学可简单理解为老师教的活动和内容可以划分为许多有意义的微小单元，学生学的活动也可以化整为零。教学活动具有碎片化、灵活化、个性化等分散性特点，又具有可以在老师的组织指导或者主题学习的框架内将相关知识进行统整归一的特性。

（二）设计中的"微"理念

1. 课堂教学活动"微化"。整节课的活动版块——课前游戏、谈话导入、学习教材、学习分享、作业布置是相对独立而又有机统一的，它们可以在教学中根据需要独立存在于课堂内或课堂外，可以分散在单元的教学中，可以分散在不同时间的教学之中。但它们又都是围绕"读儿歌和童谣"这一主题设计的，互为依赖的，最终都是要实现让学生读更多的儿歌和童谣这一目标。

2. 学习方法指导"微化"。学生可以用多种方法来读儿歌和童谣，笔者的设计就利用微课的技术手段，将方法的指导"微化"，使学生学习更加有趣和灵活。

3. 教和学的内容"微化"。在阅读分享的环节中，利用"微"的思想，整理了学生学习的材料，学生可以随身携带、随时可学，老师也可以根据学生自主选择的内容进行相应的教学指导。

4. 内容统整基于"微学习"。每个学生可以自由自在地、有选择性地学习，也可以自由自在地、有选择性地分享，在达成乐于阅读和分享这一目标的基础上，统整不同学生、不同学习内容为一个整体的学习资源。

三、"微"理念带来的启示

若想将"微"理念运用到阅读教学的活动过程中，《义务教育语文课程标准》和教学目标是开发课程的依据，资源的开发和组织是课程构成的主要内容，利用内容是教学质量的关键所在。

（一）"微"理念阅读教学的课程化可能

"麻雀虽小，五脏俱全"。一是"微"课程有标准可依据，即每一次教学都依托于教材，它的标准就是《义务教育语文课程标准》以及教材目标，即教学是有目的的。二是教学内容具有针对性，即针对一堂课或者一个主题，由教师发掘、组织和使用教学资源，教学内容方向明确。三是它能满足不同的需求，满足学生的个性需要和求知欲，满足《义务教育语文课程标准》和教学目标的要求，满足提升语文"核心素养"的要求。四是学生能在有组织的教学指导中，灵活学习，自主参与，增加知识量，寻找兴趣点，拓展和提升思维品质。五是它在有序的实施过程中，可以得到有效的执行、反馈和评价。

这一过程，实现了教读、自读和课外阅读"三位一体"的完整指导和学习过程，这一过程是有依据、有目的、有规划的，是能满足课标要求和学生能力发展、品质提升要求的，具有鲜明的课程和教学特点。

（二）实现"课外阅读课程化"的技术路径

1. 老师在教学中，要用专业睿智的眼光去发现可利用的主题或者可拓展延伸的内容，以"微"的理念去审视、选择相关主题和内容，确立并选入课程和教学的结构内容。

2. 围绕确立的主题或内容，挖掘阅读教学的资源，利用"微"的思想分割、梳理和整合成教学资源，设计和开发"五脏俱全"的课程。

3. 依据《义务教育语文课程标准》，基于教材，以区域或学校学生具体学情为出发点，以落实《义务教育语文课程标准》和教学目标为落脚点，审视所开发的课程，合理调整课程内容和教学目标，实现课程的"专业性"和可行性，达成相应的育人目标。

4. 以"微"的思想，设计教学活动，形成活动、反馈、评价于一体的教学过程，有效落实课程的实施。

四、结语

在统编教材"三位一体"编写理念指导下，在全民阅读和"大阅读"的大背景下，"千方百计让学生多读书"已然是对"课外阅读课程化"有效落实的急迫要求，也是更好地促进学生语文核心素养发展的重要手段。我们在此以"微"理念探讨"课外阅读课程化"是极具价值和启示意义的。

参考文献

[1] 中华人民共和国教育部. 义务教育语文课程标准（2011 年版）[S]. 北京：北京师范大学出版社，2012.

[2] 鲍昌韵. 小学语文课外阅读指导的问题与对策 [D]. 昆明：云南师范大学，2020.

[3] 张珊珊. 促进薄弱学校四年级学生阅读的行动研究 [D]. 银川：宁夏大学，2014.

[4] 林朝煌. "三位一体"课外阅读课程体系的实施策略 [J]. 福建基础教育研究，2019（12）：26 – 28.

[5] 李桂荣，窦明琦. 课外阅读课程化：基于语文学科大阅读的思考与实践 [J]. 中小学教材教学，2019（53）：26 – 29.

一方水土　一方文化

——《贵阳历史文化名人》主题微学习实践案例

北京师范大学贵安新区附属学校　胡茂菊

《义务教育语文课程标准》中明确，语文课程是一门综合性、实践性课程。2018 年《义务教育语文课程标准》强调"学习资源和实践机会无处不在，无时不有。因而，应该让学生更多地直接接触语文材料，在大量的语文实践中体会、掌握运用语文的规律，而不宜刻意追求语文知识的系统和完整，应拓宽语文学习和运用的领域，注重跨学科的学习和现代科技手段的运用，开发有活力和开放的语文课程，培养学生主动探索、团结合作、勇于创新的精神"。

因此根据修文本地的人文背景，我设计了一个主题学习实践微课程，目的是提升学生的语文素养，同时让同学们能主动了解修文这一文化圣地，渗透传统文化教育，培养学生爱祖国、爱家乡的情感。具体实施过程如下：

一、创设情景，激发兴趣

课堂上，这样导入课题："同学们，俗话说一方水土，一方文化。我们修文有一处文化圣地中外闻名，你们知道是什么地方吗？（阳明洞）是啊，大家都读五年级了，但很多同学还没有去过，更不了解，每届阳明文化节开幕时都会有许许多多的中外游客来参观，作为土生土长的修文人，要是人家问起有关阳明洞的情况，咱们都说不上来，那多惭愧啊。为了丰富同学们的知识，增强大家对阳明文化的了解，我们准备去参观阳明洞。在参观之前，每位同学都应想想：你去阳明洞想参观哪些地方？想了解些什么？也可以先查找一下资料，查查阳明洞为什么那么有名。"

二、小组讨论，交流共享

1. 让学生分小组讨论：去阳明洞，你想了解些什么？

2. 学生交流

①阳明洞为什么那么有名？

②王阳明先生是怎么来到修文的？他给我们留下了什么？

③阳明洞里面有哪些建筑？

④王阳明先生住的地方是什么样的？

……

三、学前准备，方法引领

1. 观察：在有组织有调查目的的情况下进行。

2. 访谈：调查者与阳明洞管理者采用访谈、询问等面对面的交流方式。

3. 查资料：使用上网查资料等方法了解王阳明先生。

4. 查史料：了解明朝的历史。

四、进入景区，实践学习

学生带好纸和笔，来到景区，认真听、记。在参观的过程中，我们得到了阳明洞风景区领导和工作人员的支持，此次主题微学习实践活动不仅引起了学生的兴趣，而且让学生在参观的过程中获得了知识和体验，更可喜的是，教育不再只是学校的事，而是发挥学校主阵地，全社会共同参与。

五、成果展示，互为资源

参观回来后学生收获很多，我用了一节课作为成果展示，让学生在展示的过程中互为资源，共同进步。

学生一：我了解到了阳明先生又叫王守仁，生于公元 1472 年，逝世于 1528 年，字伯安，是浙江余姚人，因被贬贵州时曾居住于阳明洞，所以世称"阳明先生""王阳明"。他是我国古代有名的哲学家、教育家、政治家和军事家，也是"心学"的创始人。

学生二：我们来到供有阳明先生塑像的纪念馆中，一种敬意油然而生，同学们都恭恭敬敬地在塑像前拜了三拜，以表对阳明先生的敬意。

学生三：我听爸爸说，贵阳市委把"知行合一，协力争先"明确为"贵阳精神"，而"知行合一"正是当年阳明先生在贵阳文明书院讲学时提出的，它作为"心学"理论的重要组成部分，为阳明文化奠定了基础，使阳明思想渐成体系。

学生四：我知道阳明洞内有王文成公祠、何陋轩、君子亭、宾阳堂等建筑。

学生五：我发现洞口有两棵参天柏树，是王阳明亲手种植的，可惜右边的那棵已经枯了。

学生六：进门之后，首先映入眼帘的就是苍劲的古树，走过宽敞的院子，是一道石阶，顺着石阶往上走，很快就来到一个山洞前，洞前有石桌石凳，洞里地势比较宽敞，很凉爽。听老师说，当初，阳明先生就在这个洞里向当地百姓讲经传道，周围的百姓都主动前来听讲。我想象着当时的情景，再看看洞顶上题的字，其中有中国名人留下的，还有外国人来参观时留下的，感觉阳明先生真是太伟大了。

学生七：从阳明洞出来我们向上走，有一间小房子，老师介绍说，当初阳明先生就居住在洞里，当地的居民自愿前来建造了这间小房子给阳明先生居住，后来才逐渐建造了其他的房子。

学生八：我们来到东厢房，老师说这里是当初关押张学良的地方，房子西面是看管张学良的官兵所住的地方。进入东厢房，里面是关于张学良的生平事迹的图片展，那些图片看起来很陈旧、很古老。

学生九：阳明先生纪念馆大门外是一个平坦的广场，广场东侧有阳明先生和他的弟子在一起的巨大塑像，栩栩如生。进入大门，只见纪念馆前面的地面铺着大块的长方形石板，石板间长满了青草。纪念馆正堂上，是阳明先生的塑像，后面的墙上是根据阳明先生的书而写成的字，整个一面墙从上到下都是，像线装书的页面一样，非常古朴大方。大堂旁边的房间，则是阳明先生的生平事迹图片展。

学生十：通过这次参观学习，我了解了阳明先生"知行合一"的思想。我们应该好好学习，加强自身修养。长大后，用自己所学的知识和实际行动来回报祖国，回报社会。

学生十一：参观回来，我的心久久不能平静，当初阳明先生在如此艰难的条件下讲经、传道、悟道，而他又如此执着，到底是一种什么信念在支撑着他呢？我们现在的条件不知道比当时好了多少倍，作为一名修文人，我们应该像阳明先生那样执着地追求自己的理想，才不负"阳明圣地"的这一美名。

六、教师反思，助力成长

选择当地的教育资源作为主题微学习实践内容的一方面，必定能够引起学生的学习兴趣，引起家长和社会的思索和震动，吸引更多的人投入到教育中来，为教育出谋划策。这一举措改变了以往教师是教育人员的单一局面，形成了教育的"统一战线"。

此次微学习实践活动主要以倡导学习、继承和弘扬中华民族优秀传统文化，让民族精神代代相传为目标，同时提高小学语文教学水平和质量，培养学生的创新精神和实践能力。注重学生对自我、社会和自然之间内在联系的整体认识与体验，谋求自我、社会与自然的和谐发展。参观阳明洞是一种以参观为主要方式的实践学习和体验。在这一过程中，参观只是探究学习过程中获得知识和体验的途径之一，而不是学习的全部。

首先，要了解王阳明先生，就要从了解明代历史开始，使研究学习有一定的深度。这就需要学生在学习的过程中，逐步深入地发现和探索。有些可以在参观的过程中知道或者了解，有些必须通过查资料、询问、思索得到答案。所有这些都需要付出劳动和实践，需要学生亲身的体验，这也是本次学习的目标之一。

其次，了解了明正德年间中国封建统治情况。通过问父母、自己查资料就能够了解。这一期间是明朝最为腐朽、社会阶级矛盾异常尖锐、农民起义风起云涌、明王朝统治摇摇欲坠的时期。但是这只是初步的了解，学生可以进一步地问父母："为什么王阳明先生会来修文？"他们能够进一步了解到王阳明因敢言触怒宦官而被谪为龙场（今修文县城）驿丞……从而更加想要了解历史，更加想要了解王阳明，更加敬佩阳明先生。这些是一般的课程达不到的，这是本次教学的目标之一，这也是教育重要的组成部分。

再次，学生还了解到了"阳明心学"对我国乃至日本、朝鲜等国的思想界影响之大。这些都是学生通过查资料或访问获得的知识。通过一系列的学习，使学生深刻地感到王阳明学术思想的源远流长及其对古今中外的影响之大，从而激发学生的荣誉感和责任感。这些经历比教师的说教效果好得多。

一方水土，一方文化。本次活动，让学生参观了解了修文本地最有名的文化圣地和其文化思想，了解了王阳明先生传奇坎坷的一生以及在这样的环境下形成的闻名于世的"阳明心学"。修文——王阳明先生曾经的生活地，"阳明心学"的发源地，作为修文人，要真正了解王阳明先生的思想。贵阳市委把"知行合一，协力争先"明确为"贵阳精神"，而"知行合一"正是当年阳明先生在贵阳文明书院讲学时所提出的，它作为"心学"理论的重要组成部分，为阳明文化奠定了基础，使阳明思想渐成体系。作为语文教师的我们也有责任和义务把这一文化传承下去。我们将以这次"主题微学习实践活动"为起点，带领学生开启传统文化探究学习之旅。

主题微学习
——探寻家乡美食足迹

安顺市实验学校　姚蕾

一、活动背景分析

《史记》有言："王者以民人为天，而民人以食为天"，由此可知"食"的重要性；世界各地的饮食文化丰富多彩，而中国美食作为中国国粹之一，在世界饮食文化中更是占据举足轻重的位置。我们中国是一个餐饮文化大国，由于各地的气候、物产和饮食风俗不同，形成了具有地方特色的风味美食。

安顺作为黔中要塞，自古就有"食在安顺"的民间说法，这里有着颇具特色的美食名吃，不但味道独特，做工讲究，而且每一种美食都有着动人的故事起源。美食对学生更有着其特有的诱惑力，了解家乡不先从了解家乡的美食入手。

四年级的学生已经具备了一定的探究能力，学生主要从找一找家乡的美食、品尝特色的美食、自己动手学做美食，分析家乡美食的营养价值，探寻家乡美食的起源，绘制"美食地图"这五个方面进行活动探究。通过活动，激发学生热爱家乡的思想感情。

二、活动目标

1. 通过本次活动，使学生了解并品尝家乡的美食，学习制作美食。

2. 通过本次活动，提高学生信息收集与处理信息的能力、与人沟通的能力、动手实践能力、创新设计的能力。

3. 通过活动，激发学生热爱家乡的思想感情。

三、活动过程

本次活动利用寒假时间，激发学生自主探究的能力，并带动家长"大朋友"一起探究家乡美食，经过一个寒假的搜集、尝试、动手制作，同学们呈现出了属于自己的安顺"美食地图"。

有的图文兼备，制作过程完整，还有对口味进行了点评：

图 1

图 2

图 3

图 4

有的详细记录了自己的制作或品尝过程：

图 5　　　　　　　　　　　　图 6

图 7　　　　　　　　　　　　图 8

图 9　　　　　　　　　　　　图 10

图 11

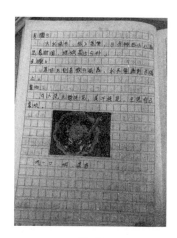

图 12

还有的为自己的册子写了"家乡简介"，对地方美食的介绍也是图文并茂的：

图 13

图 14

图 15

图 16

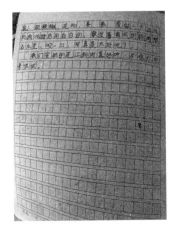

图 17

图 18

图 19

图 20

图 21

图 22

油炸粑稀饭

油炸粑稀饭是我们安顺的一道风味小吃，虽说油炸粑稀饭在安顺十分普遍，但它不加任何香精调料，全是传统手艺。

油炸粑稀饭，顾名思意，就是油炸粑和稀饭组成的一道菜。油炸粑是用上等的糯米打成糍粑，再用磨好并炒香后的豆沙包在里面，稀饭用的是大米的米面搅成糊状，接着把它盛在一个碗里，加入引子，一勺滚烫的热油，然后赶紧用筷子搅拌，最后加入刚出锅的，切成一块一块的油炸粑，就可食用。

图 23

油炸粑稀饭又好吃又便宜是当早餐的最佳选，并且它还美味可口。

图 24

油炸鸡蛋糕

看到这个名字你一定会问："一个甜的鸡蛋糕，为什么还要用来炸呢？而且鸡蛋糕每个城市都有不光是安顺。"你可别误会，咱们安顺的油炸鸡蛋糕可是咸的。

油炸鸡蛋糕，要先用大米和黄豆浸泡六小时，再把它们磨成浆子，接着用和鸡蛋糕大小差不多的一个容器下面放一半浆子，中间放一勺肉上面再放一半浆子然后放入油锅先炸成固体，再把它捞起来，接着把它再放回去把外壳炸至金黄，然后用一个筷子把

图 25

它戳开，再放入酸菜、辣椒和折耳根辣椒，就可以吃了。

油炸鸡蛋糕在早餐界里是大家的最佳选择之一，它倍受大家所喜爱。

图 26

裹卷

虽说春节要多吃肉，但是天天吃肉，都快要吃成一大块肉了，好想吃点儿素的。啊！就决定是你了，安顺的传统美食——裹卷。裹卷最传统的是豆腐乳油辣椒的，但随着创新，有了香菇的、牛肉的……

今天我来跟大家做一做传统的豆腐乳油辣椒裹卷。首先用姜、蒜和辣椒粉炒至微黄，接着加入豆腐乳炒香，然后加入剁碎的西红柿炒至粘稠，加入盐、酱油、味精花椒面调味。最后用裹卷皮包住油辣椒和折耳根、海

(其实就是宽一点的薄剪粉)

图 27

带、芫荽、酸萝卜、油酥黄豆等佐料。

一个小小的裹卷是那么……，怎的那么让人们喜爱，这多亏了咱们的手艺。

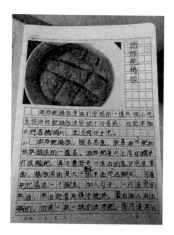

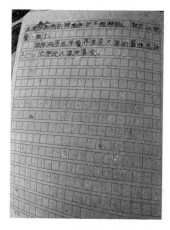

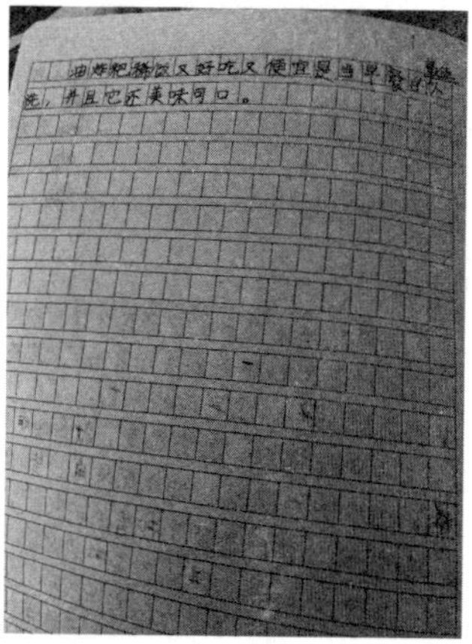

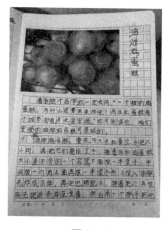

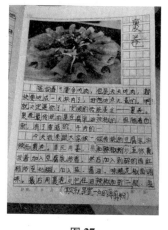

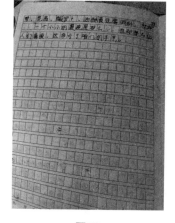

图 28

图 29

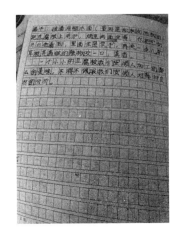

图 30

四、活动收获及反思

陶行知先生说过："一切生活都是课程。"课程设计向真实生活情境转化，是当今课改的必然趋势。

探寻家乡美食这一活动把学生带向了一个更广阔的生活空间，他们的情感得到深化，能力得到发展，视野得到拓展，道德观得到增强，个性得到展示，潜能得到发挥。学生们在自主、合作、探究的亲历体验中自主地与人交流，自强自立，他们在合作中学习，在学习中合作。活动中，我是指导者，同时我也是参与者，和学生一起成长，一起分享成功的喜悦。

但是由于活动是在寒假开展的，所以少部分学生在搜集资料时遇到了困难却没能得到老师的引导和帮助，同时，由于假期时间学生不能及时到校交流活动进展，所以此次活动多采用学生与家长共同完成的形式，没能充分发挥小组合作的优势。

第三篇

03

实践之花：教学论文

让习作之舟快乐起航

——线上主题微学习实践习作讲评课教学案例

安顺市实验学校　胡艳梅

一、背景分析

《义务教育语文课程标准》指出："写作能力是语文素养的综合体现。写作教学应贴近学生实际，让学生易于动笔，乐于表达，应引导学生关注现实，热爱生活，积极向上，表达真情实感。重视引导学生在自我修改和相互修改的过程中提高写作能力。"统编教材小学语文三年级下册的第四单元、第五单元习作分别是《我做了一项小实验》《奇妙的想象》。学生在听完"空中黔课"后，掌握了一定的习作方法，按时完成习作并提交。我在批改学生习作的过程中，发现部分学生的习作中存在一些不足之处。如何在帮助三年级的学生克服习作的不足的同时，又激发他们的习作兴趣呢？我以设计肯定优点、鼓励展示的线上讲评课为突破口，力求在教学中激发学生的习作兴趣，增强其自信心，多找学生习作的闪光点，让学生在快乐的线上习作讲评课中学会写作文。

二、案例描述

案例一：《我做了一项小实验》习作讲评片段

师：同学们，老师认真阅读了大家的实验作文，发现咱们班有许多小作家。今天就请跟随老师一起去看看都有哪些同学吧。

师：一篇文章有一个好的开头，能迅速抓住读者的心，激发读者阅读的兴趣。首先，我们看"妙开头"的展示。

（老师展示有"妙开头"的句子，学生姓名用蒙层蒙住。）

生（猜）：孔维嫣、杨可馨、张浩宇……

师：下面老师揭晓答案，看看这个有"妙开头"的句子是谁写的呢？

（老师用橡皮擦擦掉蒙层，渐渐出现"作者：韦馨雨"的字样。学生自主朗读句子。接着老师又展示了几个学生的句子，用同样的方法引导学生猜作者、读句子。）

师：同学们的开头，有的引起悬念让读者猜想，有的开门见山揭示主题，还有的巧用设问激发阅读兴趣。不管什么样的开头，都让文章有了一个好的开始，为小作者们点赞吧。

师：写实验作文还要善于观察，把观察到的现象用恰当的方法描写出来。在这次作文中，涌现了许多观察大王，大家再来猜一猜哪些同学荣获"观察大王"这个奖项呢？

（老师展示学生描写实验过程的句子，学生读、猜，老师擦掉蒙层，揭晓答案。）

师总结：在做实验的过程中，事物会发生变化，不同的阶段观察到的现象也不同，同学们用到比喻、拟人等修辞手法，把观察到的现象写得清楚、生动、具体，值得我们学习。

师：在写实验过程时，你看到事物不断变化，内心肯定也跟着变化，有许多想法，这就是心理活动描写，能为你的习作增色。接下来让我们一起来看看心理描写小作家都有哪些同学吧。

（老师展示心理描写的句子，学生读、猜，老师擦掉蒙层，展示小作者，点拨。）

师：习作的结尾能起到概括全文、升华主题、抒发情感的作用。我们这次作文也有很多同学的结尾写得很好，有的实验结束自然结尾，水到渠成，有的畅谈自己的收获，还有的谈实验的发现等。

（老师展示学生写的句子，学生读、猜，教师擦掉蒙层，点评。）

师："好文欣赏"栏目迫不及待地要与我们见面了，同学们拭目以待吧。请大声喊出小作者的名字。

（老师展示写得好的作文，老师朗读点评，重点点评实验过程写得清楚完整的地方。）

案例二：《奇妙的想象》习作讲评片段

师：刚才我们回顾了写"奇妙的想象"时要注意的地方，知道了要大胆想象，敢于去想，或者从反方向想；使用夸张的手法，将人物化，将物人化；练习把故事经过写具体，情节写曲折，展现人物的性格特点。下面请同学们读一读自己的习作，找到自己觉得写得好的地方，画出来，一会"连麦"在全班朗读展示，如果发现不足之处，请认真修改完善。

（给学生十分钟的时间读自己的作文，发现得意之处，修改不足之处。）

吴瑜：我写的是《最好玩的国王》，我最得意的地方是写国王把城堡建在云上"。（学生朗读习作片段）

师：你的想法真奇妙，国王真贪玩。

孔维嫣：我的作文题目是《一本有魔法的书》，我给大家朗读我觉得写得好的地方。（朗读习作）

师：你这本魔法书随时提醒你起床、学习，让你不敢偷懒哟！

王忠杰：我习作的题目是《会走路的面包》，我想象面包长脚了，非常有趣，但是我写作文时却没有分自然段写，而是全写在一起了，我要把作文修改好。

师：你能在发现自己优点的同时，看到自己的不足，说明你善于思考，勇于改正。

张君昊：我的习作题目是《小树的心思》，我最得意的地方是"小树他很孤独，他想变成汽车到处去旅游，去美丽的黄果树瀑布"。

师：你把物人化，写出了小树的心思——他在森林里太孤独了，想去旅游。你敢于想象，非常好！

（同学们纷纷"连麦"想展示自己的习作，积极性高，课堂气氛活跃。）

三、案例反思

从常规的现场班级授课模式转向线上直播的形式上课，对于我们老师来说是一个全新的挑战。线上教学的重点是吸引学生的注意力，提高学习效率，实现师生互动、生生互动，让学生在观察、倾听、表达、实践的过程中，提升语文核心素养。下面我结合直播《我做了一项小实验》《奇妙的想象》讲评课谈一谈自己的收获。

（一）心中有学生，手中有方法

初次接触直播课的我，心中难免怀着几分忐忑——要选择什么内容给学生讲呢？《义务教育语文课程标准》指出，三年级的习作教学要让学生乐于书面表达，增强习作的自信心。愿意与他人分享习作的快乐。为了在这次直播课中鼓励学生表达，课前我进行了充分的准备，批改学生作文，记录学生存在的问题，寻找学生的闪光点。然后精心制作希沃课件，把学生写得好的习作分成"妙开头""观察大王""心理描写小作家""巧结尾""好文欣赏"几个板块进行展示，还运用了蒙层功能，把学生姓名蒙住，让学生在上课时猜习作的作者，激发学生好奇心的同时还增强了学生的成就感，活跃了课堂气氛。在这里我摈弃了以往讲评作文时问题讲得多、优点讲得少的方法，而是充分进行扬长教育，让学生在被肯定中爱上习作。

只要我们心中有学生，就会手中有方法。因为学生是学习的主体，我们老师只要尊重他们，从他们的角度思考设计教学，就能最大限度地挖掘学生的学习潜能。在这节课的教学中，我把学生习作的闪光点充分展示出来，并称呼习作的学生为"作者"。对于学生来说，自己的作品在直播的网络课堂上得到老师的表扬是非常值得自豪的。也许，从此他们就会爱上了作文，在快乐的作文海洋里任意遨游。

（二）线上巧设计，课堂乐参与

没有学生参与的课堂，犹如无源之水，无本之木。《义务教育语文课程标准》也积极倡导自主、合作、探究的学习方式。在第一次比较成功地进行了习作讲评的基础上，我反思了自己的教学，虽然上一次讲评课很好地激发了学生的习作兴趣，但学生自主学习的形式单一。于是，在这次针对《奇妙的想象》的习作讲评中，我设计了一个师生互动的环节，让学生积极参与到课堂学习中来。运用"钉钉平台"的"连麦功能"，指导学生修改完自己的习作后，让学生在线下认真阅读自己的习作，发现自己习作的"得意之处"，然后再在全班进行分享。老师适时进行点评。这种"线上连麦"分享习作的学习方式，即使是"天各几方"的师生，也可以有课堂参与和互动交流，这是在强大的网络时代进行直播教学的优势。

这堂习作讲评课在学生的自主评价与积极参与中收到了很好的教学效果。在这节课的教学中，我重视引导学生在自我修改、自我展示的过程中提高了写作能力。看来，线上教学要避免教师"一言堂"，要提高学生的参与度，就需要我们在进行教学设计时，从多角度思考，巧妙地为学生创设自主、合作、探究的课堂，给学生留下自主思考、自主学习、自我展示、积极参与的时间和空间，在这样的时间和空间里让学生的学习能力获得有效的培养。

总之，在这特殊的疫情时期，只要我们巧妙抓住"线上"教学的特点，灵活运用其优势，用心设计教学活动，唤起学生的学习动机，激发学生深入学习的兴趣。就能让学生的习作之舟在线上教学的海洋上快乐起航。

（该案例在安顺市教育局 2020 年全市教育系统疫情防控期间线上教学优秀案例征集活动评审中获一等奖）

附：学生线上学习心得

在线学习，我不孤单

安顺市实验学校三（二）班　李姝漩

指导老师：胡艳梅

漫长的寒假，学会"宅家"生活；特殊的日子，勇敢抗击疫情。我觉得自己在这个假期学会了很多。开学返校遥遥无期，为了不耽误学业，让我们继续前行，学校让我们参加了"空中黔课"的学习。

"空中黔课"以"视频＋回放"的方式进行教学，每天上午九点，我通过电视屏幕与老师见面。授课老师非常优秀，她们有着丰富的教学经验，我很喜欢这种授课方式。空中黔课的课程安排得很紧凑，老师们精心准备了课件。上网课时，我总是聚精会神地聆听着老师的每一句话语，认真地做着学习笔记，生怕错过一个学习重点。网课《童年的家》《动物植物真奇特》《想象力很重要》等，给我留下了深刻的印象，老师们用亲切的话语、有趣的活动设计带领我们走进知识的殿堂。课堂上，我们还会听到小伙伴们的声音，他们和我们一起学习，一起回答问题，让我们感受到全省的小朋友和我们在一起学习——在线学习，真奇妙！生活在新时代的我们是幸福的，老师在疫情期间用爱心照亮了前方的路，用爱心陪伴我们成长。

我每天乖乖地坐在电视机前，耐心地倾听着老师们的课，似乎也习惯了这种在线学习的方式。不过，有一天，一个令人振奋的消息打破了我的"常规学习模式"。语文老师要在"钉钉平台"上为我们上一堂别开生面的作文直播课。这会是什么样的课堂呢？我充满期待。离上直播课的时间越来越近了，我提前准备好学习用品，迫不及待地端坐在电脑前等待开课。晚上八点，胡老师如约而至，虽然只闻其声不见其人，但我十分激动，感觉到胡老师仿佛就在我的身边。这时，同学们也欢呼雀跃，一个接一个地给胡老师发送语音和表情包，纷纷向老师诉说着期盼开学的心愿。此刻的我和同学们就像一只只蝴蝶破茧而出，渴望飞向广阔无比的天空。

开始上课了，胡老师把同学们写的优秀作文，逐篇朗读并点评。在讲解的过程中，胡老师还时不时与同学们进行语音互动，让我们朗读自己写得最好的片段。每当同学们读完自己的"得意之作"，胡老师就立刻给予点评。我听得津津有味，明白了写想象作文要做到大胆想象，敢于去想；使用夸张的手法，将人物化，将物人化；练习把故事经过写具体、情节写曲折，展现人物的性格特点。一节课的时间一晃就过去了，为了保护我们的视力，胡老师宣布作文直播课结束。

课上完了，我却意犹未尽……回味着这堂课，老师在生动有趣的直播中，让我们听到了同学们朗诵的自己的优秀作文，学到同学的优点。这堂直播课不仅让我学到了写想象作文的方法，还让我懂得了要珍惜自己拥有的幸福生活。对我来说，这是学海生涯里一节有意义的直播课。

虽然疫情让我们无法到校一起上课，但我们并不孤独。我们有内容丰富的"空中黔课"，有语文、数学、英语老师每周精心准备的直播课。疫情无情，云上有情。老师们的在线课堂让我们感受到虽然"宅家"，却并不孤单。我会一如既往认真听好"空中黔课"，也会期待下一次老师们的直播课早早到来。

春天已经来临，我相信疫情一定会得到控制。到那时我会带着梦想走进校园，让梦想伴我成长。

（该文章在安顺市教育局2020年全市教育系统疫情防控期间线上教学优秀案例征集活动中获评"优秀学生案例"并发表于"安顺市教育局电教馆"公众号）

不一样的课堂

安顺市实验学校三（二）班　韦馨雨

指导老师：胡艳梅

2020年年初疫情来袭。这注定是一个不平凡的寒假。"宅家"学习成为我们每一个小学生学习的主要方式。

开学后我们开始了"空中黔课"的线上学习。停课不停学，在爸爸妈妈的帮助下，每天坐在电脑或电视机前学习，成为我学习的主要途径。

开课第一天，我怀着好奇与兴奋的心情，早早地等在电视机前，想象着老师究竟会以怎样的方式给我们上课。隔着屏幕的老师还会像平时在课堂上一样，给我们耐心地讲解知识吗？

开始上课啦！在线上课堂，不同学科的老师们和蔼可亲，循循善诱。把以前只有在黑板上才能出现的知识，变成一幅幅精美的图片，展示在屏幕上，让课堂变得丰富多彩。我认真地听着，做着笔记，跟着老师们畅游在知识的海洋里。

开课一个多月来，让我印象最深刻的是我的语文老师胡艳梅给我们上的一堂作文直播课：习作讲评《我做了一项小实验》。开课之前，我按照老师的要求准备好之前写的作文，早早地坐在电脑前。直播课开始了，电脑另一端胡老师亲切的声音传了过来，那样柔和甜美，我仿佛看到胡老师就微笑着站在我的眼前，在耐心地给我们上课。她把同学们写得好的作文中优美的语段放到了屏幕上，并让同学们猜一猜是谁写的。同学们在直播群里七嘴八舌地议论，把班上平时作文写得好的同学的名字都猜了个遍。正当大家猜得起劲时，胡老师用一块橡皮似的鼠标，擦出了"作者"的名字。同学们看到了小伙伴的名字，纷纷在群里"点赞"。得到表扬的同学肯定在屏幕另一端笑开了花吧。这轻松愉快的课堂气氛，让我感觉像是回到了往日的课堂。更令我人欣喜的是，我的作文竟然也被胡老师展示给全班看！看着老师写的几个字："作者：韦馨雨"，我的心里比吃了蜜还甜。在这节直播课上，我们班很多"作者"都荣登胡老师直播课堂的"光荣榜"。同学们猜着、读着、学着……在欢乐与好奇中学会了开头与结尾的写法，学会了如何写清楚实验过程，如何写自己的发现和心理活动。一堂直播课很快就结束了，大家似乎还没尽兴呢，都依依不舍地和老师说再见。

参加这几个月的"空中黔课"学习，让我认识了许多不一样的老师；每周的直播课，让我见到了因疫情而很久没见的老师们。现在的课堂虽然变了，不再是以前大家坐在教室里一起学习的课堂了，但不变的是我们对知识的渴求。我们暂时还不能回到校园，但我们仍然会继续以这样的方式来学习。因为我深知只有努力学习，将来才能成为有用的人，才能报效祖国。

（该文章在安顺市教育局 2020 年全市教育系统疫情防控期间线上教学优秀案例征集活动中获评"优秀学生案例"并发表于"安顺市教育局电教馆"公众号）

纵横在线和移动学习　渗透中华传统文化教育

安顺市实验学校　胡艳梅

中华传统文化是文明演化而汇集成的一种反映民族特质和风貌的民族文化，包括古文、诗、词、曲、赋、民族音乐、民族戏剧、曲艺、国画、书法、对联、灯谜、传统节日等。不过，随着人类社会的发展，物质基础的不断提高，生活环境的不断改善，西方文化的大量涌入，传统文化教育在现代人的意识中被逐渐淡化。为了传承中华文明，传播中华文化，在小学阶段渗透中华传统文化教育是非常必要的。而我校"纵横信息数字化学习促进学生智力因素和非智力因素发展的研究"课题实验的开展，为我们在教学中对学生进行传统文化的渗透教育搭建了一个很好的平台，多年来，我们在总课题组的引领指导下，通过纵横信息数字化教学活动，开展了中华传统文化的教学工作。通过这几年的探索，发现通过纵横在线和移动学习渗透中华传统文化的教育可以从以下几方面开展：

一、纵横在线和移动学习，彰显汉字魅力

汉字是我们中华民族特有的文字，它蕴藏着丰富的美感和诗意，有着深厚的文化底蕴和魅力。它是中华民族智慧的结晶，是有着鲜活生命的物体，是中华文化的瑰宝，蕴藏着丰富的文化内涵。在小学语文教学中，识字教学贯穿整个小学阶段。识字是阅读、写作的基础。我们可以通过对纵横输入法的教学培养学生的识字兴趣，彰显汉字的魅力。在教学中，可以给学生讲一些汉字演变的故事。例如，祖国汉字的起源，甲骨文是如何发现的等。当他们听到一个个精彩的汉字故事，看到汉字从古老的甲骨文演变到今天的楷书时，学习兴趣自然高涨。当然，我们还可以鼓励学生到网络中去搜索汉字演变的一些故事，在

学习小组进行交流分享。当学生带着兴趣开始纵横输入法的学习，感受汉字的魅力时，我们教师再设计一些适合学生年龄特点的游戏，如低年级"把字宝宝送回家（识字）""捉虫子比赛（纠错）"，高年级"我为汉字编故事"等，让学生在愉悦的氛围中学会输入方法。学生对纵横输入法学习产生了兴趣、识字的兴趣、了解汉字文化的兴趣也就被激发起来了。学生所学的汉字得到了充分的巩固，识字量不断增加，我们课题组的学生在学校组织的"词语听写大会""汉字听写大会"活动中，获奖率达百分之七十以上，在总课题组举办的网络技能测评中，学生多次获一、二、三等奖。在"纵横的王国"里，学生们得到了传统文化的熏陶，识字能力也在领略汉字魅力的过程中得到了培养。

二、纵横在线和移动学习，感悟经典诗文芬芳

经典诗文是中华传统文化的一部分，"雅言传承文明，经典浸润人生"，中华文化源远流长，内涵深刻，意存高远。历经千年仍放射着璀璨夺目的思想光辉。小学阶段是学生记忆力最佳的年龄，诵读经典，可以滋养文化智慧，美化心灵和升华情感。《义务教育语文课程标准》指出，要让学生"认识中华文化的丰厚博大，吸收民族文化智慧"，学习经典，对提升小学生的语文素养可以起到不可估量的作用。在工作中，我们把纵横信息数字化学习与语文课堂教学相结合，把经典诗文的学习引入日常教学。首先，在纵横信息数字化的学习中，我们在日常的快速"想打"、名篇"默打"等环节引入古诗文的学习。学生在练习纵横输入的同时，分成学习小组，共同完成古诗文的赏析，要上网查阅相关的资料，了解诗人以及古诗的写作背景、进行诗意理解等。同时还结合总课题组开展的"网络测评之名篇'默打'"活动，让学生背诵所列比赛篇目，学生们通过比赛练习和自己在课外的背诵，积累了大量的古诗文，再通过开展"经典诗文诵读"活动等，让学生在不知不觉中学习了传统文化，语文能力也得到了提升。其次，还充分运用"纵横信息资源库"的公共资源网，在学生中推广《弟子规》《三字经》《唐诗三百首》等网络学习资源，每天上午和下午的上课前10分钟，同学们都会摇头晃脑地跟着网络学习经典诗文。另外，我们还会在学生中开展"诗情画意"活动，让学生给自己喜欢的古诗配上画，可以用笔画，也可以用电子小报的形式展现。学生们在纵横信息数字化的学习中，找到了经典诗文学习的乐趣，在潜移默化中，巩固了纵横输入法，受到了传统文化的熏陶，语文素养得到了培养。在总课题组开展的网络技能测评活动中，课题组百分之八十的学生获奖。走进"纵横信息数字化"课题组，总能令人感悟到经典诗文的芬芳。

三、纵横在线和移动学习，领略家乡文化

少数民族文化是中华传统文化的一部分，但由于受到现代文化的影响，某些传统文化渐渐失去了生存的环境，一些民族民间文化传统正逐渐消失。我们可以通过纵横信息数字化教学，创设学习情境，在学生中开展少数民族传统文化的学习活动，让民族文化得以传承。我们安顺是一个旅游城市，坐落于黔中腹地，素有"黔之腹，滇之喉，粤蜀之唇齿""边鄙之都会、滇黔之要区""黔之通道，楚粤之屏藩"之说。安顺文化历史久远，积淀深厚。在快速阅读的环节，老师可以选取关于安顺历史沿革的文章给学生阅读，当学生读到"历史悠久、源远流长的安顺市是贵州省最早设立县治的古城之一。早在两千多年前的春秋时期，安顺为古牂牁国北部中心，称夜郎邑……"时，他们爱家乡的情感会潜移默化地得到培养，同时想进一步了解家乡的热情也在高涨，老师可以顺势引导，让同学们为安顺制作民族文化网页、撰写特色文化专栏文稿、编辑手抄报等。另外，我们还在安顺市实验学校的校本教材《安顺，我的家乡》中，引入了纵横信息数字化的学习内容，让纵横课题组的学生将自己制作的网页、电子小报等在课堂上展示，作为老师上课的素材，这样，既丰富了校本教材的学习，又让课题组的学生们得到了锻炼。在网络这个大舞台中，同学们饶有兴致地阅读、搜集关于安顺历史、文化特色、少数民族文化的资料。此刻，他们在纵横在线和移动学习搭建起来的舞台上展示着自己的才华，在家乡文化的海洋里遨游的同时，得到了传统文化的熏陶感染。

总之，纵横信息数字化课题实验的开展，让我们感受到学习、传播中华传统文化是我们每一个教育者义不容辞的责任。我们要抓住纵横信息数字化学习的契机，借助纵横在线和移动学习的平台，让学生在"纵横的王国"里，在语文素养得到培养的同时，得到传统文化的熏陶，继承和发扬中华传统文化。

（注：本文参加"首届在线和移动创新模式汉语学习国际研讨会优秀论文评选"，荣获"国际优秀论文特等奖"。）

基于核心素养理念下的实践作文教学策略

安顺市实验学校　　胡艳梅

现代教育理论告诉我们，小学阶段是一个人的综合素养发展的重要时期，小学阶段所接受的教育将对学生的一生产生重要的影响。[1]写作能力则是学生综合素养的体现和重要组成部分。近年来，核心素养理念的提出，给我们如何开展作文教学提供了借鉴。[2]核心素养包含科学精神、人文底蕴、健康生活、学会学习、责任担当、实践创新等。在核心素养理念的指导下，我为学生拓宽语文学习的渠道，实施了一系列实践作文教学策略。

一、游戏作文，实践创新

游戏，是学生喜闻乐见的一种活动形式。把游戏融入习作教学，学生们全身心参与其中，成为游戏活动的主人，体验成功的喜悦，感受失败的滋味，在精彩刺激的游戏之后，再静下心回味整个游戏的经过，讲讲精彩的画面，然后写出作文。

（一）精心设计，激发兴趣

每当作文课上课时间，我都会带去一个精心设计的游戏，如斗牛游戏、绘画高手、气球爆炸等。当课堂上游戏进行到紧张刺激的环节时，欢呼声、鼓掌声、加油声此起彼伏，游戏已经把学生们带入一个快乐幸福的世界。这种把游戏与作文联系在一起的方式，促使学生积极参与、主动表达，在写作中发现乐趣，作文走进了他们的心里。

（二）用心指导，培养观察[3]

敏锐的观察力意味着强烈的求知欲，能够迅速而锐利地捕捉事物的各种特征和细节，并有认识和掌握各种新鲜事物的永恒热情。在习作教学中可以这样培养学生的观察力——激发观察兴趣，布置观察任务，制订观察计划，养成记录、整理的习惯。就拿"气球爆炸"来说，我是这样指导学生观察的，在游戏开始之前，先提出观察的内容：谁怎么样？大家有什么样的表情、动作？吹气球的同学是怎么做的？坐气球的同学的神态动作是什么样子的？各组是怎样合作的？观众们是怎么加油的？然后让学生带着以上几个问题，有目的地进行观察，再把自己观察到的记下来、说出来。这培养了他们的观察力和表达能力，使其为接下来的习作做好了准备。

（三）抓住细节，引领表达

细节描写是一种以小见大的方法。在指导学生选择细节的时候要从细微处着手，让细节反映人的思想状况，揭示文章主题。例如，在气球爆炸游戏作文中，有的学生就抓住同学们怎样合作坐爆气球这一细节的描写，展示了团队合作的重要性。学生是这样写的："同学们受到了鼓舞，吹气球更卖力了。你瞧，对方参赛队员谭均煜腮帮子鼓得大大的，吹得面红耳赤，青筋蹦出，活像一只着急的猴子。"在写"斗牛"游戏时，有的学生是这样描述的："'大黄牛'、'大黑牛'突然跳起来见到了对方背上的一个字。'大黑牛'"冥思苦想，'大黄牛'见势不妙，速战速决，一下冲过去把'大黑牛'吓了个半死。'大黄牛'也毫不示弱，机警地蹦了起来。以迅雷不及掩耳之势看见了对方背上的'木偶'并大声说出，'大黄牛'胜了，全班为他鼓掌。在紧张气氛中，游戏结束了，我也明白了当遇到困难时，可要善于动脑筋想办法呀！"

（四）自主合作，实践创新

为了培养学生自主、合作、探究的学习能力，实践创新能力，我经常让学生自由组合学习小组，由学习小组自行设计游戏，然后在组长带领下开展活动。例如，学生自己在课余时间编导的"演童话大赛"活动，就非常成功。他们把《三只小猪》《小红帽》搬上了班级"荧幕"。大赛结束后，一篇篇充满快乐童趣的作文跃然纸上："比赛开始了，第一个小组表演的童话是大家熟悉的《小红帽》。只见饰演小红帽的张雨田戴着一顶红色的小帽子在'舞台'上跳来跳去，一会儿走路，一会儿摘花。饰演大灰狼的谢佑梁戴着一个自己做的大灰狼头饰，做出凶狠动作。饰演外婆的昊燃一出场，便引起哄堂大笑。他的动作滑稽，走起路来跌跌撞撞，看起来老态龙钟，连他自己都忍俊不禁。不过他很快调整情绪，穿好了破旧的围裙，镇定地躺在椅子上，继续表演。那有板有眼的'男'外婆，怎么能不让同学们忍俊不禁呢？"只要我们舍得给学生创造一些实践的机会，给他们一些实践的空间，学生一定会获得意想不到的收获。他们在参与这些实践活动的同时，核心素养也在潜移默化中得到了培养。

二、活动实践，做中学写

学生在学校里，有许多参加活动的机会，我常常引导学生抓住各种活动契机，进行体验和观察，练习写作。一方面，依托我校的体育俱乐部开展的系列教育实践活动，即科技、艺术、文化、教育4个大类、24个项目、43个组别的学校综合实践活动特色教育课，以及学校体育节、校园足球比赛、读书节、科技艺术节等大型活动，引导学生根据体验写作。另一方面，结合国家、世界重大节日及其相关活动引导学生体验写作。学生在描写学校体育节时，是这样写的："生命不息，运动不止！一年一度的体育节到了，在那里，有精彩的项目，有趣的节目，同学们的体育天赋都能在那一一展现。"在《我爱实验》的作文里学生写道："学习3D打印设计，让我仿佛来到了一个神奇的世界，没想到，现在的科技竟如此发达，如此有趣，可以通过电脑，把自己想到的东西打印出来。学校的这门课外活动，让我顿时觉得知识是多么的奇妙。"

实践作文教学以学校、课堂为依托，让学生在活动中学会策划，学会总结；在活动中合作探究，互帮互助，分享感悟，在活动中培养和收获写作的乐趣和智慧。

三、阅读实践，文化积淀

大家都知道，不爱阅读的学生，语感不强，写作吃力。实践作文教学实施的一个重要途径，就是要与阅读实践结合起来。通过开展扎扎实实的课外阅读活动，让学生养成阅读习惯，在海量阅读中丰富文化的积淀，提高写作能力。

低年级开展"亲子阅读"活动。给学生推荐阅读书目，每天坚持阅读40分钟左右。家长与学生一起阅读，共同制作读书记录卡，撰写亲子阅读体会。在班级中定期开展读书评比，引导快乐阅读。有阅读心得交流，"阅读之星"评选、"优秀亲子阅读记录卡""优秀亲子读书家庭"评选等。中高年级引领学生热爱语文，乐于阅读。每月推荐学生至少阅读两本课外书，做好读书笔记。定期在班上召开阅读分享会外，在班级 QQ 群创建课外阅读分享群相册，学生把每周看课外书的笔记上传，互相督促、交流展示。在阅读课上开展"课外阅读小博士"评比活动，让学生自主选择阅读书目，制作展示的课件，给大家上"课外阅读课"。"小博士"们认真阅读，制作课件，展示阅读成果，引领伙伴进行阅读。这既激发了学生的阅读兴趣，培养了学生的写作能力，又提升了学生的核心素养。

学生在大量的阅读实践中提升了素养，丰富了文化积淀。如，阅读《福尔摩斯探案》，学生写"我知道了福尔摩斯是一个聪明、冷静、沉着的人，让我学到了一个人做事要沉着、冷静、用心思考才能顺利过关"。阅读《不被驯服的雌象》，学生说"这本书告诉我不应该伤害动物，更何况是残疾动物"。阅读《学生与海》，学生感悟：我们即使被人忽略，也要尽力去发现自己的闪光点，大诗人李白说过，"天生我才必有用"。不要因为别人忽视了自己就产生自卑情绪，要相信自己是与众不同的。学生们认真阅读，用心写下的一篇篇感悟，让我看到他们的写作能力、核心素养均在形成初步的文学修养过程中得到提高。

四、口语交际，说中乐写

英国哲学家培根说过，"语言是思维的外壳"。学生在进行口语交际的过程中，能用语言把思维的结果说出来，它锻炼着人的思维能力，而思维能力的提高又为写好作文奠定了基础。在开展习作教学实践的过程中，我巧妙设计口语交际实践活动，在活动中培养学生的习作能力。一方面，利用教材中的口语交际训练，让学生先说再写。另一方面，开展新闻发布会、小小演说家活动。培养学生的口语交际能力，激发学生关注身边事、时事新闻，培养社会参与意识和责任担当意识。学生们的新闻发布涉及身边小事到国家大事、世界焦点，学校接受上级领导调研到 C919 的试飞成功、党的十九大的召开，倡导大家做环保卫士到拒绝校园欺凌等。演讲主题有"珍爱生命，关注消防""诚实做人""好的开端是成功的一半"等。在活动中，学生初步的"个人修养、家国情怀、社会关爱"等素养得到了培养。我把学生的新闻发布和演说的视频录下，讲得好的，分享至家长群，大家学习借鉴。稿子传至 QQ 群相册。通过家长、学生、老师三方努力和结合现代交流平台的方式，让学生的习作能力、核心素养在实践活动中得到了培养。

总之，以上实践作文教学策略，能够让学生们在玩中学，学中玩；在实践中写，在写中实践。他们爱上作文的同时，核心素养也得到了培养。

参考文献

[1] 中华人民共和国教育部．义务教育语文课程标准（2011 年版）[S]．北京：北京师范大学出版社，2012．

[2] 核心素养研究课题组．中国学生发展核心素养 [J]．中国教育学刊，2016（10）：1－3．

[3] 何玉娟．如何培养学生的科学观察能力 [J]．教育研究与实践，2010（12）：20－21．

（本文参加贵州省教育学会 2018 年教育教学科研论文及教学设计评选获二等奖）

把语文能力的培养落到实处

——"互联网＋教师专业发展"观课报告

安顺市实验学校 胡艳梅

"语文素养是一种以语文能力为核心的综合素养，其要素包括语文知识、语言积累、语文能力、语文学习方法和习惯，以及思维能力、人文素养等。"其中，语文能力是核心，它包括听、说、读、写四个方面。如何在小学语文课堂教学中培养学生的语文能力，把语文能力的培养落到实处呢？有幸听了山东教师教育网张海华、王泽云、曲蕾和王辉几位老师的课，让我深受启发。

一、阅读训练有方法

《义务教育语文课程标准》指出："阅读是学生个性化的行为，不应以教师的分析来代替学生的阅读实践。应让学生在主动积极的思维和情感活动中，加深理解和体验，有所感悟和思考，受到情感熏陶，获得思想启迪，享受审美乐趣。要珍视学生独特的感受、体验和理解。"王辉老师执教《画家和牧童》时，在教学中以指导读书活动为"经"，以抓关键字词的训练为"纬"，利用课本教材、媒体教具，引导学生抓住课文中人物的语言、动作为重要训练点，指导学生采取多种形式朗读——自由读、齐读、个别读、"开火车读"等，让学生在读中理解课文，感悟人物品质，懂得做人的深刻道理。王泽云老师执教《真想变成大荷叶》时，注重培养学生通过多种形式的朗读，在读中理解，在读中感悟。例如，情境创设、角色互换、表演朗读等引领学生在快乐的阅读中产生对美好大自然的向往，体会亲近自然的愉快。曲蕾老师执教《太阳》时，也很好地贯彻了《义务教育语文课程标准》的要求，整堂课没有烦琐的分析，没有老师的包办代替，有的是琅琅的读书声，是学生自主阅读、独立思考和精彩分享。学生在自主阅读课文的过程中了解了太阳的有关知识，初步认识了太阳与人类的密切关系，体会到了说明事物的方法，还通过对比阅读，感受到了说明文中说明方法的妙处。

二、识字写字有实效

识字教学与写字教学是低年级语文教学的重点，老师要在低年级注重培养学生的识字、写字能力，让学生养成好习惯，为学好语文打下基础。王辉老师老师非常重视识字、写字的教学，她通过随文识字、课件指导识字、字理识字、形声字拓展、找近义词等方法培养学生的识字能力。例如，在教学生认识"拱"时，课件出示甲骨文的"拱"，让学生了解"拱"字从古到今的演变后，又让学生起立做拱手动作，老师介绍古人的拱手礼并创设情境引入"三人行，必有我师""虚心使人进步"……学生在学习"拱"的过程中，既了解、积累了中华传统文化知识，得到了传统文化的熏陶，又受到了"谦虚"的美德教育。在写字教学中，老师采取的方法是：观察—书空—示范写—学生书写—展示评价—学生再写。这样循序渐进，学生的良好写字习惯在扎扎实实的训练中得以实现。另外，王老师写得一手漂亮的粉笔字，对学生来说，这也起到了很好的示范作用。

三、语言运用有技巧

语文的工具性与人文性的统一，要求语文教学要在大量的语文实践中潜移默化地实现工具性与人文性的教育，不能把二者割裂开来。训练学生运用语言文字即是工具性的体现。几位老师在教学中对学生进行人文教育的同时，也巧妙地对学生进行了语言文字运用的训练。《画家和牧童》一课的教学，老师抓住文本中的关键句子，在引领学生朗读感悟的同时，以它们为范本，对学生进行语言文字的训练。如，抓住"一会儿……一会儿……"和"一……就……"两个句式，引导学生读句子、理解句子后，再练习说话，学生有了课文的范本引领，很好地掌握了类似句子的运用，口语表达能力得到了培养。教《宋庆龄故居的樟树》一课时，老师引导学生抓住宋庆龄故居两棵树的外形和生长特点以及具有抗虫的香气且能永久保持的可贵之处，理解文章中作者表达的情感，领会樟树的象征意义，体会人们对宋庆龄的崇敬和怀念之情。同时，让学生学到了借物喻人的写作方法。

总之，几位老师的课堂，扎扎实实地把对学生语文能力的培养落到实处，让我看到了语文的工具性与人文性在润物细无声的过程中得到统一，使我受益匪浅。

不过，课堂是一门缺憾的艺术，在这几节课的教学中，我觉得也有值得商榷的地方。有的老师似乎只是完成了事先设计好的每一个环节，教学过程流于形式。例如个别老师在教学中缺乏个性化的朗读与感悟的引领，朗读形式单一，只有齐读。有的老师在写字教学中缺乏实效性，没有教师的范写、展示、评价、指导和反馈等。

以生为本，促生发展

——网络研修观课报告

安顺市实验学校 胡艳梅

寒假期间，有幸在山东教师远程研修网观看了老师们执教的语文课，其中有低年级的识字课，有中年级的阅读课，也有高年级的阅读课；有精读课文，也有略读课文；有常规的教学模式，也有大胆创新的整合教学课……观看了倾注着老师们心血的一节节课例，感受颇多。

"以生为本，促生发展"，是观看完六节课以后的总体印象。正如《义务教育语文课程标准》指出的一样：语文课程致力于培养学生的语言文字运用能力，提升学生的综合素养，为学好其他课程打下基础；为学生形成正确的世界观、人生观、价值观，形成良好个性和健全人格打下基础；为学生的全面发展和终身发展打下基础。老师们的教学，大多都体现了这一理念。具体来说，体现在以下一些方面：

一、悉心引导，培养识字能力

识字能力是低年级学生应具备的基本素养，是阅读和写作的基础，在低年级阶段打好识字基础是非常重要的。听了张晓慧老师执教的《识字4》，我感受到了老师对学生的悉心引导，让学生在潜移默化中，识字能力得到了培养。

（一）情境创设，激发兴趣。由于低年级学生有意注意时间较短的特点，所以老师在教学中，制作了生动形象的课件，营造动物世界的情境，把学生的注意力牢牢吸引到课堂的学习中。

（二）自主学习，拓展延伸。老师在整堂课的教学中，没有过多的分析，没有烦琐的灌输，没有包办代替，有的只是巧妙的引导。始终以学生为主体，引导学生自主发现形声字的规律，自己找到识记生字的方法、小伙伴互帮互助的方法等。当学生找到认读形声字的方法后，老师又出示了一组课外的形声字，放手让学生大胆阅读，学生运用前面学会的方法，认识了生字，学习方法得以迁移。

（三）多种形式，巩固读音。老师在识字教学中，为了让学生巩固读音，运用了贴卡片、"开火车"等适合低年级学生特点的方法，收到了很好的教学效果。在读儿歌环节，采用了多种形式朗读，如动作表演、拍手朗读、看图背诵等，学生在轻松愉快的氛围中学会了儿歌，巩固了读音。

二、以读促学，培养语言能力

小学生的语言能力包括理解、感悟、运用语言文字的能力，在语文教学中，如何培养学生的语言能力呢？执教《花的勇气》的老师把握住了略读课文的教学方法，让学生围绕阅读提示自读课文，解决问题，从学生的分享中把握学情，确定教学方法。然后抓住重点段落，引导学生充分朗读，在读中理解，在读中悟情，避免了烦琐的分析讲解。在朗读的过程中，体现了以学生为主体，老师主导的作用。同时，老师还注重对学生进行语言文字的训练以及阅读的拓展延伸。引导学生在学完课文后阅读《维也纳春天的三个画面》，学生的语言能力在整堂课中得到了培养。

三、学法指导，培养阅读能力

都说"授人以鱼"不如"授人以渔"。对学生进行学习方法的指导，是我在听课中看到的一大亮点。例如，刘霞老师在执教《威尼斯的小艇》《与象共舞》时以文带文就是很好的例子。《威尼斯的小艇》的作者马克·吐温，抓住事物特点，准确刻画出了小艇的样子、船夫驾驶技术的高超，以及小艇与人们生活关系的密切几个方面，介绍了水城威尼斯独特的交通状况和特有的风土人情，是一篇精读课文。《与象共舞》是一篇略读课文，饶有趣味地讲述了泰国人与大象之间亲密和谐的关系，展示了泰国独特的地域文化。

老师在教学中把这两课整合起来学习，先引导学生学习《威尼斯的小艇》，总结出学习方法后，再引导学生学习《与象共舞》，把在精读课文中学到的方法

"读、画、写、说"运用到略读课文的学习中，对学生进行了学习方法的指导，培养了学生的阅读能力。

四、大胆探索，提升语文水平

在听了《整体识字》和《威尼斯的小艇》《与象共舞》以文带文两节课后，我陷入了深深的沉思，为两位老师大胆探索、创造性地运用教材的能力所折服。她们用教材却又不拘泥于教材，在整合的教材中找到契合点，增加了课堂容量，培养了学生的能力，提升了学生的语文水平。

总之，在这六节课中，我感受到老师们都是以学生为本的，让学生的听、说、读、写水平得到了提高，语文素养得到了培养，促进了学生的全面发展。

不过，在听课的过程中，我也看到了一些小小的不足。例如有的老师在整堂课的教学中，脱离了课本，过于依赖课件，把课件当作唯一教具，学生整堂课都盯着屏幕学习，不仅制约了学生的思维，而且影响了学生的视力。有的老师为了完成自己的教学任务，整整拖堂 5 分钟，这都是不可取的。

山东教师教育网发布的这些课例，让我受益匪浅，在今后的教学中，自己会取长补短，不断提升教育教学水平。

（观课报告在安顺市教育局、安顺市省级教师发展中心 2016 年"互联网 + 教师专业发展"工程优秀观课报告评选中获一等奖。）

利用信息数字化培养学生阅读能力

安顺市实验学校　胡艳梅

开展课题实验以来，我们一直在探索通过纵横信息数字化教学与语文教学的结合培养学生阅读能力的方法。培养学生对纵横码学习产生兴趣，让学生热爱"纵横输入法"，阅读能力在"纵横"学习中逐渐得到培养；创造性地设计自己的语文教学，把纵横学习巧妙地与语文阅读教学结合起来；引导学生在快乐学习纵横输入法的同时，向学生推荐阅读好书，名家名作；借助纵横输入法学习，培养快速阅读能力。

阅读，是现代社会每个人必须具备的能力之一。而在小学阶段培养学生具备一定的阅读能力是非常重要的。许多学生学习吃力，各科成绩不理想就是因为阅读能力差。在小学语文的教学中，如何培养学生的阅读能力，成了困扰许多语文老师的问题，老师们常常看着学生语文试卷上的阅读题被大红的"×"占据而发愁。我校"纵横信息数字化学习促进学生智力因素和非智力因素发展的研究"这一课题实验的开展，给我们在小学阶段培养学生阅读能力带来了契机。开展课题实验以来，我们一直在探索通过纵横信息数字化教学与语文教学的结合培养学生阅读能力的方法。我们尝试着从以下几方面开展工作：

一、亲近纵横，爱上阅读

兴趣是最好的老师，是最直接的能力。只有培养学生对纵横码学习产生兴趣，让学生热爱"纵横输入法"，学生的阅读能力才会在"纵横"学习中逐渐得到培养。学生在用纵横输入法输入文章时，手、眼、脑协同运用，同时一个个词、短语不断通过眼的观察进入大脑，手的输入进入电脑，学生在输入加工这些信息的过程，思维能力、阅读能力慢慢得到了培养。我们在教学中制定了竞赛机制，把课题实验组的学生分成几个小组，以小组为单位开展比赛，成绩优异的小组发精美礼物。另外，给每个学生建立个人档案，对学生点滴的进步，获得的奖项都做了记录，到每个学期结束，表现突出的同学都会得到奖品。小学生非常喜欢竞赛以及得到鼓励的这种方式，他们觉得"纵横"学习给他们带来了快乐，很有成就感，于是更加喜欢纵横输入法，更加亲近纵横了，在纵横学习的过程中自然而然地爱上了阅读。

二、运用纵横，培养阅读能力

学生的阅读能力有：默读能力、概括能力、快速提取信息的能力、理解能力等。阅读是收集处理信息，认识世界，发展思维，获得审美体验的重要途径。在语文教学中，为了有效培养学生的阅读能力，我常常创造性地设计自己的语文教学，把纵横学习巧妙地与语文阅读教学结合起来，收到了事半功倍的效果。例如，在学完《鸟的天堂》这篇课文后，我组织学生开展了一次综合性学习——为鸟的天堂当一回小导游，写解说词。学生通过上网查资料，制作专题网页等方式进行准备工作，在汇报交流会上，用纵横输入法展示自己的学习成果。任务布置下去后，同学们情绪高涨，都想把这个小导游当好。有的上网查资料，制作了电子小报，有的请教电教老师，设计了专题网页。在汇报交流会上，同学们各抒己见，各显神通，一个个小导游带领着大家"游览"了鸟的天堂。在这次活动开展的过程中，学生在搜集信息的同时，需要阅读材料、筛选信息、加工信息，这个过程潜移默化地培养了学生的阅读能力，而他们在运用已掌握的纵横输入的方法制作作品，进一步地对信息进行加工处理时，默读能力、提取信息的能力、理解能力及文字概括能力等也得到了培养。

三、快乐纵横，拓宽阅读面

《新课标、新理念下的阅读教学》规定小学第三阶段的阅读要"利用图书馆、网络等信息渠道进行探究性阅读，扩展自己的阅读面，课外阅读不少于100万字"。看来培养学生的阅读能力只限于教材中的几篇文章是不够的。教师要引导学生广泛涉猎书籍报刊，阅读文学作品和其他各类读物，要鼓励学生多读书，读好书，读整本的书。只有课外阅读量增加了，学生才能厚积薄发，为今后的学习打下坚实的基础。我们可以利用学生学习纵横输入法的契机，引导学生在快乐学习纵横输入法的同时，向学生推荐阅读好书，名家名作。如世界著名的童话集《安徒生童话》《格林童话》，中外儿童名著《小王子》《绿野仙踪》《草房子》等。我们把这些好书的简介或精彩语段制作成精美的课件介绍给学生，让他们阅读，练习纵横输入法的段落输入。学生输入的过程就是学习的过程、阅读的过程，能够激发他们进一步阅读的兴趣。老师乘机建议学生选择自己喜欢的书来读，在学生读完书后，引导他们谈谈自己阅读的感受，把自己的读书体会、读书笔记、积累的好词好句等制作成电子报刊，在班级中展示。同学们欣然接受任务，一个个拿出看家本领，把最好的作品展示给大家。每当"小作者"们看到老师、同学在欣赏他们的作品时，他们开心极了，脸上洋溢着自信的微笑。就这样，他们学习纵横输入法的兴趣更浓了，阅读面也在不断地拓宽。

四、借助纵横，快速阅读

科学研究证明：人类在采用快速阅读时，能充分调动左右脑的功能作用，发挥左右脑各自的优势共同进行文字信息的形象辨识、意义记忆和理解。在当今信息大爆炸的社会中，阅读已成为获得信息的一条主要途径。因此，培养学生的快速阅读能力显得尤为重要。而纵横输入法，能够使学生较快地对汉语进行编码、存储与提取。只要我们恰当地借助纵横输入法的教学过程，创新教学模式，就能有效地培养学生的快速阅读能力。我在执教语文课时，常常在课堂上引导学生欣赏一些优美的语段，鼓励学生把这些语段输入电脑，参加课题实验的学生用纵横输入法进行输入，未参加的学生任意选择输入法，学生们跃跃欲试，经常兴致勃勃地敲着键盘，快速阅读。经过对比，用纵横输入法进行输入的同学输入的速度常常超过其他同学。另外，我在开展读书交流活动和作文讲评课时，经常引导学生们把自己的读书体会或作文输入电脑，其他同学快速阅读后帮助修改，进行评价等。这样借助纵横输入法学习的机会，互相交流，互相学习，既培养了学生学习纵横输入法的兴趣，也培养了他们快速阅读的能力。

总之，在教学纵横码输入法的过程中，只要我们勇于实践，不断创新，把"纵横学习"与"阅读"结合起来，就能让学生觉得读书是幸福的，阅读是快乐的，真正达到培养学生阅读能力的目的。

（该篇文章2014年发表于《贵州教育报》第33期）

如何处理教与学的关系

——以网络研修观课为例

安顺市实验学校 胡艳梅

前段时间，在网上听了几位老师执教的《晏子使楚》《荷花》《蜘蛛开店》。边听边对语文课堂上的教与学有了一些感悟，现谈谈自己粗浅的认识。

记得著名特级教师薛法根老师说过：教得完整，不如学得充分。这句话告诉了我们教与学的关系：老师教的最终目的是让学生学会学习，引导学生自主探究，在课堂上有所收获，有所得。

但有的老师在语文课堂上仍然是面面俱到，从头到尾满堂灌，丝毫不给学生思考和探究的机会。如，我听《荷花》这节课，就看到了类似的课堂。在"读"的方面，没有让学生从充分的朗读中感悟荷花的美，欣赏荷花的美。要知道，《义务教育语文课程标准》明确告诉了我们：要让学生充分地读，在读书中整体感知，在读中有所感悟，在读中培养语感，在读中受到情感的熏陶。在生字词的学习方面，没有让学生通过朗读课文随文识字、联系上下文理解词语，而是用课件整齐准确地打出词语解释，给学生灌输字典上的标准词语解释，机械地了解记忆，禁锢了学生的思维，弱化了语文能力的培养。在写字方面，缺乏有效的指导，只是让学生自己描红，对于重点、易错字却没有引导学生观察记忆，缺乏老师的范写、点评，缺乏学生的展示互评。学生写字的正确姿势和好习惯，老师也没有进行有效的指导。课堂接近尾声，让学生一个生字写5遍更显仓促。整堂课老师只是按自己预设的教学环节"完整"地完成教学任务。这样的课堂是低效的。

真正处理好教与学的课堂是以生为本的课堂，是关注全体学生的发展，尊重学生个性化学习、体验的课堂。《晏子使楚》和《蜘蛛开店》这两节课就是这样的课堂。

《晏子使楚》是一篇历史故事，春秋时期齐国的晏子出使楚国，楚王想侮辱晏子，晏子以自己的聪明才智，反驳了楚王，维护了国家尊严。由"钻狗洞""无人才""没出息"三个小故事组成。三个小故事的记叙方法基本一致，都是先写楚王想侮辱晏子，再是写晏子智斗楚王，最后写楚王只好认输。

老师注重培养学生自主、合作、探究的学习能力，先引领学生学习第一个小故事，让学生明白了学习方法，再用学会的方法自学后面的故事，让学生充分自主学习，培养了学生的自主学习能力。老师还通过让学生表演课本剧、分角色朗读等领悟故事蕴含的道理，品味人物语言的精妙，体会人物的特点。老师注重"学"的能力培养，是一堂有效的语文课堂。

在《蜘蛛开店》这节课的教学中，感受到老师自始至终都在体现"以学生为主体，老师为主导"的教学理念。从课堂伊始出示蜘蛛图片并让学生说说自己了解到的蜘蛛特点，指导认识"店"，让学生说还有"什么店"并提示学生说出写字要领、老师范写等，再到形式多样的朗读、感悟，学生探究蜘蛛的三次开店，练习讲故事，以及课堂尾声的拓展训练：让学生想象蜘蛛回到网上会怎样想，会继续开店吗？会怎样改变等，都是在引导学生自主学习、自主感悟，培养了学生的自主学习能力。老师在课堂上还比较关注学生良好学习习惯的养成，注意随时提醒学生保持正确的读书写字姿势。同时，通过创设学生喜闻乐见的游戏情境激发他们的学习兴趣，如问题情境挑战每次学习任务，开火车学生字，小老师领读，表演蜘蛛的寂寞等。

总之，处理好语文课堂教与学的关系，就要记住"授人以鱼，不如授人以渔"这句话，只要我们舍得把课堂还给学生，让他们成为学习的主人，学生定会"海阔凭鱼跃，天高任鸟飞"，在语文课堂上获得长足的发展。

如何培养低年级学生的写话兴趣

安顺市实验学校　胡艳梅

培养学生轻松写话的能力，兴趣是最好的老师，是最直接的能力。如何激发低年级小学生写话兴趣呢？可以从以下几方面对学生进行有针对性的培养：让学生学会"说话"；活用课本指导"写话"；"写话"与"口语交际"联系起来；利用重大节日、关注国家大事时引导"写话"。

写话是习作的起步。《义务教育语文课程标准》指出：对写话有兴趣，写自己想说的话，写想象中的事物，写出自己对周围事物的认识和感想。可见，在低年级阶段，最重要的是要培养学生写话的兴趣，帮助他们树立写话的自信心。的确，要培养学生轻松写话的能力，兴趣是最好的老师，是最直接的能力。如何激发低年级小学生写话兴趣呢？我在不断的教学实践中，发现可以从以下几方面对学生进行有针对性的培养：

一、让学生学会"说话"

说话是写话的基础，要培养写话兴趣，必须要先培养学生爱"说话"，会"说话"，即培养学生的口语表达能力。低年级学生在进入小学以前，就已从各种传媒中获得口头语言表达的基础知识，且读过幼儿园、学前班，口头表达具有一定基础。因此，我因势利导地对学生进行口语表达能力的训练。

首先是抓好学生"听"的能力训练。认真听别人讲话，听清讲者意思。在"听"的训练中，使学生口头表达逻辑思维能力逐步形成。如我校每周都要举行升旗仪式，国旗下的讲话内容丰富，有爱国主义的培养教育，有行为习惯的养成教育等。我从学生入学参加第一次升旗仪式开始，就要求学生认真倾听每周的升旗仪式下的讲话，回教室后把自己听到的内容讲给同学听，以及从中明白了一个什么道理？听完后让学生评出"灵耳朵"奖。每个学生都畅所欲言，谈自己听懂的内容，自己明白的道理，课堂气氛活跃。"听"的能力得到了培养。其次要让学生多"讲"，对于看过的图片，有意识地引导学生讲出其中的美，抓住事物明显特征，培养学生用完整、连贯的语句说出图的主要内容，并把它们编成一个好听的故事，发挥自己的想象，让故事的内容留下一个深刻的印象。启发学生讲述课外活动的丰富多彩：你参加过什么课外活动？活动如何开展？你觉得最有趣的是什么？要求学生回答每个问题必须用一个完整的句子说清楚，再把每个问题回答后的句子连起来说几次。还让学生看图说话，看动物说话，看影片说话……随时提供给学生说话的舞台，学生才会演好自己的角色。教师适时引导学生说完整的句子，说通顺的句子，熟能生巧，学生说多了，自然就会水到渠成，口语表达能力会不断提高，也为写话及今后的习作能力奠定了基础。

二、活用课本指导"写话"

在具体的教学中，我们不仅要指导学生用课本来学习，而且还要学以致用，利用课本中的资源指导写话。例如，当学了《假如》，我便让学生写《假如我有一枝马良的神笔》，你有这枝神笔，你会做些什么？学生们争先恐后地续编诗歌，仿佛自己都成了小诗人。有的说："假如我有一枝马良的神笔，我要画许多房子……"有的说："假如我有一枝马良的神笔，我要为地震灾区的学生画美丽的家园……"有的说要让贫穷的人不再贫穷，有的说要让这世界不再有坏人……

听了学生们的叙述，我随即说道："学生们！你们想象力真丰富，真有爱心，要是能把自己刚才说的写出来，那就更棒了！试试看，能写吗？"一节课下来，多数学生都把自己编的诗歌写出来了，而且都完成得比较出色。我抓紧时机给予他们赞扬和鼓励，学生们"写话"的热情更加高涨。他们乘想象的翅膀自由翱翔，自然写话兴趣浓厚，下笔成文。

三、"写话"与"口语交际"联系起来

在语文教材中，许多《口语交际》的内容，都与学生的生活息息相关，是培养学生写话的好素材。我常常给他们营造交际的情景，在生动有趣的活动中完成教学任务后，因势利导，再让学生写下来。例如，按照教学目标上完小学语文课本第三册第五单元的口语交际《合作》课后，我布置了一次"写话"训练：合作。要求学生们把自己与人合作的经过写下来。之所以安排这种训练是因为学生们都有过与同学或家人合作的经历，这很贴近他们的生活。叶圣陶先生说过，生活犹如泉源，文章犹如溪流，泉源丰盈，溪流自然活泼泼的昼夜不息。的确，生活是写作的源泉。这次"合作"的写话训练，效果出乎预料地好，不但文字通顺，语言也生动活泼。

四、利用重大节日、关注国家大事引导"写话"

对于我们国家许多传统节日如"清明节""端午节"的描写……我会引导学生通过查资料、向爸爸妈妈了解等多种方式写自己感兴趣的内容。有的学生写道："妈妈告诉我，清明节是怀念逝去亲人的日子，我们一家来看奶奶……""今天是端午节，我们一家人围在一起包粽子，爷爷告诉我端午节的来历……"在"三八"妇女节时，我鼓励学生们回到家为妈妈做一件事、给妈妈送上一句贴心的话，然后写下来；教师节到了，让学生写一写自己想对老师说的话……一段段可爱稚嫩的小短文，一句句贴心的话语，跃然纸上。

总之，培养低年级学生写话兴趣是非常重要的，心理学家皮亚杰指出：一切有效的活动须以某种兴趣作为先决条件。兴趣是一种内驱力，学生一旦对写话产生了兴趣，就会视写话为一种快乐，一种需要，就会满腔热情地去写话。它不仅能让学生会说、会写，让学生写作水平不断提高，它还是一个阶梯，让学生从小养成良好的写作习惯，从而为高段习作打下扎实的基础。

阅读之美，语文之美

——《维也纳生活圆舞曲》说课

安顺市实验学校　胡艳梅

阅读之美，感悟的美，品读的美，分享的美！在与学生一起学习《维也纳生活圆舞曲》这篇课文时，我们领悟到了语文的美。下面我将与大家分享：

一、纵横联系说教材

《维也纳生活圆舞曲》是人教版语文五年级下册的选读课文第 8 篇，作者是冯骥才先生。人教版小学语文教材将课文分为精读、略读和选读三类。精读和略读课文都是必读课文，然而，由于课程标准对选读课文没有具体的实施建议，配套的教师用书对此类课文既没有统一要求，也没有给予必要的教学指导，因此，选读课文往往容易被老师们忽视。其实，对于选读课文的教学，我认为内容和形式都是极有学习训练价值的。新课程倡导教师要努力开发和合理利用课程资源，而选读课文就是现成的课程资源。因此，我在教学中都会把选读课文作为阅读素材，引领学生阅读学习，培养阅读能力。

《维也纳生活圆舞曲》的作者冯骥才先生主要向我们展示了一幅富有诗意的维也纳生活风情画卷，表达了对维也纳的赞美与向往。圆舞曲是维也纳的传统音乐，生活圆舞曲就是生活中的音乐。

二、依托课标说目标

《义务教育语文课程标准》在第三学段的目标提到学生要"能用普通话正确、流利、有感情地朗读课文"，"在阅读中了解文章的表达顺序，体会作者的思想感情，初步领悟文章的基本表达方法。在交流讨论中，敢于提出看法，作出自己的判断"。

基于以上对教材和学情的分析，依据年段目标、单元训练点，我把本课的教学目标定为：

（一）能找出表达课文中心的句子，厘清思路，弄清作者是从哪几方面具体叙述维也纳生活中处处充满音乐气息的；通过整体感知阅读、拼图式阅读等，培养学生的阅读能力。

（二）能正确、流利、有感情地朗读课文。

（三）了解维也纳的风情文化，感受维也纳音乐与自然融为一体的和谐之美。

［教学重点］

（一）能正确、流利、有感情地朗读课文。

（二）引导学生读懂课文是怎样围绕中心句来具体叙述维也纳处处充满音乐气息的。

［教学难点］

了解维也纳的风情文化，感受维也纳音乐与自然融为一体的和谐之美。

三、以生为本说方法

（一）说教法

五年级的学生随着年级的升高，识字量不断增加，阅读理解能力不断提高，而且具备了在读中分析、概括、抽象、归纳的能力。我在教学中尽可能放手让学生自主阅读，强化学生的主人翁意识，强调学生自读自悟。以"维也纳之旅"的形式设计了"走近维也纳，感知维也纳，品读维也纳，展示维也纳"几个板块，让学生像旅行一样，带着轻松愉悦的心情阅读课文，品味语言；让学生在主动积极的思维和情感活动中，加深理解和体验，有所感悟和思考，获得情感熏陶，获得思想启迪，享受审美乐趣。

（二）说学法

因为学生是学习和发展的主体，是学习的主人。在教学中要充分体现学生的自主学习，培养自主、合作、探究的学习能力。语文课堂应该是"充满对话"的课堂，是以学生为中心、以学习为主线、以学情和学习目标为依据的课堂。让学生与书本对话，与同学对话，与教师对话，与自我对话，在自主阅读中体会、感悟，通过多种形式，不同层次的朗读，拼图式阅读，展示阅读成果等让学生充分地感受维也纳的音乐生活氛围的同时，训练语言，推敲词句的丰富内涵，丰富学生的语言积累。

四、求实求效说流程

课文《维也纳生活圆舞曲》主要向我们展示了一幅富有诗意的维也纳生活风情画卷，表达了作者对维也纳的赞美与向往。下面我说说此节课的教学流程：

第一，开门见山，导入新课。课堂伊始：我开门见山谈话导入新课，"同学们，今天我们要跟随作家冯骥才先生到异国他乡走一走，领略不一样的风情文化。大家一起说出它的名字吧"。当学生高声地说出维也纳后，老师揭示课题，紧接着开启此节课的维也纳之旅，带领学生去领略异国他乡不一样的风情文化，激发了学生的学习兴趣。

第二，新课学习，合作探究。在新课学习部分，设计了"维也纳之旅第一站——走近维也纳，维也纳之旅第二站——感知维也纳，维也纳之旅第三站——品读维也纳，维也纳之旅第四站——展示维也纳"几个环节，由浅入深，层层递进，让学生在自主合作探究中揭开维也纳的"神秘面纱"。

1. 维也纳之旅第一站——走近维也纳

为了让学生不仅能明白维也纳的生活之美，音乐之美，而且对深层次的文化因素有所了解，我在备课中用资料来充实课文，包括文字、图片等，如贝多芬、莫扎特、舒伯特、海顿、施特劳斯在音乐史上的地位、作用，金色大厅每年一次的新年音乐会等。教学中配上高雅的圆舞曲《蓝色的多瑙河》，展示维也纳优美的风光，作为教学铺垫，让学生能够尽快地走进角色，在精神上达到一种共鸣。学生一边欣赏音乐一边欣赏图片，进行一次美丽的文化之旅。

在走近维也纳之旅第一站，设计了以下几个学习任务：

（1）经过课前预习，你了解维也纳吗？请将课前准备好的维也纳资料卡给大家展示一下。学生漫谈对维也纳的初步认识。

（2）边听音乐边欣赏维也纳的美丽风光，谈谈你观看了维也纳风光片后维也纳给你留下了什么样的印象？

同学们兴致勃勃地走进维也纳之旅第一站，分享自己搜集的资料，边听音乐，边欣赏图片，谈自己从同学的分享里提取到的信息，谈观看风光片的感受。

培养良好倾听习惯的同时，还在这种视觉和听觉的熏陶之中得到美的享受，激发了学生的阅读兴趣和对冯骥才先生的《维也纳生活圆舞曲》在情感上的共鸣。

（二）维也纳之旅第二站——感知维也纳

《义务教育语文课程标准》指出，各个学段都要重视朗读和默读。为了让学生整体感知课文内容，训练默读能力，培养学生边默读边思考的习惯，把默读训练落到实处，我设计了维也纳之旅第二站——感知维也纳。

让学生默读课文，边读边想：文中的哪句话概括了人们心中的维也纳？课文围绕音乐，写了维也纳生活哪几方面的内容？

学生通过默读，把握了文章的主要内容，找到了文章的中心句，并理解了文章围绕中心句分别描写了鸟鸣与音乐、花与音乐、路与音乐、酒馆与音乐几部分内容，整体感知了课文内容，培养了概括能力，厘清了文章的叙述顺序。

（三）维也纳之旅第三站——品读维也纳

《义务教育语文课程标准》积极倡导自主、合作、探究的学习方式。在这个环节，让学生以小组合作的模式，完成拼图式阅读任务。

我首先出示了拼图式学习任务单（课件）：

（1）以学习小组为单位，组内同学分别自主选择鸟鸣与音乐、花与音乐、路与音乐、酒馆与音乐的其中一部分进行品读，完成学习单上的阅读任务。

（2）向组内同学提问，了解对方阅读任务完成情况。

（3）组长汇总本组同学的任务完成情况，做好分享准备。

拼图式阅读是一种合作学习的有效形式，小组的组员间既有分工又有合作，实现同伴互助与资源共享。学生以学习小组为单位，组内同学分别自主选择阅读内容进行阅读、作批注。在自主品读的基础上进行组内分享，每个同学对自己重点阅读的部分都有不同的感悟，同学之间进行分享，实现与文本，与同学的充分对话。

组内分享完毕后，小组又在组长的组织下商议小组分享展示阅读的模式，培养了学生的合作、沟通、协调能力，加深了自主学习的程度，提高了合作学习的效度。

（四）维也纳之旅第四站——展示维也纳

"阅读是学生个性化的行为"，"提倡多角度，有创意的阅读"。这一环节，学生展示小组阅读的成果，可以是作家，也可以是音乐家、导游、游客……选择自己喜欢的方式给大家展示自己从文本里面感受到的维也纳。学生在朗读、分享中领悟了文章表达方法，感受维也纳音乐与自然融为一体的和谐之美。各小组纷纷展示本组的学习成果，有的小组像模像样地以导游的形式分享，有的小组以有感情地朗读展示，有的小组展示自己体会到的人文精神。老师也相机点拨、追问，引领学生抓住关键词品味语言，体会表达方法、写作方法等。从学生入情入境的朗读里，展示里，我感受到他们领略到了维也纳的生活之美、音乐之美，以及阅读之美、语文之美、人文之美，体会到了体验和参与的乐趣，还激发了发现与创造的潜能。

课堂总结，拓展延伸。课堂总结的目的是强化认识，可以把课堂传授的知识尽快地转化为学生的素质；可使学生更深刻地理解课文内容，巩固教师的课堂教学成果，并且逐渐地培养学生形成良好的语文学习习惯。我在课堂结束前，再次引领学生总结全文，感受维也纳音乐与自然融为一体的和谐之美，同时让学生在课后继续开展走进维也纳的综合性学习活动，在实践中学习语文。

五、简洁明了说板书

本节课的板书简洁明了，以点明中心，体现文章主题为目的，具体设计如下：

维也纳生活圆舞曲

音乐　　　　　　　　　　灵魂

生活之美　　　　　　　音乐之美

板书体现了维也纳音乐是维也纳生活的灵魂所在，维也纳生活圆舞曲体现了维也纳的生活之美，音乐之美，维也纳音乐与自然融为一体的和谐之美。同时充分发挥简笔画的作用，画了一个代表音乐的符号，让学生在板书中也感受到音乐无处不在，点明主题。

六、回顾课堂说反思

记得薛法根老师说过："教得完整，不如学得充分。"回顾这堂课的教学，我把学习的主动权交给学生，给学生充足的自学时间和机会，让学生"学得充分"，与文本对话，与同伴对话，与教师对话，学生之间、师生之间互为资源，领悟文章的表达方法，培养语文素养。学生在自主阅读与分享、展示中，领略了阅读之美，语文之美。

不过，在这节课的教学中，仍然存在一些不足之处。例如，在"维也纳之旅第一站"，学生分享预习阶段搜集资料时，由于学生们积极性高，不忍心打断他们分享的热情，用时稍长了一些。另外在小组阅读环节和展示环节，为了让学生充分阅读并展示自己的阅读成果，没有急着为完成教学任务而打断学生，而是让所有学生都在组内阅读分享完再在全班充分展示阅读成果，导致展示的小组少了一些，但我觉得这是值得的，因为我充分尊重学生，把话语权、学习主动权交给学生，让他们真正与文本充分对话，与同伴尽情分享，获得了良好的阅读体验，获得了精神成长，提升了核心素养。

"学无止境，教无止境"，我会在今后的教学中不断学习与探索，让阅读之美、语文之美在学生心中生根发芽，让课堂成为令学生激动与向往的地方。

浅议布依民歌传承教育的思路与策略

安顺市实验学校　伍泽芬

在汹涌澎湃的现代化大潮中，站在构建"大中华观"生态文化和构建人类命运共同体的视野下，我们应当重视民族文化遗产抢救，并挖掘和发挥其特别的育人价值。在贵州安顺本土，传承了上千年的布依族民歌文化有着重要的育人功能，保护，传承和发展本土布依族民歌这一优秀的民族文化已是当务之急。学校承担着传承人类文明的职责，也为传承布依族民歌，重新发挥其特有的育人功能提供了极大的空间。

习近平在亚洲文明对话大会开幕式上提出："中华文明在继承创新中不断发展，在应时处变中不断升华，积淀着中华民族最深沉的精神追求，是中华民族生生不息、发展壮大的丰厚滋养。"中华文明源远流长，孕育了中华民族的宝贵精神品格，培育了中国人民的崇高价值追求。他在国际舞台讲述中国故事，倡导世界不同文明的包容互鉴，促进世界各国"和平发展，和谐相处、合作共赢"，构建人类命运共同体。

传承中华民族璀璨的优秀民族民间文化，对弘扬中华民族精神，构建新时代中华民族自强不息、奋力发展的先进文化，将起到十分重要的推动作用。社会主义核心价值体系就植根于中华民族优秀民族民间文化之中，因此实现中国梦必须弘扬中华民族优秀民族民间文化。建立以整个中华民族优秀民族民间文化为内容，以传承中华民族精神、培养民族情感为目标的"大中华观"，并在大中华观的引领下，以中华民族优秀民族民间文化来塑造新世纪中华民族的一代新人。着力培养心怀中华民族情感、洋溢中华民族精神、携带中华民族文化基因、推动中华文化走向世界，增强中华文化的世界感召力和影响力，运用中华民族优秀民族民间文化服务社会的中国特色社会主义事业的接班人。

布依族是我国56个民族大家庭中一员，布依族优秀文化是中华五千年悠久历史文化的重要组成部分，布依族人民以自己的聪明才智不仅创造了丰富的物质财富，而且也创造了丰富多彩的民族民歌文化。

一、布依族民歌文化传承的现状

布依族地区得天独厚的生态环境，孕育出布依族这个酷爱歌曲的民族，古往今来，布依族习惯于依山傍水而居，布依族民歌具有独特的自然生态环境。布依人善于唱歌，歌唱活动遍及民族社会生活的各个领域。唱歌成为布依族社会生活中最普遍的行为方式和最活跃的文化事项，而且，某些歌唱还伴随着乐器的演绎。"歌"与"乐"已成为人们至亲至善的精神伴侣。

然而在信息时代，随着科技飞速发展，在整个世界范围内，各传统文化、民族文化均受到不同程度的冲击，损毁，甚至灭失，影响着世界多元文化大家庭的文化生态平衡。近年来随着交通、通信条件的改善，大众传媒的发展和普及，地区之间人流、物流、信息流加快，布依族地区青壮年人口外出打工潮的兴起，布依族青年纷纷告别田园生活，奔向城市，他们对现代流行歌曲的兴趣远远超过对布依传统歌曲的兴趣。

与此同时，在贵州安顺少数民族地区，布依族民族民间文化传统的传承和保护受到严重打击，特别是布依族民歌的生存面临严峻挑战，出现逐渐衰退的趋势。鲁迅先生在《且介亭杂文集》中曾经说过"只有民族的，才是世界的"。而中华文化开始走向单一、薄弱，面临困境，不利于大中华文化生态的长足发展，只有保护优秀的中华传统文化和中华民族民间文化，多元文化共融发展，互促互进，形成一个庞大的中华文化融合体，才能促使社会发展更加和谐、平安、稳定、长久。

传承上千年的布依族民歌文化有着重要的育人功能，在汹涌澎湃的现代化大潮中，应重视抢救，保护，传承和发展布依族民歌这一优秀的民族文化，重视使布依族民歌重新发挥其特有的育人功能。

二、布依族民歌文化的育人功能

1. 布依族民歌具有语言性的育人功能

首先是布依族民歌语言从情感上表现出抒情性。白居易在《与元九书》中指出感人心者，莫先乎情。周作人认为诗歌的专职在抒情。情感是诗歌的生命。布依族民歌，特别是情歌，那种火辣辣的感情是布依族青年男女爱情生活中的真诚交往、倾心爱慕，对待爱情的纯洁忠贞、坚定执着的反应。因此，它的语言洋溢着强烈的感情。而它的抒情性又是通过一连串的比喻和生动贴切的暗示来发泄深入肺腑的感情。字里行间扣人心弦。其次是布依族民歌表现出来的形象性，优秀的文学作品要求作者用形象化的语言绘声绘色地描绘事物的性质情感，把作者头脑中的生活画面具体化，具体到可以让人仿佛能看到、闻到、触摸到。而布依族民歌作为文学作品的一种表现形式，在语言形象方面表现得非常突出。它不仅能用具体的语言描绘抽象的事物，而且能把无生命的物体赋予有血有肉的生命，平淡模糊的现象也能描绘得凹凸分明、纤毫毕见，使人如临其境，如闻其声。再次是布依族民歌语言表现出来的凝练性，布依族民歌来源于布依族人民的口头语言，但它采用的群众语言不是信手拈来的，而是经过锤炼的，特别是那些脍炙人口的民歌，在长期的流传过程中又得到人们千百次的锤炼，可以说，布依族民歌的语言是布依族语言的海洋中浓缩出来的精华。

2. 布依族民歌具有音乐性的育人功能

现实生活本身就是一首交响曲，有高昂、有低沉、有轻快、有急促，因此，文学要用语言的音响来传达生活的音响，用语言的节奏来传达生活的节奏。布依族民歌和其他民族的民歌一样，是用来歌唱的，与音乐有着密切的联系。因此"无歌没有韵，无韵不成歌"是布依族民歌的一大特色。它的音韵格律和曲调自成规律。布依族民歌除了那种音节，句数都不受限制的自由体外，一般都为五字或七字一句，四句或六句一首。它的音律多样独具特色，有押首韵的、押腰韵的、先押首韵后押腰韵的、先押腰韵后押尾韵的、先押首韵后押尾韵的、首尾交叉韵的、全押尾韵的。它的曲调基本分为大调和小调。大调庄重严肃，小调明快活泼。曲调、韵律、节奏构成了布依族民歌的音乐性，使民歌朗朗上口，悦耳动听。

3. 布依族民歌具有审美性的美育功能

民歌的音乐美育能培养丰富而高尚的感情，能提高人们认识现实的能力，能陶冶人的性情、激发责任感，可以陶冶人的性情、激发责任感，可以促进思维的发展。

4. 布依族民歌具有美德性的德育功能

民歌音乐教育可以培养学生形成良好的思想情感及高尚的思想道德素质，

自古以来人们都非常重视德育，我国古代教育中的"六艺"即礼、乐、射、御、书、数，礼（德育）列在首位；德育不管在什么时代都已引起了人们的普遍重视，在教育中任何一门学科的教育都不应与德育相脱离。民歌音乐教育这一特殊的教育形式正是通过它特有的专业特点对学生进行了德育教育。布依族民歌教育可以培养学生的爱国主义精神、集体观念以及协作精神，爱国主义是全民族人民共同的精神支柱，是推动社会发展、民族进步的思想基础和精神动力。音乐对学生的教育作用是显而易见的，它对学生的德育教育更是有独到之处。这就需要音乐教育充分发挥其德育功能，把对学生的道德教育放在第一位，真正做到"教书育人"。

针对安顺布地区布依族民歌文化强大的几大育人功能，我校结合这些年开展的民族民间文化进校园的经验成果，开展布依民歌教学结合自身实际情况实践如下。

三、安顺少数民族地区布依民歌传承面临的困境

一是布依族母语萎缩，造成山歌传承受阻。语言是文化的载体，是布依山歌丰富内容的重要组成部分。随着时光流逝，本民族内会唱民歌人已经不多，在今天更多布依族青少年已经不太听得懂布依族语言，更不会讲自己民族的母语。布依山歌本是布依族人从小了解布依族历史，融入布依族文化，树立布依族民族意识最直接、最简单和最初步的渠道和方法。但是，由于母语的丢失，布依族青少年们难以理解布依山歌中的民族风情和文化内涵。

二是口耳相传方式落后，使山歌变异或丢失。布依山歌历来都是以口耳相传的方式进行传播。这种传统的传承方式，在口耳相传的过程中，难免造成山歌曲调和内容的变异与丢失，失去原有的艺术魅力和编者的创作初衷。至今，安顺，乃至全国都缺乏既充分展示布依族文化内涵，又突显布依族风情，且适应青少年认知特点、全面和系统的布依山歌教育资源。

三是依赖耳濡目染的传承，制约山歌传承效果。过去在布依族山寨中，受山寨浓郁布依山歌的影响，许多布依少年儿童自觉或不自觉地就学会并喜爱上了布依山歌，但随着现代传媒的出现，各种影视节目和流行歌曲也深入布依人的生活之中。尤其是电视和手机的普及，使布依少年儿童与全国的少年儿童一样，大多成了现代传媒的追随者，从而逐渐丧失对布依山歌的关注，山寨中成

人世界尚存的布依山歌演唱活动难以引起他们参与的兴趣。布依山歌的传承缺乏学校教育那样一种规范和广泛的做法，使布依山歌的传承处于自生自灭的境地。

四是缺乏传承合格师资，山歌传承面临断层。总体来看，布依山歌的传承至今仍处于无组织、无计划的民间自发状态，而且传承对象基本都是布依族成年人，极少有针对布依族青少年开展的传承活动，更缺少像我校这样面向各民族学生进行的少数民族特色文化的传承教育活动。即便偶有布依山歌爱好者对其子女，或有关部门聘请布依山歌演唱者举办的布依山歌培训活动，但这些布依山歌爱好者或演唱者，基本上都只是熟知山歌演唱内容和技巧，几乎不懂教育规律，往往缺乏对青少年认知状况的了解。对于既懂民族民间精湛技艺，又懂教育教学规律师资的奇缺状况，是长期以来绝大多数优秀民族民间文化在青少年中进行传承活动面临的重大障碍之一。

四、布依族民歌文化教育传承路径和策略

传承人类文明是教师的职责所在。根据国家和省关于优秀民族民间文化进校园的精神和要求，基于对历史负责的高度社会责任感，为使布依山歌这一具有多重布依文化信息的艺术形式得以发扬光大，自觉保障安顺多元地方优秀民族民间文化生态的延续与发展，学校充分利用本地区布依族优秀民族文化资源广泛的优势，积极挖掘布依山歌教育资源，结合实际以校本课程的形式，将布依山歌这一布依族的优秀文化艺术纳入学校教育范畴。

1. 编撰教材《瀑乡布依民歌》

经过课程论证，明确了布依山歌校本课程的教育教学目标、内容、教学计划、形式、对象以及评价等课程要素。在此基础上，组织学校教师组成布依山歌校本教材编写组，并以安顺布依族最为集中的镇宁布依族苗族自治县和关岭布依族苗族自治县两个县的布依山歌为主，编写了布依山歌校本课程配套校本教材《瀑乡布依民歌》。

在布依山歌校本课程建设和校本教材编写过程中，查阅了大量布依山歌的文史资料，走访了一些安顺布依山歌民间歌手，广泛收集了布依山歌的曲调及歌词，听取了安顺有关民族宗教事务、文化和教育等相关领导和专家对开设布依山歌校本课程的教育和意见。

教材《瀑乡布依民歌》不仅集萃了几首布依族广为人知的布依民风山歌，

介绍了布依山歌的内容、分类和特色，而且还介绍了布依山寨典型的石板房、布依服饰、布依蜡染、布依乐器等与布依族生活息息相关的事物，展现了布依山歌相关的文化现象。

2. 开设校本课程"布依山歌"

我校青少年体育俱乐部是我校实施素质教育，综合应用学科知识和技能，培养学生创新精神和实践能力的教育场所。在我校的俱乐部活动项目和活动内容中，我们积极主动地将民族民间文化教育纳入俱乐部活动之中，在学生综合实践活动中开展布依文化教育实践活动，为学生提供了涉及民族民间文化内容的特定的实践空间。

为摸索"布依山歌"校本课程及配套校本教材《瀑乡布依民歌》的教育教学途径和方法，2016 年初，我校在本校青少年体育俱乐部中组建了"布依山歌"兴趣活动项目组，就这样校本课程"布依山歌"及配套校本教材《瀑乡布依民歌》正式实施。上述民族民间文化教育校本课程的开设和配套教材的编印，为我校中华民族优秀民族民间文化教育校本课程提供了丰富、准确的教学资源，并对任课教师广泛挖掘相关教学内容提供了积极有效的线索。

3. 利用多种媒体广泛宣传布依民歌文化

中华文化是中华民族的根基，是中华民族特征的体现，它既是中华民族达到内部认同，并与外部区别的标志，更是实现中华民族伟大复兴的精神源泉。要让中华文化不断地发扬光大，而不是走向消亡，除了校本教育课程途径进行传承之外，还要积极借助校园广播、校报和墙报等媒体对广大师生进行民族民间文化的宣传教育活动。10 多年来，我校在学校"少年之声"广播站中有计划地定期播放大量民族民间音乐作品，增添了广大师生与中国民间艺术的接触机会，对民乐和相声艺术的普及起到了积极的作用。我校自 1995 年创办《彩虹》校报以来，定期在《彩虹》报上宣传安顺本土民族民间文化，激发广大学生学习的激情，使优秀的中华传统文化一代代地传承下去并发扬光大。近年来学校还通过新兴的微信平台的强大功能对外有力地传播校园民间民族文化，我们也可以借鉴当下"自媒体"的传播方式，宣传和推广布依民歌文化。

4. 开展丰富多彩的校内外活动

根据学校安排，指导教师经过认真编排，让活动组的学生们在学校举办的迎春晚会上，演唱了布依山歌《好花红》和布依《敬酒歌》，得到了全校师生、家长，以及社会有关人士的充分肯定。下一步即思考将布依山歌组带出校园，加强与安顺本土布依族学会交流、学习、沟通，参与学会开展的各项社会实践展演活动，参与布依族隆重的传统节日六月六、三月三进一步深入理解布依族文化的内涵，见识布依族文化的魅力。

五、结语

尽管在教授传承民族民间教育教学中面临诸多困难，但是以一种饱满的热情和积极的精神状态继续传承民族民间文化是一名少数民族教师义不容辞的义务和责任。将学习与实践相结合，带领学生走出校园，拓展交流的空间，深入布依族村寨开展实践活动，借助布依族隆重的传统佳节六月六、三月三契机实地展开学习实践，拓展学生布依族文化视野。站在大中华化文化生态长足发展、构建人类命运共同体的角度，维系人类百花齐放的文明大家庭，让这样多元的文明"各美其美，美人之美，美美与共，天下大同"。习近平指出："人类已经有了几千年的文明史，任何一个国家、一个民族都是在承先启后、继往开来中走到今天的，世界是在人类各种文明交流交融中成为今天这个样子的。"为了构建全球文化与文明、命运与生命共同体，从而实现"为万世开太平"的人类永久和平愿景，作为一名少数民族教师要将传承保护人类文明、中国传统文化、本土布依族民歌文化作为己任，并将这场文化教育的攻坚战一直打下去，为构建大中华生态文化、构建人类命运共同体，维护人类文明的共荣奉献一份微薄之力。

参考文献

[1] 习近平在亚洲文明对话大会开幕式上的主旨演讲（全文）[EB/OL].新华网，2019 – 05 – 15.

[2] 黄德林. 文化生态视野下布依族古歌生存价值研究 [M]. 北京：中国社会科学出版社，2014.

[3] 樊敏. 试论布依族民歌的语言特色 [J]. 黔东南民族师专学报，2001（5）：63 – 65.

[4] 李继昌. 布依族篇：好花正红 [M]. 贵阳：贵州人民出版社，2010.

[5] 习近平在纪念孔子诞辰 2565 周年国际学术研讨会暨国际儒学联合会第五届会员大会开幕会上的讲话 [EB/OL]. 人民网，2014 – 09 – 25.

试论小学中年级段习作教学实践创新策略

安顺市实验学校　齐维娜

小学语文习作教学是教师针对学生进行语文综合能力培养的重中之重，亦是教学的一大难点。中年级段的学生习作思维还刚刚处在由看图作文向半命题作文、命题作文的过渡阶段，老师要在学生们写作的起步阶段，牵好"学生们习作思维的线"，也要在教学中寻一条更适合学生个性发展的习作创新路——灵活选择教法，创新教学策略，引领着学生在习作的训练中"我笔抒我心，我笔叙我情"，不拘泥于任何模式和框架，充分展示出自己的综合能力和文学素养。

教师创新习作教学的相关模式必须要有一定的基础和依据，教师要明确教学现状以及出现的问题，并仔细分析其成因，在不断改进教学的过程中实现教学策略的创新。

一、积极创新作文教学理念，放飞学生们的"心"

在小学语文写作教学创新实践过程中，教师应积极去观察并发现当前习作教学模式的劣势，并致力于避免这些问题，即首先保证在教学正确有效的基础上实现教学的创新优化。

教师可能会发现，写作水平中等的学生记叙一件事时，往往死板地按照三段论的要求来设计文章架构，只会用传统的正序描写手法，即运用"起因，经过和结果"这一描写顺序来叙述。这样的文章看似中规中矩，但仔细读来，教师不难发现其中学生所表露的感情不深刻，文章无论在结构上还是内容上都毫无新意。

传统写作教学中，强制要求学生按照教师所描述的基本框架来完成文章写作，这一教学理念极大地限制了学生的想象力和创造力。教师应当在写作教学中减少对学生架构和形式上的限制，让学生尝试多种不同的写作技巧以及不同的文体，训练学生的写作创新能力。

例如，人教版统编小学语文教材，三年级上册第四单元的习作要求是让学生写一则观察日记，这一形式文体限制较小，学生可以着重记叙一件事情，也可以着重表达自身的感受。教师在教学中，应尽量做到不对学生进行过多限制，让学生自行寻找素材并完成写作。又如，在本册第五单元的习作是让学生们写"中华传统文化"，这可是包罗万象、丰富多彩的一次习作练习，教学中，老师可鼓励他们自由完成、自由发挥。

二、注重学生作为创作的主体，完善评价反馈机制

无论教师的教学模式如何，学生才是文章创作的主体。文章表达的是学生的所见所闻以及相关感受，因此教师要让学生写好作文，就必须要提升学生的写作积极性，这就需要教师积极完善作文评价反馈机制，充分发挥学生作为创作主体的作用。

首先，教师应遵循鼓励式评价法的相关原理，让学生首先对自己的优点有一定的认知，建立起文章创作的自信，从而让学生爱上写作并能够在写作中收获成就感，如此一来学生自然而然就能全身心地投入写作训练中去，实现写作技能的提升。对于中年级段的学生，老师在习作教学中，最重要的是能用语言魅力激发起学生写作的兴趣，灵活采用多种有效的教学方式让学生愿意动笔去写。

其次，教师应在评价作文时树立正确的价值导向，让学生的文章内容更趋向于积极向上，努力让学生做到写作主旨的表达有现实依据作为证明，文章字里行间能溢出真情实感。

另外，教师在评价作文时如果意见与学生的文章表现相悖，应避免用绝对的语气勒令学生改正，先寻找学生做法的正确性并给予肯定和鼓励，再提出相应的建议，由学生自行做出是否修改的决定。

三、重视课外阅读与写作关系，提升写作深度和广度

一篇好的文章必然有其鲜明的主旨，学生作文同样也不例外，如果学生的习作能够时刻不忘文章主旨，而且表达逻辑清晰并表述清楚，那么这篇文章可以说是一篇成功的文章。因此教师应积极训练学生升华主旨的能力，使学生能够通过大量的举例论证和理论论证来完成对主旨的证明和升华。

但是，中年级段的学生要达到素材充沛且运用起来游刃有余的水平，是很有难度的，最有效的解决方法是学生通过大量的课外阅读来积累素材。例如，教师在写作教学过程中加入阅读教学作为辅助，让学生在阅读之余提升文章创作能力。具体操作方法可以是教师将作文课分成两个部分，前半部分安排学生阅读并寻找相关素材，名为"分享的快乐时光"；后半部分再要求学生完成作文写作。如此一来既增加了学生的课外阅读量，又能够提升学生文章写作的水平。

四、结语

综上所述，小学语文写作教学策略上的创新大致需要三个要素，一是教学理念的创新，即抛弃传统教学的僵化模式，采用开放性的理念来进行作文写作教学。二是教学评价上的创新，即遵循师生关系平等原则，强调学生的主体作用，采用鼓励式评价法提升学生创作积极性。三是教学策略上的创新，即教师打破传统教学中阅读与写作相分离的教学局面，将阅读与写作教学结合起来，提升学生的素材积累能力，以及学生的创作能力。

习作教学贯穿了整个小学中年级段的语文教学，在实践中教师对此部分的教学必须予以高度重视，且做好长期作战的准备，不断总结和创新教法，灵活施教，让学生在点滴中积累并成长，最后实现质的飞跃。

参考文献

[1] 文五省. 关于小学语文作文教学的创新思考与探索 [J]. 亚太教育，2016（28）：17.

[2] 张希让. 小学语文作文教学中实现个性化作文的对策研究 [J]. 考试与评价，2016（1）：118.

（本文获省级论文评选三等奖）

如何引导低年级段的学生"快乐写话"

安顺市实验学校　周　群

低年级的写话教学，是长期困扰低段语文教师一个很棘手的问题。文章从作者在教学实践中创设情境引导学生想象写话，抓住年龄特点指导学生模仿写话，支撑骨架激发学生填空写话，观察剪贴画诱导学生想象写话，改变评价方式让学生乐于写话几方面入手，阐述了低年级语文教学中激发学生的写作兴趣，引领学生进入快乐写话的情景之中的具体方式。

《义务教育语文课程标准》（2011 版）在第一学年段（1—2 年级）的"阶段目标"中指出：对写话有兴趣，写自己想说的话（写想象中的事物，写出自己对周围事物的认识和感想）；在写话中乐于运用阅读和生活中学到的词语；学习使用逗号、句号、问号、感叹号。可是根据我对本校部分低年级语文教师、学生及家长的调查和访谈，我们当前小学低年级写话教学现状不容乐观。从教师方面来说，教师对写话教学不够重视，对此缺乏有效的指导。常见的是从课本中找词语让学生模仿造句，或者是填填空而已，忽视积累，更不能将听、说、读、写有机地结合；从学生方面来说，学生们课外阅读量较小，对大千世界的接触面太窄，写话时词语贫乏、用词不当、语句不通等现象严重。学生对写话兴趣不高，普遍认为写话是"苦差事"，惧怕写话，厌倦写话，谈写色变，不知从何入手，产生依赖家长或他人心理。低年级写话缺乏有效指导，质量不高，就为中高年级习作留下了"隐患"。怎样正确引导学生"快乐"写话，使之"望文生趣"，从而打下牢固的习作基础呢？为了解决这些问题，我在教学实践中做了一些有益的尝试。

一、创设情境，引导学生想象写话

在教学中，充分发挥教材的优势，创设情境，因势利导，培养学生丰富的想象力，促进学生语言的发展。对于 、二年级的学生来说，看图写话是他们比较喜欢的一种习作形式。鲜明的图画形象、丰富的图画内容，往往是对生活中某些现象的反映，能够唤起学生对相似情景的回忆，容易激起学生的写作兴趣，解决他们没东西可写的难题。

比如，部编版小学语文一年级上册有一篇口语交际《小兔运南瓜》，就是一篇很好的写话训练样例。此课有三幅图，第一幅，小兔站在南瓜地边望着大南瓜想：怎么运走呢？第三幅，南瓜已经运到家，兔妈妈奇怪地问小兔是怎么运回来的，小兔平静地告诉了妈妈。小兔究竟怎样运南瓜，第二幅图空缺，留给学生想象。这一课的教学就以第二幅图为重点，它为我们提供了空白点，可以让学生结合自己的生活经验，展开丰富的想象加以填充。于是，我鼓励学生先观察插图，然后充分发挥想象，说出自己想到的种种办法，并在空白的第二幅图上画出小兔是怎样运南瓜的，最后完整地写下来。这样有效的引导，极大地激发了学生的学习兴趣，培养了他们的创造性思维。

又如，在教学《风》时，我把学生带到学校大操场上，让他们亲身体验风的存在形式。学生们争先恐后地说："老师，我看见风了，小树在跟我打招呼哪；老师，我听见风了，旗杆上的红旗在唱歌哪；老师，我闻到风了，食堂的师傅在烧红烧肉哪；老师，我摸到风了，它在夸我们红领巾顶呱呱……"教学《黄山奇石》一课，我通过生动有趣的多媒体课件让他们观赏黄山上那些奇形怪状的石头，学生们兴奋得不断发出尖叫声，在这样形象直观的画面里，他们很轻易就理解了课文里描述的那些奇石为什么叫"仙桃石""猴子观海""金鸡叫天都"了。我看学生们意犹未尽，又出示一组有趣的岩石图片，让他们给这些奇石取名，并尝试着编一个小故事。学生们一听给石头取名，马上跃跃欲试，竞相举手要抢着说。结果，他们编出了许多有趣的故事，有说"二龙戏珠"的，有说"猴子捞月"的，还有"龟兔赛跑""青蛙唱歌"的……我"趁热打铁"，鼓励他们将自己想象的故事写下来。在这样情景交融的画面里，学生们不仅放飞了想象的翅膀，更体验到了成功的乐趣。

二、抓住年龄特点，指导学生模仿写话

我们都知道，儿童最善于模仿。而对于低年级学生来说，他们正处于年龄小、识字少，直接和间接经验都很缺乏，知识积累、生活经验积累才刚刚开始的阶段，也正处于书面表达的起步阶段，所以模仿习作也就成为一种必然，低段学生写话的启蒙教学应紧紧抓住儿童模仿的这一心理特征，有效地进行指导仿写。

例如，学了《胖乎乎的小手》一课后，学生们都很喜欢课文里的小主人公兰兰。因为兰兰爱劳动，会替爸爸拿拖鞋，给妈妈洗手绢，帮姥姥挠痒痒。针对学生们爱模仿的心理，我安排了"向兰兰学习"的语文实践活动，时间为一周，在周五的口语交际课上，大家再来汇报自己的收获。在这样的实践活动中，学生们学会了很多东西：有的说，我替爸爸倒杯茶，我给妈妈洗袜子，我帮邻居老奶奶倒垃圾；有的说，我替外婆拿棉鞋，我给爷爷捶捶背，我帮老师抱本子；有的说，我替奶奶洗洗脚，我给同桌削铅笔，我为班上打扫卫生……学生们在模仿中不仅仅学会了写话，更重要的是他们学会了做人！

再比如，部编版语文小学一年级下册的第一课是识字《春夏秋冬》，学生们通过观察课文插图、在诵读中很快理解了四季的特征。因此在教学中，我有意安排了"我是小诗人"的仿写环节，看看谁能评上小诗人。学生们听说要比赛评选小诗人，一个个兴趣盎然，开动脑筋搜索生活中代表四季特征的事物，并很快转化成了一段段优美的诗歌。如：桃花红红，它对柳枝说："我是春天！"；树荫浓浓，它对知了说："我是夏天！"；黄叶飞舞，它对森林说："我是秋天！"；北风呼呼，它对大地说："我就是冬天。"学生们丰富的想象力一发不可收，课堂顿时成了他们展示诗兴的舞台。这样的情形，激发了大多数学生的习作热情和欲望，使写话成为他们快乐的游戏。

三、支撑骨架，激发学生填空写话

写话教学时，也可先给学生写话的"骨架"，让他们自己去填"血肉"。因为题材可以涉及学生们生活的方方面面，一旦将话题融于游戏，学生就会觉得新鲜，说得有滋有味，写起来也比较容易。

比如："我喜欢（　　　），也喜欢（　　　）。"在进行简单的练习之后，加大难度，变成："我喜欢（　　　），也喜欢（　　　），更喜欢（　　　）。"学生们填的内容多姿多彩：如我喜欢吃鸡腿，也喜欢吃薯条，更喜欢喝牛奶；我喜欢唱歌，也喜欢踢足球，更喜欢玩游戏……表达流利而真实。在一次体育活动课后，我给他们提供的写话的骨架如下："体育课上，同学们有的（　　　），有的（　　　），还有的（　　　）。"由于学生们有了各自真实的体验，很快便完成了练习。看着学生们稚嫩的习作，仿佛看见了他们活动课上矫健的身影：体育课上，同学们有的打球，有的跑步，还有的立定跳远；活动课上，同学们有的打沙包，有的跳皮筋，还有的玩游戏……学生有了一定的写话基础后，我又抛出这样的"骨架"："先（　　　），然后（　　　），最后（　　　）"，以训练他们有序写话的能力。我故意问学生们：你们打扫卫生时是怎样做的？每天放学回家后，你们要做哪些事？轻轻地点拨，学生们雀跃起来了：打扫卫生时，我们先搬凳子，然后扫地，最后把垃圾倒掉才回家；每天放学回家后，我先洗手，然后做作业，最后才看自己喜欢的电视节目……这样的写话训练，学生们不仅表达出性情上的率真，生活中的多姿多彩，而且在不知不觉中掌握了许多语言表达形式。

四、观察剪贴画，诱导学生想象写话

苏霍姆林斯基曾说儿童是用形象、色彩、声音来思维的。随着学生们掌握字词的渐渐增多，我鼓励他们开始学写日记。在课堂上，逐步培养学生看图说话、写话的能力，让他们试着写绘画日记。学生一边画图一边说图，然后将图画内容用心写下来，这个过程很新鲜有趣，他们喜欢，实施起来效果自然比单纯的写话强多了。

低年级的学生生活经历缺乏，不善于观察周围世界，在写日记时常常觉得无事可写。于是我们班便开展了"写剪贴画日记比赛"，学生兴趣盎然。他们把各自喜爱的图画、照片等剪下来，贴到了自己的日记本上，然后按照图意写成了生动有趣的小日记，有的还加上自己的感想。那段时间，学生们的日记内容丰富多彩，非常有意思。

班上一个从乡下转来的学生，画了一幅有山有水的画，然后写道：我的家乡在猴场，是一个美丽的地方。我家门前有一条小河，河水十分清凉，河岸上有许多树木，一群群小鱼在水中快活地游来游去，像一幅美丽的图画，每年春天都有许多人到这里来游玩。这则日记在班上朗读后，很多同学都羡慕美丽的

乡村生活，据说还真有回家让父母带去游玩的哪！有个学生剪了一幅图：下雨了，一个男孩牵着一只小狗站在一棵大树下躲雨，空中电闪雷鸣。他在旁边写道：有一天，明明和小狗出去玩，回家的路上下起了大雨，明明和小狗躲在大树下。忽然，闪电击中了明明，明明住院了。他说："我以后再也不在大树下躲雨了。"这则日记又让学生们明白了科学的避雨方法。生动有趣的剪贴画日记，反映了学生们学习生活的方方面面。有剪贴小动物头像编故事的，有剪贴红绿灯图片、写过马路要遵守交通规则的，有写怎样做好值日生的，有写要节约用钱去献爱心的……剪贴日记是一种积累材料和将听、说、读、写有机结合的学习过程。因为它既解决了学生无事可写的难题，又能促成学生积极主动地去阅读大量的课外书报，收集有关资料，把观察和学习自然地联系在一起，同时还养成了坚持写日记的好习惯。有时候，我也让学生们边画边写，在写图画日记的过程中，他们的大脑始终处于最佳状态，最大限度地调动了学生的积极性。

低年级小学生思维的特点是直观性强，并且喜欢信笔涂鸦。他们用画笔记录下的生活画面是绚烂多彩的，非常有趣的。教师创设机会让学生们描一描，画一画，能激发他们的写作兴趣。

五、改变评价方式，让学生乐于写话

学生的进步离不开教师的有效引导，纵观长久以来老师在批改学生的作文或日记时，大多用一个枯燥的分数或"优""良""中""差"等比较单一的方法来评定，这样的评定，无疑是将学生们的作文兴趣一棍子打死，因为他们不知道自己的薄弱环节，也不知道从哪儿做起，总是看不到希望。因此，要想让学生们乐于写话，就必须改变旧的作文评价方式。在平时的写话训练中，应因人而异。

比如，对学习成绩中下的学生，只要看到他们写出一句完整的话，我就会夸奖："写得好，你真棒！"同时还不忘给他们画上一颗星星或一个笑脸，以增强他们的学习自信心。也就是说要多"寻宝"少"挑刺"，即为学困生写话找进步点、闪光点。记得有一次口语交际课上，我花了十分钟的时间教学生们戴口罩，结果第二天收上来的日记里，大部分学生都写了自己学会戴口罩的过程。特别是班上一个平时语文学习很吃力的女孩，我在演示讲解时她听得非常专心，所以她的那篇日记写得很通顺：第一步怎样，第二步怎样，最后终于学会戴口

罩了。我给她的评语是："你写得真棒！因为昨天你听得很认真。只要你每次都这样专心听讲，老师相信你一定会有更大的进步！"果然，从那以后，小女孩学习积极性很高，学习成绩在慢慢地进步。特别难得的是，她还坚持每天都写日记，因为她想得到老师的肯定和夸奖。

我经常鼓励学生们要把新学的词语用在自己的日记里。学了《称象》后，课文里出现了"一边……一边……"的句式。有个学生在日记本上画了一幅画，然后写道：晚上，妈妈坐在沙发上一边织毛衣，一边看电视。虽然他写得很简单，可是他会用新词，所以我给他的评语是："你能用上今天刚学的'一边……一边……'真是棒极了！"日记本发下去时，我看到那学生很兴奋，他的神情好像在告诉我：老师，我会加油的！而对学习成绩较好的部分学生，在给予充分肯定的同时，一定要指出不足，防止骄傲情绪滋生。班上有个小男孩，他日记写得很好，常常得到我的夸奖。但有段时间写字却东倒西歪的，开始飘飘然了。我马上给他写道："学生，好好写字！骄傲就要落后啊！"

总之，作文的评价是多元的，有时口头的夸奖比作文本上写的评语更有效。所以每次的课堂写话训练，我都要先让学生分组轮读，选出本组最好的文章，派代表到讲台前朗读，并作适当的点评。学生们很喜欢这种即时点评的形式，他们写话的欲望很高，谁都希望自己能到讲台上朗读，得到老师的夸赞和同学的羡慕。其次，在讲评写话时，重在激发学生的内在动力，宜多"纵比"，即学生现在跟以前比，少用"横比"，即同学跟同学比，从而提高学生的写话兴趣。

色彩缤纷的生活给学生们的写话提供了大量生动的材料，只要我们在教学中敢于"放手"，给予学生最大的想象空间，让他们充分地发挥、尽情地表达出自己的真情实感，就会取得意想不到的效果。

（该篇论文参加贵州省教育科学院、贵州省教育学会 2017 年教育科研论文及教学设计评选获一等奖）

浅谈"互联网＋"背景下小学生阅读习惯的培养

安顺市镇宁自治县实验小学　杨海英

当前随着我国信息技术的进步，"互联网＋"已经渗入生活的方方面面。与此同时，教育传播方式和环境也发生着翻天覆地的变化。相比于传统的阅读媒介，"互联网＋"时代的新媒体阅读拥有受众面广、突破了时空限制、时效性和互动性强以及教学资源丰富等优点。然而，"互联网＋"时代阅读的"碎片化""浅层化"等特点也对教师和家长培养少年儿童的阅读习惯带来了新的挑战。在阅读习惯面临转型的今天，针对小学生阅读习惯培养这一课题，教师和家长可以从四个维度——阅读内容，阅读兴趣，阅读媒介，阅读能力来培养小学生的阅读习惯。

一、导论

移动通信技术作为建设信息社会的基础，在社会发展中一直起着至关重要的作用，这其中也包括对学生教育和新媒体发展等的推动作用。随着移动通信技术的发展，广大读者的阅读方式和习惯逐渐发生了改变，2G 技术以手机报的方式开启数字阅读时代大门；3G 移动互联网时代涌现出"产销合一"的新闻阅读客户端，各类社交媒体平台、自媒体得到发展；4G 时代网速、宽带、资费不断优化，阅读载体和形式呈现多样化发展。大量读者开始从平面单一的纸质传媒阅读中解放出来，开始使用集图文、影视、音频等众多优点于一体的新媒体阅读方式。而"5G 技术"的不断发展，"万物互联"的时代终将到来。小学生阶段作为阅读习惯培养的一个关键阶段，广大小学生群体也受到新兴阅读方式带来的不良影响。例如新媒体阅读易造成浅阅读，弱化思考能力；易养成不安心态，对小学生的三观构建极为有害。在这种情况下，教师如何适应学生在万物互联的"互联网＋"时代获取知识的特点，以及如何在"互联网＋"阅读环境下引领小学生形成阅读习惯，帮助其精神世界健康发展成为教育界的焦点之一。

二、"互联网＋"背景下小学生阅读习惯养成难点

2018年1月3日中国互联网络信息中心（CNNIC）在京发布第41次《中国互联网络发展状况统计报告》（以下简称为《报告》）。截至2017年12月，我国网民规模达7.72亿，普及率达到55.8%，超过全球平均水平（51.7%）4.1个百分点，超过亚洲平均水平（46.7%）9.1个百分点。其中，19岁以下网民占全体网民的23%，其中年龄低于10岁的网民超过2059万。与2015年底的数据相比，10岁以下儿童群体占比有所增长，互联网在低年龄段继续渗透。网民低龄化的发展趋势一方面也使得小学生网络阅读人数大幅度上升。

随着小学生网民规模的不断扩大，手机、数字电视、数字报纸、网络传媒等新媒体的发展和普及，改变了小学生的阅读环境。根据"国民阅读调查"，数字化阅读呈现持续增长趋势，在国民阅读率持续走低的同时，小学生阅读呈现以下几个特点：

1. 阅读时间少

小学生的课业压力虽然不及初高中生大，但是课后兴趣辅导班、作业使得小学生的可自由支配时间较为零碎和短暂。且在课余时间，也鲜有小学生会进行自主阅读，他们往往通过手机游戏、动画片、短视频等形式进行放松，故阅读时间也更加的少，加之缺乏父母引导，难以促使小学生养成良好连续的阅读习惯。

2. 阅读内容盲目性

由于小学生在这个年龄阶段的消费习惯有从众性、具体化等特点，在面对无限丰富的阅读内容时，他们会更加注重于选择过程体验简单、形象感受较深的读物。2008年少年阅读状况调查分析报告指出，小学生更加偏向选择卡通动漫、侦探小说、玄幻文学、网络流行小说等读物，很少与经典读物产生共鸣，甚至很多小学生在书籍选择上呈现盲目性和随意性，以父母或是老师选择意愿为导向。

三、"互联网＋"背景下阅读的特点

与传统纸质化阅读相比，"互联网＋"时代阅读媒介多为新兴媒体，阅读方式凭借其信息传递的高速性、阅读环境的开放性、读者主体提升的能动性、读者阅读的隐秘性和自由性、信息搜索的丰富性和便捷性、表现方式的信息性和独特个性等特点而产生强大而持久的渗透性，对于小学生的文化样式、阅读习惯、思想主张、阅读趋向等方面都产生着不言而喻的影响。

"互联网＋"时代，阅读已经不仅仅局限于文字。声音、色彩、图片、影视等试听结合的新兴媒介构造了新媒体阅读的奇幻境界，给学生们带来更多真实的阅读体验和丰富的感官刺激。此外，"互联网＋"阅读的便利性、便捷性、多样性、开放性、互动性使得网络阅读受到大量小学生的喜爱。电脑阅读、手机阅读、电子书、儿童平板、kindle 等新兴阅读媒介伴随着互联网的深入发展对小学生的阅读习惯，甚至是认知方式起着潜移默化的作用。

四、"互联网＋"背景下小学生阅读习惯培养实施建议

1. 阅读内容方面

在新媒体的阅读时代，小学生由于甄别和筛选能力低下，且处于道德价值观萌芽期，网络内容影响着他们的认知和看法。不规范的网络流行语的盲目效仿和随意使用会对小学生的文化认知产生不利影响。此外，由于互联网的无序管理，小学生极易受到虚假、色情等不健康信息的污染。因此政府或者相关文化产业在为学生提供阅读书籍时，应当严格排查，秉持着对学生负责任的态度，让学生们避免受到良莠不齐的网络读物的困扰。

教师在学生成长过程中起着至关重要的引领作用。鉴于学生缺乏甄别经典读物的能力，教师应注重培养学生良好的阅读兴趣和阅读习惯，避免教辅资料、课业大量挤占学生的课余时间，对学生的阅读书目加以推荐。阅读经典不仅可以使小学生加深对生活的理解和思考，也能促进学生个体的精神发展。

小学生的阅读内容应该不止于书本、限于儿童读物。随着经济全球化时代的到来，世界多元文化和意识形态在不同国家出现碰撞。其间虽有带极端个人主义、拜金主义、享乐主义等形式的社会文化渗入网络阅读中，但学生应在提

高自我辨别能力的同时，以兼容并蓄的心态去接受多元的阅读内容。

2. 阅读兴趣方面

调动小学生的阅读兴趣是培养其阅读习惯的重要前提。儿童具有活泼好动、积极向上、渴求集体荣辱感等心理特征，教师在激发其阅读兴趣时可先使教学变得生动有趣，通过形式多样的教学充分调动学生的参与，从而使其将阅读作为兴趣而非课业任务。

只有纠正阅读目的之后，小学生才能有效辨别复杂海量的阅读信息，减少阅读的随意性，提高阅读效率和加深阅读深度。另外，家长应对小学生的阅读目的加以引导，在其阅读书目之后，与其分享阅读感受，提高其阅读素养，在广泛阅读之后取得更高的品味。

在"5G"通信技术的环境下，学校图书馆可以通过5G无线通信设备提升数据传播速度，加强小学生读者与智能手机、平板电脑椅等的联系，使阅读更具科技性和智慧性。同时，还可以通过对学生阅读数据的收集、整理、分析等实现智能推送。除此之外，还可以通过开发"5G"阅读等方式，引导学生感受阅读，提升阅读的趣味性。

3. 阅读媒介方面

"互联网＋"为小学生带来集图、文、声、像于一体的直观冲击的同时，也使得学生们自主接收、判断能力下降，其可复制性会抹杀学生们的创造性思维。新媒体传播方式的不可控制性体现在难以对传播信息进行筛选、信息安全难以掌控。

学校应该开设专门的新媒体阅读素质教育的课程，邀请专业人士对小学生在新媒体阅读的方式上加以指导，防止学生过度沉溺于网络阅读，增强小学生的网络甄别能力，学会在不良网络信息环境中保护自己的精神世界。

新媒体阅读产品有着令人应接不暇的功能，这些会降低学生在阅读时的注意力。对于自制力降低、好奇心较强的学生更容易导致其沉溺于网络世界。因此，无论新媒体如何发展，都不能取代纸质媒体在阅读过程中发挥的作用。在指导学生培养阅读习惯的时候，不仅要鼓励其尝试新媒体阅读，而且也应该合理分配新旧媒体使用频率，注重让学生阅读纸质经典，达到新旧媒体交融，促使学生养成持久阅读的兴趣。

阅读的推广形式直接影响了阅读推广的效率，进而影响小学生阅读习惯的培养。在"5G"通信技术发展背景下，小学生阅读的推广形式可以借鉴目前图书馆对读者的情况设计对应的智能推广方式，例如，广西壮族自治区少年儿童图书馆根据幼儿的智力发育情况开发了数字智能阅读模式，同时还与广西科技厅合作举办电脑知识竞赛以启发少儿表达自己的真实感受。

4. 阅读习惯方面

"互联网＋"时代通过 App、网页、公众号、微博等新媒体阅读带来一个严重的弊端——"浅阅读"。借助于网络信息的实时性，学生们每天都能搜索并吸收到海量的信息，形成赶鸭子式的被动接受局面，这将不利于学生独立自主的思考方式的形成。作为学生的父母，应当对学生的新媒体阅读方式加以指导，一是及时地查看其阅读历史，避免不良信息对于学生的长期污染；二是适时与学生交流沟通，引导其完成阅读后，对书中的背后观点加以思考探索，提高其阅读品味。

小学生阶段的学习应当注重其天性发展、创意形成。因此除了让学生学习语文书上的经典篇目之外，教师应当减少课后作业时间，鼓励其用课后时间阅读其他书目，培养学生养成热爱读书的习惯。一旦形成习惯之后，学生们自然会用碎片化的时间来阅读自己感兴趣的书目。

5. 恶习防范与家校作为方面

为有效地防止学生以新媒体阅读为借口而沉迷于不良游戏当中，相关机构应当立即鼓励开发编写有益于学生阅读和学习的正面游戏或程序，使其在自觉与不自觉间进入学习和游戏并举的状态。从而更好地避免因噎废食而被家长、老师"一刀切"地隔离于新媒体之外。

家长一定要加强对新媒体学习的兴趣，以期能陪伴学生一起开展新媒体阅读的新亲子活动，在完善家校教育、与学生共同学习中养成良好的阅读习惯，升华家庭亲子关系，为良好家风、学习型家庭建设开创新的更好局面。

五、结语

小学生的阅读习惯在小学生学习和成长过程中发挥着重要的作用，通信技术与新媒体技术的发展、教师与家长引导等都影响着小学生阅读习惯的养成，这就要求：首先，教师要参与、组织、评价好阅读的每一个环节，既要当好"运动员"，又要当好"裁判员"，也只有这样，才能与学生一起成长于新的媒体阅读活动中。其次，对新媒体阅读的评价和教学都要用新媒体的方式，要改变传统的评价为新媒体的评价方式，譬如改传统的评分为"投票"等。最后，要进一步运用新媒体组建阅读团队，如"建群""同步推进度条""'互联网+'阅读交友"等各种形式。这些活动的开展与重视，是保障"互联网+"时代阅读获得成功的必要保证。

参考文献

[1] 史玉霞. "互联网+"影响下的高校图书馆微服务优化策略 [J]. 兰台内外, 2020 (25): 61 – 63.

[2] 赵林江. "互联网+"背景下高校中华文化体验室的建设与思考——以天津外国语大学为例 [J]. 黑龙江教师发展学院学报, 2020, 39 (08): 122 – 125.

[3] 谭璐. 互联网环境下大学生阅读教育研究 [J]. 新阅读, 2020 (08): 63 – 64.

[4] 蒋琦. 互联网时代青少年数字阅读推广创新研究 [J]. 图书馆学刊, 2020, 42 (07): 63 – 67.

[5] 薛飞. "互联网+"背景下大学英语听说课程教学中主题式教学模式的应用 [J]. 西部素质教育, 2020, 6 (13): 142 – 143.

[6] 张蕾. 基于"互联网+"环境下的高校英语阅读教学体系构建研究——评《多元文化与当代英语教学》[J]. 林产工业, 2020, 57 (07): 113.

[7] 黄蓉, 曾国章, 赵旭, 等. 新媒体时代儿童保健"互联网+"健康教育的实践与思考 [J]. 中国妇幼保健, 2020, 35 (13): 2352 – 2355.

小学语文课堂提问技巧的探究

安顺市实验学校　齐　琦

　　课堂上进行提问是老师与学生进行互动的一种方式，也是老师输出信息，并从学生身上得到信息反馈的重要途径。在教学中把握好对学生进行提问的技巧更加有利于课堂教学高效地完成，本文针对小学语文课堂提问技巧方面的内容展开讨论。

　　老师针对课堂的教学内容，对某些重要的知识点，设计一些问题，创设问题情境，可以激发学生积极思考，探究等方面的能力。但是在现在的小学语文教学中，还是有部分老师会忽视对学生进行提问时问题的重要性。提出问题的难度、深度、广度是否合理，都充分影响学生的思考，提出的问题要能够让学生够得着但需要思考的过程，并且学生从对问题的思考中有一些其他的收获，或者对提出的问题有更深层次的认识与理解才达到老师设置问题的目的。

一、教学中针对提问的不良现状的分析

（一）设置的问题较为随意，指向性不明确

　　在我的课堂教学中就经常有这样的困惑：当学生回答的内容和我预想的答案不一样时，我就不知道如何巧妙地把问题层层推进，从而引导回到自己的问题中来。经常都是我说前半句，学生接后半句，或者进行简单的互动问"对不对？好不好？"等。因此，能否在老师的提问中，或者在教学中明确地感知老师所要讲的主要内容或者老师提问的目的，除了学生自身的学习能力以外，与教师的专业教学水平也有一定的关系。经验丰富，教学能力比较强的老师能够非常准确地判断出自己给学生提出的问题会得到怎样的反馈，是否达到了教学的

要求，所以提出的问题会更有质量性。但如果设置的问题比较随意，意图不明确，学生就非常难判断老师提出问题的目的是什么，可能会导致学生的错误思维的思考，甚至影响学生对语文学习的兴趣。

（二）问题难度控制不当

小学生本身知识面比较窄，在很多方面的能力尚未完全形成，而是正处于开发状态，因此老师提出的问题的难度应该根据小学生的身心特点而设置。问题的难度过高，会让学生无从思考，觉得茫然，从而削弱学生学习语文的积极性；但如果问题的难度过低，学生可以不经过思考，而知道问题的答案，就达不到锻炼学生思考能力的目的，也会让学生轻视语文学习的内容。现在的教学中存在很多老师对于提出问题的难度控制不到位，导致学生在学习时出现消极反应从而影响语文教学的顺利进行的情况。

（三）对教材缺乏深入研究

如果老师对于教材的研究不够透彻，在给学生讲解相关知识的时候，可能很多涉及的内容都会受到局限，导致老师提出问题的质量不高。老师对教材的研究是深入课本，可能需要其他资源的填充进行教学，帮助学生更好地理解老师的教学内容。而语文本身的很多内容都需要老师在备课时进行充分的研究，挖掘潜在知识点。由于小学生其他能力比较薄弱，面对课本可能更多的是注意课本的表面知识，在深层次挖掘课本知识存在一定的难度，因此，如果教师对教材缺乏深入的研究，在课堂上提出的问题质量就会大幅度减弱。

（四）没有针对学生的具体情况

学生是教学的主体，任何时候老师的教学都应该把学生放在主体位置上，而且要跟随新课改的改变，更加提倡素质教育，尊重学生个性发展的教学理念。老师在提出的问题方面也应该针对学生的具体情况，根据学生的身心特点以及对知识的掌握程度进行设置，这会更有利于学生的进步。同时学生对老师提出的问题通过思考得到答案时会更有成就感，从而更加激发对于语文学习的热情。相反，如果老师没有针对学生的具体情况设置问题，就会得到相反的效果。

二、提问的相关技巧

（一）对提出的问题精心设置，明确指向

对吗？是这样的吗？明白了吗？等类似的提问，大多数学生不会进行思考就附和，而这种情况会让老师不能真实地了解学生的学习状况，对问题也不会进一步深究，理解的学生理解了，没有明白的学生继续没明白，形成学生的知识盲区，导致课堂的时间没有得到充分利用。但如果老师在备课时，精心设置过问题的内容、难度，并且使提出问题的语言，方式能够引起学生的注意而进行思考，学生会更加主动地积极回答老师提出的问题，增强课堂教学的学习氛围。

（二）提问难度的掌控

教师在提出问题时，应该考虑知识点的难易程度，学生对相关知识掌握的不同深度，把握好难度，既能够给予学生锻炼的效果，又不会打击学生学习语文的积极性。对需要学生更深层次理解记忆的知识，在教学时可以适当地增加一定的难度，这个难度的加深能够引起学生的重视以及引发对重点内容的思考，便于学生理解，掌握。

（三）深入研究教材

无论是老师还是学生进行提问时都需要深入研究教材，明确在哪些恰当的时机进行提问。并且老师在进行提问时，应该多把问题的思考设置在学生听得兴趣正浓，积极性很高的时候，因为在这个时候，学生的大脑正处于兴奋状态，针对老师提出的问题思考的质量会更高，而老师提出的问题也可以从学生的身上得到更好的反馈，使教师上课积极性得到提升，从而实现在完成教学主要任务的同时，学生的听课质量更高，老师的教学效果更好。给学生讲解相关知识的时候，对知识的延伸以及拓宽都会得到相应的增加，是教师引导学生深入教材的最佳时机。

（四）贴合学生实际情况

由于教学时间非常有限，实现教学价值的最大化是教师所追求的。提出的问题对学生学习有效，适合学生的思考范围，尽最大可能地提高学生各方面的能力，增强学生学习的主动性，让学生可以根据老师提出的问题明确思考的方向等都是老师在给学生提问时需要注意的地方。教师在教学时紧跟学生的步伐，以学生为教学中心，根据学生的实际情况教学，学生才能更容易接收并且吸收。

三、提问的意义

顺应教学理念的改变，提问在一定程度上是与追求学生独立自主、富含创意、善于思考的契合，通过老师的提问把教师的"教"与学生的"学"更好地融合在一起，充分体现学生在教学中的主体地位。提问一方面是对老师自己在教学能力的提升；另一方面，是对学生积极思考问题的引导，也是对学生表达能力的培养。因此，不管是针对哪一学科的教学，提问是教学中非常重要的一种教学手段。

老师在教学过程中，不断地探索思考提问的相关技巧，将对自己的教学更加有帮助，作为教师，能够给予学生高质量的教学，不仅使学生可以轻松、愉快地学习语文这一学科，同时，老师自身在教学方面也会有成就感，从而会更加利于在教学专业水平的提升。对小学语文提问技巧不良现状的分析，提问的一些相关技巧，提问的基本原则，提问的意义等，希望有利于自我提高，自我学习的同时也能对其他教师有所帮助。

（本文 2019 年 11 月发表在《科普童话　新课堂》期刊，并获该刊优秀论文一等奖）

童心式教学在小学中低段语文教学中的实践初探

安顺市实验学校　柳春兰

在新的时代，根据新课改要求，教育教学活动应该充分尊重学生的主体性，充分激发学生的想象力，充分发掘学生的探究能力。小学语文是基础教育的重要组成部分，在培养学生综合素养方面起到了基础性的作用。语文学科具有工具性的一面，有着重要的社会作用，同时也具有人文性，关注学生的个性发展、品德修养，及价值观的引导。本文以小学语文课堂教学实践为基础，结合小学中低年段学生的生理和心理特点，提出了童心式教学在小学语文中低段教学中的作用，希望小学语文中低段课堂能够充满童真童趣，希望学生能够在轻松自由的课堂环境中获得知识和情感的升华。

孩童时期是人一生中最纯真、最无虑的时期，学生们追逐嬉戏，感受着自然的乐趣，他们的喜怒哀乐溢于言表，开心了就笑，伤心了就哭，他们的情绪通过表情传达着内心最真实的感受。这个时期的学生无拘无束，用自己的童心向周围的人们传递着生命本真的意义。小学语文课程是一门能够传递人类文化、历史，情感和价值观的课程，其教育教学作用一直以来备受教师和学生高度关注。教育家叶圣陶说过，能变成小学生的老师，才有资格去教育学生们，所以，小学语文课堂应该充分构建童心式教学，让学生们能够在宽松、自由、纯真的环境中学习知识、感受文化，通过学习结合生活体验抒发最真切的情感，进行开拓创新。

一、童心式教学的内涵

众所周知，童话是儿童文学的一种体裁，通过丰富的想象，幻想和夸张来塑造形象，反映生活，对儿童进行思想教育。其内容源于现实却又高于现实，在人类心灵之间产生符合儿童的思维方式，并且具有独特的幻想逻辑，以口头或者书面的形式向人们传达奇妙故事。那么，童心式教学则是指教师在课堂上站在学生的角度，充分考虑其思维能力、思维习惯、语言特点等营造一种无拘无束、愉悦快乐、活泼有趣的课堂氛围，让其在这个童话般的课堂中快乐地学习，体验学习的乐趣。

二、小学中低段语文童心式教学的构建

（一）以爱护爱，鼓励学生倾诉所想

但丁曾说过"爱是美德的种子"，小学语文注重培养学生的高尚情操，让学生从中学会爱国、爱家、爱自然、爱社会、爱别人、爱自己。所以，作为教师，要学会爱护学生的心灵，鼓励他们大胆发言。不仅如此，苏霍姆林斯基说，要像对待荷叶上的露珠一样小心翼翼地保护学生幼小的心灵，晶莹透亮的露珠是美丽可爱的，但却十分脆弱，一不小心，就会滚落破碎，不复存在，学生的心灵，如同脆弱的露珠，需要老师的倍加呵护。因此，我认为，作为教师，在教育教学活动中更应该呵护学生们那一颗纯真的心。小学语文童心式教学正是体现了这一基本教育理念，小学一年级的学生，刚刚从幼儿园走进小学学习课堂，他们对新鲜的事物都有着很多个"为什么？"，这时期的小学语文教师在课堂上就应该关爱他们，鼓励他们倾诉自己的内心世界。例如，笔者在执教《荷叶圆圆》的第二个课时时，让学生们根据自己的想象来说一说，"荷叶是小水珠的摇篮，是小蜻蜓的停机坪，是小青蛙的歌台，是小鱼儿的凉伞"，想一想，荷叶还是谁的什么呢？学生们对这样的题目非常感兴趣，都争先恐后地回答，表现得非常好。时间过得很快，不知不觉已下课了，对于荷叶的形状和用途，每一个人都有不同的看法，但不管什么样的看法，都是一颗热爱自然，关心自然的心，所以老师在课堂上用爱心和耐心倾听学生的心声是非常重要的。童心式教学在中段课堂教学中也有着非常重要的作用。部编版三年级上册的教材中，习作内容涵盖写景、写人、写童话、写自己的想法，这些内容都源于学生们的生活，需要学生们用心观察、亲身体会，表达真情实感。三年级习作是学生们以后写作文的开始，他们在习作中需要老师多鼓励、多关爱。从一年级到三年级，通过与学生们实际地接触，我发现在小学语文课堂上，不是每一个学生都能够在

第一时间对老师的引导有所反应，他们往往因为各种因素需要教师放慢脚步，用爱去浇灌用心去倾听他们最真实的想法，要构建童心式教学活动，形成良好的师生关系。日记是心灵最好的倾诉方式，部编版三年级上册安排有写日记的教学内容，在教学中，我充分运用日记这种方式，鼓励学生们把每天自己觉得有趣的、难忘的事写一写。在这个过程中，相互信赖，是一种保护学生童心的有效方式。

（二）真心赞扬，激发学生奇思妙想

学生们的想法总是很奇特的，而这奇特之中常常充满了童真童趣。在小学语文课堂中，教师对学生们的童真给予真心的赞扬，能够让这份童真永远闪光，使学生保持美好的心灵，进而激发学生的奇特思维。比如：我在进行习作"续写故事"的教学中，放手让学生们大胆预测接下来会发生什么？学生们争先恐后地高举小手。回答也是各种各样的：有预测李晓明的父母从外地赶回来陪学生过生日的，有预测全班同学及班主任在教室给李晓明过生日的，有预测在小区花园里给李晓办派对的……奇思妙想溢满整个课堂，这就是充满童心童趣的语文课堂。教育的根本目的是育人，学生的童真得以保存，是构建童心式教育的重要目的之一。对于学生们在课堂上的表现，教师应该立刻给予真心的赞扬，并提出大家坚守自己的童真，伴随自己成长的希望。

（三）悉心引导，启迪学生发挥想象

构建童心式教学的主要任务就是在轻松欢快的氛围中让学生能够充分发挥想象，思维能力得到充分的发挥。例如：在学习《咏柳》这一篇课文的时候，教师可以设置一个绘画的环节，让学生们在阅读了《咏柳》这一首诗之后，凭着想象力开始作画。在作画的过程中，教师会发现有很多学生的想象力真的很丰富，比如：有一位同学就在这幅画上画了一把大剪刀，这里的"剪刀"并非生活中实实在在的剪刀，而是把二月春风比作剪刀。当这位同学上台展示自己的画时，他满意地笑着说："看，我把二月春风这把大剪刀画出来了，它是从天上降下来的，是一把神仙剪刀。"听到这里，大家都开心一笑，一是佩服他的画工，二是佩服他的想象力。我认为，这个时候，作为老师，不应该直接去批评学生，而是要悉心引导，让他理解"他画的神仙剪刀"。

三、童心式教学对小学语文中低段教学的作用

小学中低段语文教学应该是一个快乐的过程，这两个时段的学生都是天真、

稚嫩的，有着丰富的想象力，学习的过程中，他们需要感受到学习的乐趣。但是现实中不是所有老师都能察觉到这点，有些老师还是没有做到以童心教儿童，所以造成了小学语文低、中段存在着"唯读""唯背""唯抄"比较无趣的教学方式，这不仅影响了学生们学习语文的兴趣，还损伤了一部分学生的灵性，对学生的思维发展有局限性，影响了学生综合素质的提高。童心式教学则与传统的语文教学有不同之处，在小学语文低段和中段教学中有着非常重要的作用，具体而言有三个方面。

第一，童心式教学，能让低段及中段的小学语文课堂拥有较为自由的氛围，为学生们充分调动自己的主观能动性、积极学习基础知识提供了前提条件。

第二，童心式教学，有助于学生们在轻松的氛围中勇敢地表达自己的想法，说出内心的真实感受，有益于形成和谐友好融洽的师生及生生学习氛围。

第三，童心式教学，能够让学生们在符合自己思维逻辑的语言和环境中形成探究思想，充分发挥想象，进行开拓创新。

四、结语

综上所述，童心式教学在小学语文中段及低段教学中有着重要的启发和激励作用，语文的本真是抒发情感，传递文明。在中段和低段小学语文课堂中，构建童心式教学，需要教师的爱心浇灌、真心赞扬、悉心呵护和细心引导，这样才能让学生们在语文课堂中表达童真、发挥想象、开拓创新，才能为以后的健康成长奠定良好的基础。

参考文献

[1] 必须保卫童年：童心教育的理念和实践 [M]. 北京：北京师范大学出版社，2011.

[2] 张凤琪. 童话式教学——让小学语文教育充满生机 [J]. 文理导航（下旬），2017，(01)：53.

[3] 王雪晴. 让童话审美式教学撑起小学语文想象的天空 [J]. 考试周刊，2012，(90)：37.

浅谈小学语文写景作文指导

安顺市实验学校 熊章华

写景作文，就是用文字的方式将我们在生活中所看到的自然景观或者人文景观记录下来，是小学生所需要掌握和训练的重要写作形式之一。《义务教育语文课程标准》指出，"写出自己对周围事物的认识和感想，注意表现自己觉得新奇有趣或印象深刻、最受感动的内容"。本文从把握景物主要特点，让写作更有针对性；选择合适观察角度，让写作更具独特性；融入自身情感表达，让写作更富生命性这三个方面就小学语文写景作文指导进行深入探究。

自然界蕴含着多种多样的自然之美。当我们看到风吹动树叶而叶子随风飘落的场景之时，便沉浸于自然美景之中，感慨于自然的神奇之力而获得美的享受。这种美是在对于景物的观察和深入感悟过程中所产生的，其中蕴藏着自然本真之力，也裹藏着人物对于自然的个人体会和自我创造。然而，对于小学生来说，他们的思维认知正处于具体形象发展阶段，其抽象思维需要依赖于具体而可感的形象才能够有所发展。所以，如何指导学生融入特定景物之中进行观察和思考而获得美的体验和感悟，是小学语文教师写景作文教学的难点。根据自身经验就如何提高学生的写景作文写作能力提出自己的几点思考。

一、把握景物主要特点，让写作更有针对性

每一个景物都有着其不同的特色。抓住景物的特点而进行写作，才能够瞬间在脑海之中构建景物的自然形象，让人印象深刻。当前，教师发现，许多学生在写景作文之中总是会以"这棵树太美了"这种形式进行写作，而并没有在此基础之上去具体描写树的美的方面。这样千篇一律的写作内容难以让人在脑海中复现

树的真实形象，从而无法有具体的画面感。作为小学语文教师，则要指导学生在描写具体景物之时选择其具体特征进行描写，让写作更具针对性。例如，在写景作文教学之中，教师可以提出"《荷叶圆圆》中作者所描写的荷叶具有怎样的特点？"这一个问题让学生去了解和思考，在学生阅读课文的过程中，学生就可以找出"圆圆的、绿绿的荷叶"，随后，教师则会给学生在课件上展示荷叶的真实图片，让学生把握荷叶圆而绿的特征。在这一铺垫之下，学生要在心中设想一个具体景物，如白云、桃花、树叶等，进而去联想其主要特征。桃花中间是花蕊，旁边围绕着五片粉粉的花瓣。秋天的树叶则是黄黄的，随风飘落。通过这样的教学方式，学生便能够找出不同的景物的特点而进行描写，文章也变得更加真实而富有魅力。

二、选择合适观察角度，让写作更具独特性

即使是同一景物，也拥有不同的美感。可以从近观、远观、俯观、仰观、侧观等观察方位，可以从不同时间的角度，如春、夏、秋、冬一年四季的变化，也可以从凌晨、黎明、早晨、上午、中午、下午、晚上、午夜、正午、黄昏等一天的不同时段，甚至还可以从同一景物的动态或静态来观察，都是别样的。所以作为小学语文教师，在写景教学之中要引导和带领学生学会从不同的角度去观察和欣赏景物的不同的美感，进而选择合适的角度进行景物描写而让文章体现不同的存在价值。例如，在以"雨"为主题的写景教学之中，教师可以在课件上给学生展示"远处山雾笼罩下的蒙蒙细雨""窗外的瓢泼大雨""清晨中的丝丝微雨""水面上的豆大的雨点"等图片，让学生进行欣赏而感受不同角度下的雨的景色。随后，教师可以让学生去联想自己印象最为深刻的一场雨，选择不同的角度去展现这场雨，进而让学生进行写作。在此次写作之中，有的学生写的是窗外的雨、有的学生写的是街道上的雨、有的学生写的是花瓣上的雨……这些文章由于观察角度的不同而各具特色。又如，课文《鸟的天堂》中写到作者两次去"鸟的天堂"的景象：第一次是傍晚，看见静态的大榕树，却看不见一只鸟；第二次去"鸟的天堂"是第二天清晨，看见的是群鸟纷飞、百鸟齐鸣的动态景象。由此我在教学中引导学生明白，相同的地点，时间的不同，感受美的效果也不相同，动静结合的写法让景物具有独特性。

三、融入自身情感表达，让写作更富生命性

在我们的生活中，总是能够看到各种各样的风景，也能够遇到多种多样的

人。写人记叙文和写景记叙文都是记叙文写作的形式。然而，其写作方式和写作内容却有所不同，所表达的文本主旨和思想情感也有所不同。人，是真实可感的；而景，则总是被冠以人的思想和情感。正是因为这些情感，才赋予了景物以独特的生命价值。景与情，情与景，本身便是水乳交融，无法分割的。情感，是写景作文的灵魂与生命。所以，作为小学语文教师要激发学生的情感，进而引导学生将情感融入景物之中而展现其生命之美，在景物写作指导课中，教师要为学生讲述情感在写景作文中的重要价值。例如，在部编版五年级上册第22课《四季之美》中，就运用了融情于景的写法。如"夕阳斜照西山时，动人的是点点归鸦急急匆匆地朝窠里飞去。成群结队的大雁，在高空中比翼而飞，更是叫人感动"。此处作者是从"夏日黄昏的美"的角度来挖掘的。用"夕阳斜照"作为背景，对归鸦那种急于回巢的情景加以烘托，在这种极为平常的自然景致中，融入了作者情感的体验，突出了自然景观的内在韵味。融情于景的方法有：（1）充分调动自己的五官感受（视觉、听觉、味觉、触觉、嗅觉）；（2）抓住景物的独特之处，具体描绘，并将最深的体会表达出来。如：在五年级上册第七单元习作中，作文题目为《＿＿＿＿即景》，在进行写作指导课上，我为学生圈画出富有情感的较美的句子进行展示，从而使学生掌握写景作文时情感的灵魂所在。

综上所述，不同的景物具有其不同的展现方式，也有其独特的美感。由于人们所观察角度的不同和内在想法的不同，不同的景物也会散发出不同的精神特点，别具风格。写景作文的写作，是引导学生认识自然和了解自然的一种有效方式，也是学生认识自己和了解自己的一种特殊途径。作为小学语文教师，一定要帮助学生深入自然之中观察不同景物的不同特点，选择一个适合的角度进行写作构思，进而将情感融入文章的字里行间，从而让文章富有针对性、独特性、生命性。

参考文献

[1] 王鑫. 寄情于景　情景交融——浅谈如何指导小学生写好写景作文[J]. 学生天地，2017（01）：92-93.

[2] 章燕. 坐在草地上的作文课——写景作文指导的课堂实录与反思[J]. 都市家教：上半月，2013（01）：21-22.

以生为本，乐说乐写

——《写话训练：我想养的小动物》教学启示

安顺市实验学校　姚　蕾

引　言：《义务教育语文课程标准》对小学低段写话教学的要求是：1. 对写话有兴趣，写自己想说的话，写想象中的事物，写出对周围事物的认识和感想。2. 在写话中乐于运用阅读和生活中学到的词语。它强调了学生写话兴趣和个性化的感悟体验，作为老师，既要用宽容和欣赏的心态评价学生写话的内容，又要用发展和关怀的眼光重视学生写话中的语言质量。

《写话训练：我想养的小动物》是二年级义务教育课程标准部编版第七单元的写话。这次写话是让学生写自己想养的小动物，要求写出自己的理由，试着多写几条。本次写话训练的目的在于培养学生善于观察的好习惯，善于发现事物的特点，乐于向别人介绍自己喜欢的动物。

课前，老师对二年级学生进行了简单分析，二年级学生年龄小，对词语积累比较少，由于受方言的影响，少部分学生表达能力相对较差，通过帮助他们唤醒对词语的记忆与分类，激发学生的表达兴趣，帮助学生克服表达的困难，使学生乐于表达，善于表达。打通词语积累与写话运用的通道，引导学生不断积累并运用词语，提高学生的写话水平。

一、巧设情境，任务驱动

《义务教育语文课程标准》指出："教师要通过教学情景的创设，以任务引导学习，激发学生学习的兴趣，指导学生体验和感悟学习内容。"教学伊始，老师创设了宠物收养中心工作人员发放动物领养证的情境，借助图片的辅助，激发学生养小动物的兴趣。在教学过程中，学生确实对老师的身份及小动物表现出了浓厚的兴趣，当小动物图片一张一张放映时，学生情不自禁地喊出小动物的名字，迫不及待地想投入新课的学习中。在教学实施的过程中，老师又设置了"闯关游戏"的情境，让"闯关"这条主线贯穿整个课堂教学中，每一关都设置任务，让学生在快乐的游戏情境中，在任务驱动下，充满激情地去学习。当他们饶有兴趣地闯过一关又一关，完成了一个个学习任务时，写话能力也在潜移默化中得到了培养。

二、以学定教，依学而导

"在教学过程中，动态生成是容易被人忽略的教学事件，也是重要思维课程资源。"语言表达的完整性是低段学生训练说话的一个重点。记得刚开始"闯关"时，一个小男孩站起来说："白兔，因为可爱。"老师随机提问："刚才这个小朋友的回答有一点不足，谁能发现？"另一个学生回答："我想养的小动物是小白兔，因为它很可爱。"当时老师想："如果学生只能说到'可爱'，那么对小动物的观察是不够仔细的。"所以老师接着问："哪里能让你觉得小白兔可爱呀？"第三个学生回答："它有一对长长的耳朵。"老师抓住教学契机，将这三个学生的话连在一起："我想养的小动物是小白兔，因为它有一对长长的耳朵，很可爱。"通过这一轮师生对话，为其他学生起到了示范作用。在接下来的"巧嘴关"中，学生都能将话说完整。

"问渠那得清如许，为有源头活水来。"正是在交谈过程中的不断引导，教会学生们积累语言，积累素材。而遇到语言表达不够准确的情况，老师也舍得停下来，给学生时间，帮学生纠正。有个学生在说自己想养一只小仓鼠时，是这样说的"毛茸茸的羽毛"，其他同学立刻发现用词不准确。老师顺势问道："羽毛这个地方应该换成什么词呢？""换成皮毛。"而当时用词不准确的那个学生，自己纠正到："小仓鼠有毛茸茸的皮毛，很柔软，像棉花糖一样。"

看来，在教学过程中，只要我们关注学生的"学"，顺学而导，学生的潜力就会被充分挖掘出来，就会收到意想不到的教学效果。

三、以生为本，尊重学生

在"巧嘴关"的教学环节中，学生们表现出了思维十分活跃，语言十分丰富的状态，很多的学生因为老师没能请他回答问题，而忍不住讲出心里的想法，老师及时抓住学生们思维的火花，进行引导，建立了民主、平等、和谐的师生关系。在谈到小狗这个话题时，学生们七嘴八舌地说："小狗可以看家护院。""小狗是我们的朋友。""它最忠诚、忠实。""小狗能陪我们一起玩儿。"老师抓住这个学生说出"玩"字，接着问："玩什么呢？谁来说一说？"其他学生立马说出好几种小狗与人做的游戏。

通过与老师的不断对话，学生们从一开始的说话不够完整，到能完整表述想养小动物的原因，不仅能口头描述小动物的外形、习性，还能说出很多与动物之间发生的故事。为第二次"闯关"埋下伏笔。

在课堂快要结束的时候，还有一名学生正在汇报，当时老师想到一定要尊重学生，让她有一次完整展示的机会，而不是只考虑自己上课的时间，所以老师与学生们一起静静地聆听她朗读完自己的作品，一直不忍心打断她。当这个学生兴致勃勃地汇报结束，老师颁发给她"领养证"时，这名学生很欣喜、自豪，此刻，学生是幸福的，老师也是幸福的。

四、学法指导与多种评价相结合，促进学生自主发展

薛法根老师曾说过："教得完整，不如学得充分。"在本节课的教学中，老师为了让学生学会写话，设计了初次写话与第二次写话的环节。有了"巧嘴关"的教学环节做铺垫，学生们动笔写"我想养的小动物"不再是件困难的事。在初次写话的环节，学生写完后，有一个展示并修改的过程。在实际教学中，第一名学生写完，耗时八分钟，在展示中，其他学生能根据本堂课所学到的知识进行点评，并提出修改意见。《义务教育语文课程标准》中提出："应注意将教师的评价、学生的自我评价及学生之间的相互评价相结合，加强学生的自我评价和相互评价，促进学生主动学习，自我反思。"因此，在本环节的设置中，老师大胆地让学生自己评价，比如，有个学生就说道："她写得太短了。"老师引导说："你觉得还可以增加什么内容，让这篇写话更丰富？"另一名学生说："可以再写写小狗的习性。""小狗有什么习性呢？"学生接着说："小狗喜欢吃肉骨头，睡觉的时候会打呼噜。"有了这一次的修改，其他的学生也知道了，要把小动物写得更生动，可以怎样写。

《义务教育语文课程标准》指出："低段写话重在培养学生的写作兴趣和自信心。"于是在第二次写话的环节，老师设计了一张鲜艳的"领养证"，并展示

给了学生们，有了第一次的指导修改和"领养证"的激励，在这次的展示中，明显感觉学生们所写的内容更丰富，条理更清晰，就像学生们自己说的那样，篇幅"很长"。最后得到机会展示那几名学生，不仅写出了小动物的外形、习性，还较完整地写了一件与动物之间曾经发生过的事。记得其中一个学生展示完，台下的"小老师"们都迫不及待地要点评，有一名学生站起来说："她写的和小狗发生的事，十分感动我。为她点赞！"

只要老师善于发挥生生评价、师生评价的指导功能，"授人以鱼，不如授人以渔"。将学习方法交给学生，就能促进学生在课堂上提高语文能力。

总之，低年级写话训练还有许多途径有待我们去探索，只要老师用心创设情境，给学生精心的指导，学生就会对写话产生浓厚兴趣，写话质量就能得到很大的提高。

基于核心素养的习作教学模型

——构建"听·说·读·写·思"的立体习作教学模式

安顺市实验学校 汪 强

一、模式的构建需要

"在步入核心素养时代的今天，教材习作教学在此迎来新的挑战"，江苏省特级教师吴勇大声疾呼——应该"让写作核心素养在常态的习作课中落地生根"。

在核心素养的前提下，如果将写作与生活联系起来，搭建起写作与生活之间的桥梁，探索一个开放的、合理有效的习作教学模式。那么，即使学生没有充足的学习资源，但教学资源是无限的，"习作教学教什么"和"学生怎么写、写什么"的问题就迎刃而解了，老师指导学生"写好作文"也就水到渠成了。

1. 教学现实需要

语文教学中习作教学的事实，大家不约而同地关注作文"究竟怎么教"，老师们总是抱怨"作文最不好教"，无奈地感叹实际反映的是当下习作教学成效不明显，学生不会写或者写不好成了常态。

吴勇老师指出，新课改后教材有一个"集体性"的缺陷，那就是教材关注了"写什么"，却对"教什么"显得含糊而笼统，所以要实施好作文教学就特别依赖老师的教学素养，依赖老师对作文教学内容的再次开发。

2. 课程标准要求

2011 版《义务教育语文课程标准》指出："写作时运用语言文字进行表达

和交流的重要方式，是认识世界、认识自我、创造性表述的过程……写作教学应贴近学生实际……应引导学生关注现实，热爱生活，积极向上，表达真情实感。"

笔者认为，"学生实际"乃学生写作文所拥有的"资源"，包括学习和生活中获得事实材料、经验感官、情感体验等。学生作文要想有内容可写，就得拥有资源；要想写得好，就要有丰富的资源选择；要想写得有真情实感，就得有所经历和体验。

3. 教育理论支持

实用主义教育家杜威认为"教育即生活"，教育即生长，教育即经验的改造；我国著名教育家陶行知先生，指出"生活即教育"。作为教育的重要内容，写作教学是离不开生活这一"活水源头"的。

构建主义学说认为人的学习是基于环境的刺激，构建和平衡的过程，那么，习作教学就是学生在特定资源（或者环境）下实现写作能力的构建过程。

著名语文教育家叶圣陶先生说"写文章不是生活的点缀和装饰，而就是生活本身"，道出了写作的本质就是表达"生活"。他又说"生活犹如源泉，文章犹如溪流，源泉丰盈，溪流自然活泼泼地昼夜不息"，道出了丰富的生活经验才是写出好作文的前提。

二、习作教学教什么

在教学中，学生可能没有所需要的一切资源。但是，这不应该成为限制他们学习和成长的束缚以及"不会""不能"的理由，也不能成为教不好的借口。写作教学就是需要有一个潜心教学的老师努力发掘、整理和调用教材及其以外的资源。

《义务教育语文课程标准》指出，"写作能力是语文素养的综合体现"，要为学生的写作提供有利条件和广阔空间，注重培养他们观察、思考、表达和创造的能力。

这表明，实际上作文教学的内容丰富、多样，只要学生乐于写作和表达，有利于培养他们观察、思考、表达和创造等能力的都可成为写作教学的内容。

吴龙霞在《小学生作文能力低下现状分析》一文中指出，小学生作文能力低下主要表现为词汇匮乏，素材枯燥和缺乏深度。究其原因，她认为主要有三个方面的因素，即阅读积累较少、没有深入生活观察和缺少深度思维提炼。文章指出，阅读是丰富语言表达和习作水平提高的基础；生活是作文素材获得的来源，素材更是作文创作的基础。

学生因为地域有差异，所处教育环境有差异，家庭生活环境有差异，班级环境有差异，个体心智和能力有差异……这些差异既有共性的，也有个性的，习作教学能否开展好，就要考察学生的学习和生活实际，来确定"教什么"。

因此，课标和教材明确了习作教学的目标和内容，但"教什么"则是老师根据课标的阶段目标要求，审视教材后联系学生的实际而发掘的丰富的教学素材和写作内容。

三、策略的实践总结

观照教材发现，每个学期的习作训练频次有限，同一内容的训练层次（或者深度）有限，我们怎样突破这种种的局限呢？

笔者认为，学生平时对资源的占有才是突破的关键。《义务教育语文课程标准》关于写作的评价中特别强调了对学生占有写作材料的考察："不仅要考查学生占有材料的丰富性、真实性，也要考察他们获取材料的方法，要引导学生通过观察、调查、访谈、阅读等途径，运用多种方法搜集材料。"

笔者认为可以将课堂延伸向生活，同时又将生活搬到课堂，以生活的方式获取资源，以课堂呈现的形式整理和占有资源。

1. "新闻发布会"

在语文课中分拨出专门的时间，开辟"新闻发布平台"。要求每个同学把每天关注到的有价值的事物，选择一个作为新闻对象在班级中发布。发布的内容可以是从别人那里听闻或广播里听到的，可以是你通过电视新闻、报纸杂志看到的，可以是纸质媒介或是移动、互联网媒介所获得的，也可以是你观察到的身边发生的事。它们可以是关于自己的，也可以是关于他人的；可以是一件小事，也可以是国家大事；可以是社会热点，也可以是国际时事，抑或是自然界中的事物；等等。

写无非就是"心所向口所讲"的文字呈现，在"新闻发布平台"的活动过程中，从信息获取到信息梳理，再到信息深层加工，最后到信息的表达，就是资源获取方法、途径等的运用和体现，是一个丰富的资源占有和使用过程。

在任务驱动下，学生自己主持，老师对价值取向、实践意义等方面引导、评价或者补充说明，遵照学生们的兴趣，使他们在搭建的平台中形成对资源的占有。

2. “阅读分享会”

“阅读”对于写作的好处是不言而喻的，应特别重视班级阅读氛围的营造和学生阅读兴趣的培养：

一是明确学生阅读目标。教师在开学初结合课程标准给学生明确本学期至少要阅读的量，建议该阶段读什么样的书，并推荐一系列合适的具体书目。二是学会阅读和分享。教学生怎样合理安排时间去阅读，要求每天或者每周记录阅读情况，再根据阅读记录在会上进行交流分享。三是教他们将课内阅读的学习方法迁移到课外阅读中，譬如怎样把握内容和批注的方法。

读书记录卡（如图1），从词句积累到篇章感悟都有一定的标准要求。“日卡”是为阅读能力强、阅读量大、时间和精力充裕的学生设计；“周卡”主要是避免能力不够的学生不能达到基本的阅读目标，同时也是为了帮助学生们学会整理阅读所得的信息。如此，阅读分享课上学生们既能有交流的内容，也能在不同学生带来的无比丰富的阅读信息中，让学生获得阅读和表达、占有和分享的快乐。学生没有了交流的胆怯，又在老师和同学们倾听与评价中受到了鼓舞，

安顺市实验学校阅读记录（日）卡

姓 名		班 级			
阅读日期	_年_月_日	书名或文章		作 者	
阅读量	从第_____页——第_____页，约________字				
喜欢的词语（各类至少2个）	动　词： 形容词： 其他词或短语：				
喜欢的句子（写得优美或者富有哲理）					
阅读感悟					

安顺市实验学校阅读记录（周）卡

姓 名		班 级		第___周	
记录日期	_年_月_日	书名或文章		作 者	
阅读量	从第_____页——第_____页，约________字				
喜欢的词语（各类至少5个）	动　词： 形容词： 其他词或短语：				
喜欢的句子（写得优美或者富有哲理）					
阅读感悟					

图1　读书记录卡

还在班级里营造出浓浓的读书氛围，使他们在此当中占有了丰富的语言资源。

3. "巧妙的教学内容联动"

课程标准中"重视写作教学与阅读教学、口语交际教学之间的联系"，在每一单元的教学之初，从课标要求到单元内容和目标，再到篇章的具体内容与单元习作的目标，我们应该从熟悉单元内容开始，构想这个单元的整体教学和具体篇目中的教学——最终学习的成果都会在学生的习作中体现出来。

将单元内教学内容联动起来进行教学，让相关的教学内容互相作用和影响，既深化了单元的人文主题和语文要素的学习，也强化了写作能力的训练，最后真正实现了作文是"语文综合素养的体现"。

4. "优化作业形式和内容"

精读课文中，一般都会有要求读写的生字，生字的教学在高年级后有所弱化，但是怎样做到即使生字教学弱化了，读写能力同样能够强化了呢？我设计了这样的作业模式：写一个生字，组两个词语，听写所组词语一遍或者抄写两遍（两者选其一），再从所组词语中选择四个以上词语写一小段话（无字数要求，用词恰当，通顺合理即可）。在批阅后，表扬和激励写话优秀的学生，使得本班的学生基本上都能写出一小段话，甚至可能写出一篇文章——有的是生活中所见，有的是编写的小故事，还出现了与前次连续的想象"小说"。这样不仅解决了生字的读写目标，还完成了字词的综合理解和运用——"写作"的训练。同时体现出学生思维能力和习作获得了自主、自由的个性化训练和发展。

四、"多位一体"习作教学模式

听、说、读、写、思是语文教学活动的主要内容，写是语文素质的综合体现，语文课程标准中强调，在写作教学中要"善于将读与写、说与写有机结合，互相促进"。因此，我们应搭建起一个自主的、开放的、互动的写作教学课堂——活动形式多样的课堂和丰富资源的获取手段并举，以任务为驱动，从学生兴趣出发，充分调动学生的各个感官，落脚在个性化的习作表达上。

在语文教学实践中，结合前辈们的成功经验，搭建起学生写作和生活的桥梁，构建起集"听、说、读、写、思"于一体的，适合于习作教学的一种开放式的（可以根据课标、教材和生活的变化做出调整的），有效提高学生语文素养的"立体教学模式"。

"听说读写思，多位一体"的习作教学模式，既照顾了学生的兴趣爱好，又培养了语文的综合素养；既关注了时代和生活的进步，又让学生占有了丰富的习作资源；既体现了学生语文学习的主体性，又展现了他们在写作中的自由、自主的个性表达。这是一个"语言建构与运用，思维发展与提升，审美鉴赏与创造，文化传承与理解"的过程，是语文核心素养得到落实的过程。

参考文献

［1］中华人民共和国教育部．义务教育语文课程标准（2011 版）［S］．北京：北京师范大学出版社，2012.

［2］李玉勤．小学习作教学的突围与实践［M］．芜湖：安徽师范大学出版社，2018：3.

［3］吴勇．吴勇用教材——小学教材习作教学探索［M］．福州：福建教育出版社，2017：9.

［4］刘艳玲．小学中年级段体验式习作教学中存在问题及对策研究［D］．沈阳：沈阳师范大学，2017.

［5］李阳．"生活教育"思想运用于小学语文习作教学的思考［J］．新课程（中），2017（9）.

［6］吴龙霞．小学生作文能力低下现状分析［J］．考试周刊，2016（87）.

（本篇论文在安顺市"十三五"第二批市级骨干教师、教育信息化骨干教师、乡村名师培训班学员论文评选中获一等奖。）

第四篇

04

| 理念之花：教学设计 |

《牛和鹅》教学设计

——主题微学习实践教学设计

安顺市实验学校 胡艳梅

课题	《牛和鹅》		备课教师	胡艳梅
教学年级	四年级	课型		阅读课
教学背景分析	《牛和鹅》是部编版小学语文四年级上册第六单元的一篇精读课文，讲述了一个童趣十足的故事，作者童年时期不怕牛却怕鹅，在金奎叔的引导下，作者改变了对牛和鹅的态度，从而得到启示的故事。本单元的人文主题是"童年生活"。语文要素有三个：学习用批注的方法阅读；通过人物的动作、语言、神态体会人物的心情；记一次游戏，把游戏过程写清楚。《牛和鹅》这篇课文主要是学习示范批注，了解可以从哪些角度进行批注。此外，就是在批注阅读中借助关键词句体会人物心情。这个单元首次提出"学习用批注的方法阅读"是非常重要的单元，其特殊性不亚于策略单元。要让学生在理解的基础上学习批注，用批注来促进阅读。我在第一课时的教学中，通过微课引领让学生自主学习用批注的方法阅读可以从哪些角度进行，然后让学生自主学习，知道文中的阅读小伙伴是从哪些角度，针对什么内容进行批注，再指导学生在自主、合作、探究中用批注的方法理解课文内容，体会人物的情感，同时小组梳理好学习情况分享汇报，老师相机点拨指导。			
教学目标	1. 认识"谓、拳"等 10 个生字，会写"摸、甚"等 15 个字，会写"甚至、顽皮"等 14 个词语。 2. 知道可以从哪些角度给文章做批注。 3. 能借助相关词句，体会"我"见到鹅和被鹅袭击时的心情。 4. 能说出"直到现在，我还记得金奎叔的话"的原因。			
教学重点	1. 识记本课生字，书写生字。 2. 能够正确、流利、有感情地朗读课文。 3. 知道可以从哪些角度给文章做批注。			

续表

课题	《牛和鹅》	备课教师	胡艳梅
教学难点	1. 理解"它虽然把我们看得比它小，可我们实在比它强啊！"这句话的含义。 2. 朗读感悟课文内容，认识到看待周围的事物，从不同的角度出发就会得到不同的结果。		
教学方法	教法：情景教学法、点拨法。 学法：自读自悟法、合作探究法。		
教学资源	1. 课件 2. 微课		
第一课时			

课时目标
1. 识记本课生字。
2. 能够正确、流利、有感情地朗读课文，把握课文主要内容。
3. 了解阅读小伙伴批注的角度，知道可以从哪些角度给文章做批注并尝试用批注的方法阅读理解课文。

教学过程	教师活动	学生活动	设计意图
一、导入新课，激发兴趣	1. 请学生谈谈对牛和鹅的认识。 2. 揭题、板题。	1. 学生分享。 2. 学生齐读课题。	从学生的生活经验入手，让学生谈谈对牛和鹅的认识，激发学生的学习兴趣，引导学生留心观察生活，乐于表达。
二、初读课文，整体感知	1. 出示自主学习指南：自由读课文，注意读准字音，读通句子，边读边想课文围绕牛和鹅写了些什么？ 2. 检查初读情况： ①出示词语，重点指导读好拟声词。 ②概括文章主要内容。教师板书：欺负牛，害怕鹅—被鹅追赶—改变态度。	1. 带着要求自由读课文。 2. 学生读词语。 3. 学生汇报文章的主要内容。	扫清字词障碍，尤其是拟声词的朗读有利于学生接下来对课文的朗读。引导学生概括文章的主要内容，培养学生提取信息的能力和整体把握文章内容的能力。

续表

教学过程	教师活动	学生活动	设计意图
三、快速浏览课文，认识批注式阅读	1. 请学生谈文章与平时学的有什么不同，引导学生认识批注。老师出示文章批注的截图。 2. 给学生讲解批注式阅读。	让学生谈自己的发现。	通过让学生对比与之前学习文章的不同，发现符号批注和文字批注的区别，自然引入本课的批注学习。
四、微课学习，掌握角度	播放微课。让学生了解批注式阅读的角度有：有疑问、有启发、写得好、有体会等。	学生分享微课学习情况。	运用生动形象的微课让学生自主学习，了解批注式阅读的角度，为下一步的学习做好铺垫。
五、自主学习，汇报朗读	1. 出示： 自主学习指南 【学习任务：了解批注角度】 要求：自由读课文并思考，阅读小伙伴在阅读文本时，共做了几次批注？分别是从哪些角度批注的？ 准备用以下句式汇报："请大家看第____自然段，阅读小伙伴批注_____（读批注的话），我认为是从_____的角度批注的。" 2. 教师巡视指导。	1. 学生自由读课文，思考阅读小伙伴分别从哪些角度批注的，针对什么内容批注。 2. 学生汇报批注的角度，阅读与批注有关的段落。	引导学生关注课文中五处批注示例，通过朗读感悟，感受为什么会有这样的批注。
六、合作学习，尝试批注	1. 出示： 小组合作学习指南 【学习任务：用批注的方法理解课文内容】 任务一：组员自己默读课文，试着从有疑问、写得好、有体会、有启发等不同的角度给文章做批注。 任务二：组长组织大家对批注的角度进行归类并做好汇报准备。 温馨提示：小组讨论归类时，注意说话的音量，避免干扰其他组；不重复别人说过的话。如果想法接近，可以先表示认同，再继续补充。 2. 点拨指导。	1. 默读课文，试着从有疑问、写得好、有体会、有启发等不同的角度给文章做批注。 2. 小组对批注的角度进行归类并做汇报准备。	小组合作学习，学生之间互为资源，互相启发，培养了自主合作探究的学习能力。同时，用温馨提示指导学生在小组讨论时要注意的方法，巩固了第三单元口语交际单元的语文要素。

续表

教学过程	教师活动	学生活动	设计意图
七、汇报批注角度，感情朗读	1. 出示： 汇报展示指南 【学习任务：分类汇报自己批注的角度】 要求： ①学习小组汇报本组的批注情况。可以用以下句式汇报："我们组从____（批注角度）批注的是第____自然段，_____（读句子），我们认为_____（读批注）。" ②汇报的同学声音洪亮、表述清楚、站姿优美。 ③听的同学认真倾听，如有补充请举手。 2. 教师点拨指导。	1. 小组上台汇报批注的角度并有感情地朗读。 2. 其他同学做补充。	学法迁移让学生将学习的内容、学到的方法内化、应用、实践并上台展示、汇报，用投屏展示学生批注的图片，激发学生自信心的同时做到信息技术与课堂教学的深度融合。
八、课堂总结，拓展延伸	1. 课堂总结谈话。 2. 让学生课后用批注的方法阅读课后短文。 3. 好书推荐：任大霖儿童文学作品《蟋蟀》。	1. 学生谈收获。 2. 课后用批注的方法继续学习探究。 3. 课余坚持每天阅读课外书。	让学生在课后运用批注的方法阅读短文，在课堂上学到的方法在课后得到巩固提升。 阅读书目的推荐，鼓励学生用批注的方法阅读，实现主题阅读的拓展延伸。

（该篇教学设计参加贵州省教育科学院、贵州省教育学会 2016 年教育教学科研论文及教学设计评选获二等奖。）

《乡下人家》教学设计

安顺市实验学校　胡艳梅

一、教材分析

人教课标版第八册第六组课文以"走进田园，热爱乡村"为主题。意在让学生通过朗读，感受充满诗情画意的田园美景，体验自然质朴的田园生活，体会作者的表达方法，丰富自己的语言积累。《乡下人家》是本组第一篇精读课文，它用质朴而生动的文字向读者呈现一幅田园风光的写意画卷。本课的教学重点是引导学生能随文章的叙述在头脑中浮现一幅幅生动的画面，从而感受乡村生活的美好。教学难点是体会从平凡的事物、普通的场面展现乡村生活的美好；了解课文在空间、时间上交叉叙述的顺序。我根据散文自有的美为学生创设了诗意浓浓的课堂，让学生在诗情画意中感受文中描绘的美好意境，进而发现美，欣赏美，感悟乡村人家独特迷人之处，受到美的熏陶。

二、教学目标

（一）知识与技能

1. 有感情地朗读课文，针对自己感兴趣的景物谈体会。

2. 了解课文的叙述顺序。

3. 小练笔：乡下人家的冬天。

4. 积累好词好句。

（二）过程与方法

自读时想象画面，自悟时体会情味，交流时畅所欲言。

（三）情感态度价值观

感受乡村生活的美好，体会作者对乡村生活由衷的热爱之情。

三、教学准备

1. 学生通过第一课时的学习，初步感知了课文内容，扫除了生字词的障碍，完成了识字、写字的任务。

2. 教师制作课件辅助教学。

四、教学过程

（一）导入新课

1. 课件出示：描写田园风光的古诗"狗吠深巷中，鸡鸣桑树巅""莫笑农家腊酒浑，丰年留客足鸡豚""童孙未解供耕织，也傍桑阴学种瓜"配乐画面。

2. 教师朗诵。

3. 过渡谈话：同学们，古代诗人对乡下田园风光的描写，让我们感受到诗情画意的乡村美景。那现代作家对乡下人家的描写又是怎样的呢？让我们跟随作家陈醉云走进乡村生活，走进这平凡的农家小院，去领略田园生活的美好。

4. 板书课题。

（二）初读课文

1. 找中心句引入课文。

2. 学生浏览课文、汇报自己找到的中心句。（乡下人家，不论什么时候，不论什么季节，都有一道独特、迷人的风景。）

3. 教师播放课件，指导抓关键词朗读、理解。

4. 找风景。

师：乡下人家的风景那么独特，那么迷人，让人流连忘返。请同学们再回到课文，默读全文，找一找作者为我们呈现了哪些独特、迷人的风景。

5. 学生汇报，教师边归纳，边出示课件，学生齐读：

乡下人家

屋前瓜藤绕　门前花盛开

屋后春笋冒　鸡鸭喜觅食

门前吃晚饭　秋夜虫儿唱

（三）研读品味，感受乡村生活的美

师：就是这样富有诗情画意的乡下人家，同学们，请选中你最喜欢的画面，尽情发挥吧，一会儿把它美美地读给同学们听听。

要求：边读边勾画自己认为写得好的句子；在你喜欢的句子旁写一写感受，养成不动笔墨不读书的习惯。

1. 学法指导，学习"屋前瓜藤绕"，范例引路

（1）指名读第一自然段。

（2）教师评价。

（3）课件出示句子：青、红的瓜，碧绿的藤和叶，构成了一道别有风趣的装饰，比那高楼门前蹲着一对石狮子或是竖着两根大旗杆，可爱多了。

学生轻声读句子，思考：别有风趣的装饰指什么？为什么说这些瓜、藤、叶比那高楼门前蹲着一对石狮子或是竖着两根大旗杆，可爱多了？

①教师指导学生联系生活实际理解。

②指名朗读句子：青、红的瓜，碧绿的藤和叶，构成了一道别有风趣的装饰，比那高楼门前蹲着一对石狮子或是竖着两根大旗杆，可爱多了。

③学生美美地读句子。

④学法小结：品读——思考——与文本对话——美读。

2. 自主选择美景，交流感受

过渡谈话：

同学们，刚才你们用心去品味文章，和作者一起思考，和文本进行对话，这是品读文章的方法。下面，请同学们利用刚才的学习方法，畅所欲言，把你最喜欢的一处风景展示给大家吧！

预设：

（1）门前花盛开

生A：我喜欢门前花盛开这一处风景。课件："有些人家，还在门前的场地上种几株花，芍药、凤仙、鸡冠花、大丽菊，它们依着时令，顺序开放，朴素中带着几分华丽，显出一派独特的农家风光。"

①学生读并谈体会。

师：老师看你听得认真样子，你肯定也喜欢这处风景，一定被这些花给陶醉了！请你来读读，同学们闭上眼睛想象画面。（生读）

师：你会用哪些词来形容眼前的景色呢？（五彩缤纷、花枝招展、百花齐放……）

②理解"朴素中带着几分华丽"。

作者为什么还要说"朴素中带着几分华丽"呢？大家想想它们会长在哪里？（对，它们不像城市里的花有漂亮的花瓶来衬托，有美丽的彩纸来包装，乡下人家的花是那样的简单，那样的朴素，但朴素是最自然的，这自然的花五彩缤纷、花枝招展，看上去自然是"朴素中带着几分华丽"。瞧！它们开得多欢啊，我们一起美美地读读吧！）

（2）屋后春笋冒

①出示课件：几场春雨过后，到那里走走，常常会看见许多鲜嫩的笋，成群地从土里探出头来。

②指名读句子，理解"探"。

③想象雨后春笋的画面，拓展"无数春笋满林生，更有笋尖出土忙"。

④美读句子。

（3）鸡鸭喜觅食

①学生 C：我喜欢鸡鸭喜觅食的风景。

②读勾画的语句。

③你为什么喜欢这一处风景？（学生谈）

④教师点拨。

（4）门前吃晚饭

①学生 D：我喜欢"门前吃晚饭"这一处风景。（朗读）

师：听着你入情地朗读，我们仿佛看到红霞辉映，晚风轻拂，倦鸟归巢，在这美妙的大自然里，人们一边享用晚饭，一边闲话家常，多美的一幅乡村晚景图！

②男同学来读，女同学闭眼想象画面吧！

（5）秋夜虫儿唱

生 E：我喜欢的是"秋夜虫儿唱"这一处风景。

①学生朗读。

②教师范读。

③谁能把宁静的感觉读出来？愿意读的同学都请起立为大家表演，把咱们一起带入那宁静的秋夜。

（四）欣赏图片、感受美

1. 课件配乐出现图片，学生欣赏。

乡间的美景真是让人看也看不够啊！让我们和作者一起发出这样的赞美：

"乡下人家，不论什么时候，不论什么季节，都有一道独特、迷人的风景。"
（齐读）

（五）小结写法

课文以诗一般的语调，按照房前屋后的空间顺序和春、夏、秋三季，白天、傍晚、夜间的时间顺序交叉描写，作者在描写的过程中，还善于抓住乡村生活中最平凡的事物、最普通的场面，描写乡村生活的特点。让我们感受到乡下人家这独特、迷人的风景。这就是语言的魅力。

（六）小练笔：描写乡下人家的冬天

师：作者没有写冬天，其实乡下人家的冬天也是很美的，在你的想象中乡下人家的冬天是怎样的呢？同学们也当一回小作家，大胆想象，学学作者的写法，写一写乡下人家的冬天吧！

（七）交流

1. 请学生交流自己写的乡下人家的冬天，教师点评。

2. 再次回读中心句。

师：你瞧，在同学们的笔下，乡下人家的冬天也是美丽的。让我们再一次发出赞叹——（学生齐读）乡下人家，不论什么时候，不论什么季节，都有一道独特、迷人的风景。

（八）布置作业

1. 摘抄自己喜欢的好词好句。

2. 请同学们和家人一起，多去那独特、迷人的乡下人家走走，准备开展一次"走进田园"的综合实践活动吧！

附：板书设计

乡下人家

一道独特、迷人的风景

无论何地、无论何时

和谐　　自然

（该教学设计为2011年参加安顺市小学语文优质课比赛获一等奖教学设计）

"为'鸟的天堂'写解说词"教学设计

安顺市实验学校 胡艳梅

一、教材分析

　　《鸟的天堂》取材于人民教育出版社第十一册第17课，《鸟的天堂》是著名作家巴金先生1933年5、6月间南游广东时写的散文，后来收入他的散文集《旅途随笔》中，选入课文时有修改。文章记叙了作者和他的朋友两次经过"鸟的天堂"时所见到的不同景象，表现了大榕树的庞大、茂盛，以及被称作"鸟的天堂"的名不虚传，表达了作者对大自然中这种生命现象的热爱和赞美。

　　在学生学完课文《鸟的天堂》后，我安排了这样的语文综合性学习活动："鸟的天堂"目前已成为一处游览胜地。请你根据课文内容，通过在线移动学习，搜集一些有关的材料，为导游写一篇简短的解说词。

二、学生分析

　　学生通过前一阶段的学习，培养了一定的综合学习能力，学会了在线移动创新的学习模式。通过学习课文，理解了课文内容，对"鸟的天堂"有了一定的认知。学生边读边想象画面，在感受了南方美丽风光的同时，体会到了作者热爱大自然的思想感情，领悟到了作者抓住景物特点进行描写的表达方法。让学生撰写解说词，能拓宽学生学习语文的渠道，培养学生的习作能力，增强环保意识。

三、教学目标

　　（一）知识与能力
　　1. 利用网络展开多层面的拓展阅读，进一步了解"鸟的天堂"相关资料。
　　2. 能较好地对搜集的信息进行分析归纳，尝试写简短的解说词。
　　3. 培养想象力和创造力，增强环保意识。
　　（二）过程与方法
　　1. 通过小组分工协作和信息成果集体共享，培养学生的合作精神。
　　2. 使学生在活动中进一步巩固利用网络查找资料、运用资料的基本方法。

（三）情感态度价值观

通过教学活动，培养学生利用网络等现代移动学习模式获取资料、解决与学习、生活相关问题的主动性和习惯，拓展语文学习的渠道。培养想象力和创造力，增强环保意识。

四、教学环境

□简易多媒体教学环境　　□交互式多媒体教学环境　　√网络多媒体环境教学环境
√移动学习　　□其他

五、信息技术应用思路

在本节课的设计中我把它定位为"自主探究型综合性学习活动课"。目的就是在活动中如何落实"信息技术学习与学科课程的整合"和培养学生学会在线移动创新的学习模式。"为'鸟的天堂'写解说词"在线学习活动，我通过网页课件，引领学生学会搜集整理资料，再结合网络，提取有用的信息，撰写解说词。

预期效果：学生学会利用网络等现代移动学习模式获取资料，养成解决与学习、生活相关问题的主动性和习惯，培养自主探究，搜集和运用信息的能力，拓展语文学习的渠道，习作水平和口语交际水平得到提高。

六、教学流程设计

教学环节	教师活动	学生活动	信息技术支持
（一）导入	谈话激趣，导入新课：同学们，我们在学习课文《鸟的天堂》过程中，哪些地方给你留下了深刻的印象？	分享自己印象最深的地方。	学生分享交流后，老师揭示今天的教学内容：为"鸟的天堂"撰写解说词。
（二）设疑讨论	设疑：（1）解说词一般的格式是怎样的？（2）"鸟的天堂"的具体地址在哪儿？（3）"鸟的天堂"有多少年的历史了？（4）"鸟的天堂"最初是怎样形成的？（5）"鸟的天堂"里有哪些种类的鸟？（6）人们是怎样保护鸟儿的？	1.讨论交流，确定学习主题。（在讨论交流中确定自己感兴趣的主题，自愿组合，组成学习小组）	制作网页课件：走进"鸟的天堂"。这是运用Frontpage软件制作的网页课件。课前，老师把网页课件发布于计算机教室局域网。（本堂课在计算机教室完成）网页包括主页：走进"鸟的天堂"。分页：巴金简介、鸟儿多、写解说词的格式、解说词范例、展示区、问卷调查等。上课伊始，师生共同复习课文内容，引出新课，然后提出问题，老师整理出示问题。学生带着问题，自主选择网页课件的内容进行学习。为撰写解说词做准备。

教学环节	教师活动	学生活动	信息技术支持
（三）训练	巡视指导	1. 上网查询关于"鸟的天堂"的资料，对信息进行分析判断。	互联网学习 学生上网查询"鸟的天堂"相关资料，对网络资料进行筛选。
（四）研讨	巡视指导	将搜集的资料粘贴于展示区与他人共享，或者阅读其他同学的资料，对资料进行整理加工，在充分分析评判的基础上选出有效信息。	网页课件＋互联网 学生把搜集的资料粘贴于展示区，与小组同学分享。
（五）探究	巡视指导	撰写解说词：运用自己喜欢的方式创造性地撰写解说词。	Word 文档 学生用自己喜欢的方式创造性地撰写解说词，在 Word 文档进行编辑。
（六）评价	引导点评	上传解说词，成果共享。阅读和评价解说词，进行经验交流。	网页课件＋互联网 学生把自己写好的解说词上传到展示区，分享、评价、修改。推荐优秀作品，当小小解说员进行展示。
（七）建构	归纳方法 鼓励自主探究	1. 学会确定关键词查找资料。 2. 能准确判断筛选有效信息。 3. 了解网络阅读的作用。	
（八）作业	布置作业	完成课后调查问卷。	网页课件 学生完成课后问卷，教师了解学生综合性学习活动后的效果。

七、课后问卷

为"'鸟的天堂'写解说词"课后问卷

一、知识与能力

1. "鸟的天堂"是指（　　　）

A. 有鸟的地方　　　　B. 鸟儿生活的美好环境　　C. 大榕树

2. "鸟的天堂"位于（　　　）

A. 广西省　　　　　　B. 湖南省　　　　　　　C. 广东省

3. 写解说词的一般格式（　　　）

A. 写清导游的身份　　B. 抓住景物的特点　　　C. 语言平淡

4. 人们用笼子养鸟，对吗？（　　　）

A. 对　　　　　　　　B. 不对

5. 你知道有关保护鸟儿的法律吗？（　　　）

A. 知道　　　　　　　B. 不知道

二、情感与价值

1. 人们训练动物，是（　　　）

A. 保护动物　　　　　B. 摧残动物

2. 人们吃野菜是一种什么行为？（　　　）

A. 破坏生态环境　　　B. 保护生态环境

3. "鸟的天堂"的形成与人们的保护（　　　）

A. 有关　　　　　　　B. 无关

4. 你正在保护自然环境（　　　）

A. 做宣传　　　　　　B. 身体力行　　　　　C. 从不关心

5. 人与自然应该（　　　）

A. 和谐相处　　　　　B. 任意破坏

三、方法与习惯

1. 在线移动创新学习的优点（　　　）

A. 好玩　　　　　　　B. 方便快捷　　　　　C. 开阔视野　　　　D. 增长知识

2. 在学习生活中遇到难题，常常（　　　）

A. 上网查询　　　　　B. 传统方法查找

3. 网络学习中最困难的是（　　　）

A. 关键词的确定　　　B. 信息的准备判断

4. 你对不健康网站（　　　）

A. 从不点击　　　　　B. 偶尔点击　　　　　C. 经常点击

5. 自主合作探究学习可以（　　　）

A. 培养合作意识　　　B. 培养探究能力　　　C. 浪费时间

续表

八、教学反思
在本节课的设计中我把它定位为"在线移动自主探究型综合性学习活动课"。目的就是在活动中如何落实"信息技术学习与学科课程的整合"和培养学生学会在线移动创新的学习模式。"为'鸟的天堂'写解说词"在线学习活动，我通过网页课件，引领学生学会搜集整理资料，再结合互联网，学生上网阅读、提取有用的信息，创造性地撰写解说词。在这次综合性学习活动的设计中，打破了平时教学中让学生用纸笔单纯写解说词的模式，而是让学生带着自己感兴趣的问题，学会利用网络自主学习，创造性地撰写解说词，同时引导学生相互评价，培养了学生自主合作探究的学习能力。课后问卷的设计，实现对学生学习效果的跟踪评价，为下一步的教学提供有效支撑。

　　（该篇教学设计参加贵州省教育科学院、贵州省教育学会 2016 年教育教学科研论文及教学设计评选获二等奖。）

《索溪峪的"野"》教学设计

安顺市实验学校 胡艳梅

【学习目标】

1. 正确、流利、有感情地朗读课文。

2. 领悟作者抓住景物特点描写的表达方法。

3. 感受索溪峪风景区天然野性的自然风光。

【教学重点、难点】

感悟文章的野性美，领悟作者的写作方法。

【教学方法】

小组合作、感情朗读、让学生自由为导游配解说词、当摄影师拍风景照等方式品读课文，感悟索溪峪的"野"。

教学时间：1 课时

【教学过程】

一、导入新课，检查预习

1. 同学们，在我国湖南省有一个风景区，被人们誉为"扩大了的盆景，缩小了的仙境"，这就是张家界。今天我们要去游览位于张家界的一处风景区——索溪峪。

2. 板书课题，齐读课题。

3. 请学生介绍在预习中了解到的索溪峪的资料。

（设计意图：导入新课，检查预习，培养学生的自主学习能力和搜集处理提取信息的能力。）

二、初读课文，整体感知

自主学习指南

【学习任务：整体感知课文内容】

1. 读准字音，读通课文。

2. 画出文章的中心句。

3. 边读边想：索溪峪的"野"表现在哪几个方面？

（一）按学习指南自主学习，教师巡视指导

（二）学生汇报自主学习情况

1. 课件出示词语，请学生朗读。

2. 读出文章的中心句。

3. 说说索溪峪的"野"表现在哪几个方面？

（设计意图：任务驱动是激发学生学习兴趣的有效途径之一，在整体感知课文内容环节，出示自主学习指南，教给学生学习方法，在"自学——汇报——点拨"的学习板块中完成学习任务。）

三、拼图式阅读，品读感悟

（一）出示拼图式阅读指南

拼图式阅读指南

（建议时间：8分钟）

【学习任务：品读索溪峪的山"野"、水"野"、野物"野"、游人"野"】

任务一：每个组员选择描写索溪峪的山"野"、水"野"、野物"野"、游人"野"的其中一个自然段阅读，画出中心句并做批注，体会"野"表现在哪些地方。

任务二：组员从组长开始，按顺时针的顺序分别有感情地朗读自己批注的句子并谈感受。

任务三：选择一个自然段进行分享，商议用什么独特的方式汇报学习成果。（如做小导游、当摄影师、有感情地朗读等）

温馨提示：

1. 说的同学音量适中，表述清楚，朗读有感情。

2. 听的同学认真倾听，如有补充请礼貌发言。

（二）学生在组内自主合作学习，完成三个学习任务

（设计意图：学生在小组内品读、感悟、分享，互为资源，互相促进，培养了自主、合作、探究的能力。）

四、成果分享，美读展示

（一）出示美读展示指南

美读展示指南

【学习任务：小组选择索溪峪的山"野"、水"野"、野物"野"、游人"野"的一个方面在全班分享】

要求：小组用独特的方式汇报。如做小导游、当摄影师、有感情地朗读等。

温馨提示：

1. 汇报的同学做到声音洪亮，站姿优美。

2. 听的同学认真倾听，如有补充请举手。

（二）小组上台美读分享

（三）教师相机点拨

（设计意图：小组用喜欢的方式汇报学习成果，老师点拨指导，培养了学生的语言表达能力、文本感悟能力、合作创新能力等。）

五、总结拓展，写法迁移

（一）总结

同学们，那惊险的山、调皮的水、顽皮的猴子、率真的人们，你们喜欢吗？这种美是一种怎样的美呢？

现在，你们明白了课题中"野"字为什么要加引号吗？（"野"字的真正含义是指索溪峪的那种天然、野性、纯朴的美。）

作者在这样的境界里，完全被感染了，被净化了，感觉此时的自己是从未有过的快乐，从未有过的清爽，他深深地爱上了这块神奇的土地，我们也仿佛跟着他来到了索溪峪。现在我们来总结一下，看看这篇文章有什么值得我们学习的写作方法呢？

（二）学生分享写作方法，教师点拨

1. 充分运用联想和想象来表达独特的感受。

2. 采用先概括表述再具体描写的方法。

（三）学生练笔

学习文章先概括表述再具体描写的写作方法，选择你喜欢的一处景物写一个片段。

（四）展示点评

（设计意图：以读促写，写法迁移，培养了学生的习作能力。）

六、布置作业

附：板书设计：

索溪峪的"野" ── 山"野"
　　　　　　　　水"野"
　　　　　　　　动物"野"
　　　　　　　　游人"野"

人教版课标实验教科书五年级上册第7课
《桂花雨》

安顺市实验学校　　胡艳梅

1 课时

一、教材分析

《桂花雨》是人教新课标实验教科书五年级上册的一篇略读课文，是第二组课文的第7课。这组教材的教学目标是让学生通过阅读课文体会作者对家乡的思恋、挚爱的思想感情，体会作者的感情是通过一些景物或事情表达出来的；通过阅读课文，引导品味语言，丰富学生的语言积累。课文以"桂花雨"为题，以"桂花香"为线索，写了"我"童年时代的"摇花乐"，表达了对家乡亲人和美好生活的眷恋。作者琦君以童年时代的眼光看待事物，反映了作者纯真的童趣、淳朴的情感，这种情感集中体现在"摇花乐"这一场景之中。文章语言清新，情感丰富而真挚。本课教学的重点是粗知大意，并抓住主要内容和重点句子，体会作者的思想感情。我在教学中引导学生参照阅读提示中的问题，独立自主、合作探究进行阅读、思考、交流，体会作者的思想感情。

二、教学目标

（一）知识与技能

1. 认识两个生字。读读记记"姿态、迷人、至少、邻居、成熟、完整、尤其、提前、香飘十里"等词语。

221

2. 正确、流利、有感情地朗读课文。

3. 通过自读自悟后，与同学交流，体会作者思恋家乡的思想感情，并领悟这种感情是怎样表达出来的。

（二）过程与方法

1. 通过自学，扫清字词阅读障碍。

2. 引导学生根据"阅读提示"自主阅读探究。

3. 通过反复品读课文重点语句，体会作者要表达的思乡之情。

（三）情感态度价值观

丰富学生的情感体验，进一步体会人们的思乡之情。

三、教学准备

1. 学生通过预习扫清字词阅读障碍。

2. 教师了解作者，阅读琦君的散文。

3. 教师制作多媒体课件辅助教学。

四、教学重、难点

学习课文，了解课文内容，体会作者所表达的思想感情。

五、教学时间

1 课时

六、教学过程

（一）导入新课

1. 课件出示：桂花图片导入

师：同学们，很高兴能和你们在一起学习，看到你们，我又想起了我的学生时代，想起了我的学校。我们学校是一座花园式的学校，那里环境优美，你们瞧（课件出示学校风景图片让学生欣赏），这些美丽的风景，最让我难忘的还是有着百年历史的桂花树，中秋时节，桂花树上开满了桂花，香飘满园，我们的同学常常爱把风儿吹落的桂花拾起来放在文具盒里，让桂花香伴着他们学习。今天让我们一起去学习一篇有关桂花的文章，台湾著名女作家琦君写的《桂花雨》。（板题、读题）这是一篇略读课文（在课题上标＊）我们要用在精读课文中学到的方法自己学习这篇课文，同学们有信心学好吗？

（二）检查预习

1. 师：同学们昨天已经预习了课文，请与我们分享一下你们的预习收获吧！

2. 学生交流。（在学生交流时教师相机画桂花树的简笔画）

（三）梳理问题，明确学习目标

1. 学生读阅读提示，梳理问题。

2. 学生汇报，教师标出三个问题。（师评价：找对了，你通过阅读提取信息的能力很强）

（四）走进文本，品析感悟

过渡谈话：同学们，接下来咱们将带着这些问题去学习课文。

1. 学法指导

师：想一想我们平时在学习文章时都用到了哪些方法呢？（学生交流）

2. 教师点拨小结（出示课件："金钥匙"A. 圈画重点词句；B. 在感受深的句子旁做批注；C. 联系上下文理解词句的意思）

师：同学们，面对问题，我们要找到适合自己的"金钥匙"来打开问题之门。你选择哪把"金钥匙"呢？相信大家已经选好适合自己的方法了。那就请同学们围绕着这三个问题开展阅读吧！

3. 学生在学习小组自学，教师巡视指导。

4. 学生汇报，教师点拨指导。

预设

问题一：这香气迷人的桂花又让"我"想起了什么呢？

生：我读懂了这香气迷人的桂花又让"我"想起了童年时代的摇花乐还有那摇落的阵阵桂花雨。

师：你从文中的哪一句话读懂的？能给我们读读吗？

（1）学生读句子，指导理解句中为何用"又"这个字。

师：读着这个句子，哪个字冒出来让你印象最深？说说你的体会。

（2）学生齐读句子。

问题二：说说桂花给"我"带来了哪些快乐？

过渡谈话：这让作者深深怀念的桂花，给她带来了哪些快乐呢？同学们通

223

过学习，一定有收获了吧！

生：我读懂了桂花给"我"带来了摇花的快乐。（板书：摇花乐）

生：我们想分角色读读第五自然段。

（1）听着他们的朗读，哪些句子让你体会到摇花乐？自己练习有感情地读一读。

（2）谁是我们班的朗读小明星呀？请给我们读一读你勾画的句子吧！

（3）指名学生读课文，教师点拨指导。

（4）课件模拟摇桂花。

（5）学生角色体验，想象摇桂花的情境后相互交流，然后个性化朗读。

（6）配乐朗读。

师：你们的想象真丰富啊！这桂花雨给"我"带来了无穷的快乐，她陶醉了，我们也陶醉了，老师也情不自禁地想读一读啦！（教师配乐范读）

同学们一起来读读吧！（学生齐读，播放课件配乐）

（7）拓展。

师：作者已深深地沉浸在摇桂花的欢乐之中了，已深深地浸润在童年美好的回忆之中了！其实，当时作者的父母也都在场，母亲洗净双手，撮一点点桂花放在水晶盘中，父亲点上檀香，炉烟袅袅，两种香混合在一起，父亲顿时诗兴大发，作诗一首，想读吗？（学生齐读）课件：

> 细细香风淡淡烟，
>
> 竞收桂子庆丰年。
>
> 儿童解得摇花乐，
>
> 花雨缤纷入梦甜。

问题三：交流"这里的桂花再香，也比不上家乡院子里的桂花"这句话的体会。

（1）让学生谈自己的理解。

（2）请学生细细品读有这个句子的整段课文，抓住对"可是"这一表转折词的理解，看谁有新的发现！

（3）让学生谈发现。

（4）师：到底家乡的桂花有多香？请同学们浏览全文，找找理由吧！（学生勾画描写桂花香的句子并交流。教师板书：香）

（5）指导理解"浸"在文中的意思。

（6）引导学生感悟浓浓思乡情。

①引导学生通过对比阅读句子"桂花盛开的时候，不说香飘十里，至少前后十几家邻居，没有不浸在桂花香里的。""杭州有一处小山，全是桂花树，花开时那才是香飘十里。"理解桂花的香气是一样的，甚至杭州小山上的桂花因为多，显得香气更浓郁些。母亲不是用鼻子去分辨的，而是用感情来判断。

②引导学生理解母亲这句朴素的话，与"月是故乡明"如出一辙。母亲每年都闻着院子里桂花的香气，关注桂花，收获桂花，体验着馈赠桂花的快乐，吃着桂花做的食品，喝着桂花茶……家乡院子里的桂花树，浸透了她的心血和汗水，是母亲生活乃至生命的一部分，没有什么可以替代。从中，我们不难看出，家乡在母亲心中的分量。

③点拨学生理解母亲的这番话，这份情，自然影响了"我"，感染了"我"，作者每每看到桂花，就会想起故乡的"摇花乐"和那阵阵的桂花雨。这一朵朵小巧迷人的桂花，这一场场沁人心脾的桂花雨，都寄托着作者浓浓的思乡情。（板书：思乡浓。）

（五）拓展文本，走近作者

师：许多年过去了，作者琦君早已告别了童年，早已离开了母亲，早已远离了故土，可是她仍然喜欢用自己的笔写童年，写母亲，写故土。别人问她为什么，她说了这样一段话……"我总是不能忘却旧事，我一辈子最爱写的就是故乡，亲人，朋友，花草树木。这魂牵梦萦的故土，这难以割舍的童年，倘若都能一一地收藏起来，藏在记忆的花园里，我想那一定是一朵朵常开不败的花。当我们想起来的时候，会觉得很温馨，那我们收获的不仅仅是花朵的芬芳，更是美丽的人生。"原来琦君写"桂花雨"，其实是在记录美丽的人生，在表达自己的思乡之情呀！

（六）走出文本，学以致用

1. 让学生谈收获

师：咱们走出这让琦君永生难忘的桂花雨说说自己都有哪些收获吧！

2. 教师总结

师：作者以生动的文笔向我们介绍了童年的生活，文字中蕴含着浓郁的思乡情。作者的这份情，正是通过"我"对有关桂花的童年小事的回忆及母亲的话里表达出来的。同学们，当我们在习作中要表达自己的某种感情时，可以通过一些景物或事情表达出来，这是我们在自己的习作中要学习的方法。

3. 小练笔

（1）课件：听到（或者看到）……我总会想起……还有……

（2）学生写。

（3）汇报交流，师生评价。

（七）好书推荐，拓展阅读

推荐学生阅读琦君散文集《素心笺》

附：板书设计

7＊　桂花雨

香

摇花乐

思乡浓

课后反思：

《桂花雨》这篇课文以"桂花雨"为题，以"桂花香"为线索，写了"我"童年时代的"摇花乐"，表达了作者对家乡亲人和美好生活的眷恋。我在教学中引导学生根据"阅读提示"开展学习，带着阅读提示中的问题自主阅读探究、思考交流，根据学生对问题的学习情况顺学而导，通过反复品读课文重点语句以及走进"摇花乐"这一场景展开想象、朗读，体会作者要表达的思乡之情，最后引导学生讨论、探究文章的表达方法，使学生体会到作者的感情是通过一些景物或事情表达出来的，从而使学生学有所得。

我执教《桂花雨》这堂课，主要想尝试略读课文的教学方法，现结合我执教的《桂花雨》，针对略读课文的教学谈谈自己的点滴感受：

第一，略读课文的教学是教师指导学生运用从精读课文中得到的种种经验进行独立阅读的过程。我在教学伊始，引导学生从阅读提示入手，带着阅读提示中的问题，用在精读课文中学到的方法（圈画重点词句；在感受深的句子旁做批注；联系上下文理解词句的意思）开展阅读。我让学生走进文本，自主阅读，解决问题。引导学生大胆地交流自己的学习成果，让他们多读，在读中感悟和理解，自己发现问题，并在读书、思考、讨论和交流中解决问题。

第二，引导学生围绕重点，品味语言。略读课文不能像精读课文一样字斟句酌，要恰当简略，突出重点，展现亮点。《桂花雨》这篇课文里描写"我"童年时代的"摇花乐"是对学生进行朗读训练的重点。我在教学设计中，主要引导学生通过个别读、齐读、想象读、教师范读、创设情境读等方式品味语言，感悟"摇花乐"。"摇花乐"这一充满童真童趣的场景，让学生在入情入境的朗读中展现出来。另外，体会"这里的桂花再香，也比不上家乡院子里的桂花"的含义是理解课文内容的关键，我在教学中引导学生独立阅读、思考、交流，学生通过浏览全文，找出描写家乡桂花香的语句和描写杭州桂花香的语句，通过对比阅读以及联系上下文理解，体会人们浓浓的思乡情。

第三，领悟写法，读写结合。语文教学中提倡"读写结合"，通过读写训练，达到以读促写、以写促读，提高学生的语言感悟能力和表达能力。在《桂花雨》这篇课文中，"领悟作者的思乡情是怎样表达出来的"是"读写结合"的训练点。我放手让学生结合对文本的学习，同桌讨论、交流，发现这种情感是通过"我"对有关桂花的童年小事的回忆及母亲的话里表达出来的，还归纳出"叙事抒情""借景抒情""间接抒情"等方法。于是我因势利导，使学生明白在今后的习作中要表达自己的某种情感时，可以通过一些景物或事情表达出来，然后让学生进行能力迁移，开展小练笔，使学生学有所得。

第四，拓展延伸，增大阅读量。叶圣陶曾经说过："就教学而言，精读是主体，略读只是补充；但是就效果而言，精读是准备，略读才是应用。"既然略读是为了推广运用，略读课文的教学，就应该以教材为拓展点，内引外连，进行拓展阅读。因为小学高年级段要求学生的阅读总量不少于100万字，因此，我们除了引导学生读《义务教育语文课程标准》推荐读的书目外，还要依据教材进行拓展阅读。我在课中引入父亲的小诗以及作者的话，课后推荐学生阅读琦君散文集《素心笺》都是为了激发学生课外阅读的兴趣，以期达到增加学生阅读量的目的。

总之，我觉得略读课文的教学是学生在教师指导下习得读书方法，学会独立阅读的过程，教师不能越俎代庖，要把握好略读课文的教学策略，促进学生语文素养的形成与发展。

（该教学设计为参加"贵州省第四届小学语文优质课比赛"获得二等奖的教学设计，2013 年发表于贵州教育出版社出版的《安顺市实验学校优秀教学设计汇编》一书）

"绘画高手大赛"游戏作文教学设计

安顺市实验学校　胡艳梅

【教学目标】

1. 从兴趣出发，培养学生的观察力，养成观察的好习惯。

2. 学会捕捉精彩镜头，并运用想象把所见、所听、所想写进自己的文章中。

3. 从片段描写入手，把片段描写写具体。

【教学重难点】

1. 调动所有的感官进行观察。

2. 指导学生从动作、神态、语言等方面进行描写。

3. 理解游戏蕴含的道理，有所感悟。

【教学时间】　1课时

【教学过程】

课前游戏热身：含沙射影（板书"吃饭""喝水""洗衣服""刷牙"等词语做游戏）

一、揭示课题

师：同学们，刚才的游戏给我们带来了欢乐，还想继续玩游戏吗？好，那咱们今天就来上一节趣味作文课：游戏作文（板书）。

1. 板书：游戏作文

师：咱们的游戏是——绘画高手大赛。

2. 板书：绘画高手大赛

二、导入游戏

出示简笔画（这是咱们班的同学听说老师要来黄果树小学上课，特意画了一幅简笔画笑脸带来送给同学们），出示简笔画脸（这是老师搜集的简笔画脸：有开心的笑脸，也有愁眉苦脸）不过他们都是睁着眼睛画的。咱们的绘画高手可是要蒙着眼睛画哟——准备好了吗？

三、游戏活动

（一）做游戏要有游戏规则，大家一定要注意听老师讲游戏规则，听清要求并记在心里。

（二）游戏规则

1. 主持人请每组派一名选手上台。

2. 主持人讲解游戏规则：选手蒙上眼睛，在黑板上画脸蛋简笔画，限时两分钟；本组观众可以提示，其他区观众可以进行干扰。

3. 助手给选手眼睛戴上眼罩，领到黑板前；主持人下达开始的口令，并计时。时间一到，选手停止绘画，摘下眼罩。

4. 主持人请观众评议绘画高手。

5. 主持人宣布获胜者，请组长颁奖。

（三）观察提示

师：马上要进行绘画高手大赛了，同学们要认真观察哟！

出示课件：

谁怎么样？大家有什么样的表情、动作？在提示本组选手画脸蛋时是怎么说的？干扰其他选手时是怎么说的？看到同学画脸时，大家是怎么表现的？观众们发现这些脸蛋都各有什么有趣的地方？

（四）游戏开始

1. 蒙眼画脸。

2. 评议绘画高手的画，选出最佳简笔画脸。

3. 颁奖。

四、指导写作

（一）分享：你都观察到了什么？分享一下吧！

（二）紧张的游戏过后，你想到了什么？有什么感想呢？

（三）同学们说了这么多，一定想把它变成洋洋洒洒的文字吧！在写之前，咱们来观看微课，学几个写作文的小绝招吧！（播放微课）

（四）温馨提示：大家在写的过程中只需要抓你们感兴趣的片段来写，如选手画画的场面，选手摘下眼罩时的表现，观众在看比赛时的表现等。可以抓住人物动作、语言、神态、表情，也可以抓住游戏给你的心理变化，还可以抓游戏给你的感悟等。

五、学生习作，教师巡视指导

六、评价

1. 选择几篇精彩片段进行点评，在点评的过程中注重语言、神态、动作和心理描写。

2. 快乐的时光总是那么短暂，这节游戏作文课结束了，课后请同学们补充开头和结尾，使它成为一篇完整的习作。

【板书设计】

绘画高手大赛

倾听　观察　感想

【教学反思】

"绘画高手大赛"游戏作文教学反思

安顺市实验学校　胡艳梅

写作是小学语文教学的重要组成部分，是学生运用语言文字进行表达和交流的重要方式，是学生认识世界、认识自我、创造性表述的过程。写作能力是语文素养的综合体现。《义务教育语文课程标准》指出：在写作教学中，应注重培养学生观察、思考、表达和创造的能力。写作教学应抓住取材、立意、构思、起草、加工等环节，指导学生在写作实践中学会写作。重视引导学生在自我修改和相互修改的过程中提高写作能力。然而，在当前的作文教学中，发现学生作文存在着一些问题。例如，作文空洞、言之无物、词汇贫乏、缺乏想象力、缺乏细致观察等。小学作文教学仍然沿袭着"教师命题——学生写作——教师批改"的一贯模式。这种教学模式下，教师和学生、学生和学生之间没有形成实质上的"对话"交流。学生的写作是一种个人的学习活动，他的写作动机局限在个人认识活动的范畴里，那么，如何在小学作文教学中克服以上问题，提高学生的写作能力呢？《义务教育语文课程标准》告诉我们"语文课程是实践性课程，应着重培养学生的语文实践能力，而培养这种能力的主要途径也应是语文实践。语文课程是学生学习运用祖国语言文字的课程，学习资源和实践机会无处不在，无时不有。因而，应该让学生多读多写，日积月累，在大量的语文实践中体会、把握运用语文的规律。"因此，我们拟开展"以实践活动为载体提高学生习作能力的探索"课题实验。游戏，是学生喜闻乐见的一种活动形式。

我执教的"绘画高手大赛"游戏作文课，把游戏融入习作教学，学生们全身心参与其中，成为游戏活动的主人，体验成功的喜悦，感受失败的滋味。精彩刺激的游戏之后，再静下心回味整个游戏的经过，讲讲精彩的画面，然后写出作文。

精心设计，激发兴趣。作文课伊始，我带去一个精心设计的游戏——绘画高手大赛。首先讲解游戏规则：选手蒙上眼睛，在黑板上画脸蛋简笔画，限时两分钟；本组观众可以提示，其他区观众可以进行干扰。当游戏进行到紧张刺激的环节时，课堂上的欢呼声、鼓掌声、加油声此起彼伏。一会儿紧张刺激，一会儿屏息凝神，游戏已经把学生们带入到一个快乐幸福的世界。这种把游戏与作文联系在一起的方式，学生积极参与、主动表达，在写中展现乐趣，作文走进了他们的心里。

用心指导，培养观察。敏锐的观察力意味着强烈的求知欲，能够迅速而锐利地捕捉事物的各种特征和细节，并有认识和掌握各种新鲜事物的永恒热情。在习作教学中可以这样培养学生的观察力——激发学生的观察兴趣；布置观察任务；制定观察计划；养成记录、整理的习惯。我是这样指导学生观察的，在游戏开始之前，提出观察的要求：谁怎么样？大家有什么样的表情、动作？画画的同学是怎么做的？神态动作是什么样子的？观众们怎么加油的？学生带着以上几个问题，有目的地进行观察。再把自己观察到的记下来、说出来，培养了观察力和表达能力，为接下来的习作做好了铺垫。

抓住细节，引领表达。细节描写是一种以小见大的方法。在指导学生选择细节的时候要从细微处着手，让细节反映人的思想状况，揭示文章主题。为了让学生体会细节描写的妙处，我还制作了微课，让学生在生动形象的微课指导下学会习作。

总之，今天这节游戏作文课，让学生在玩中观察、体验，在实践中感悟、习作，收到了事半功倍的效果，让学生从此不再怕写作文。

《猎人海力布》教学设计

安顺市实验学校　姚蕾

课题	《猎人海力布》第二课时		备课教师	姚蕾
教学年级	五年级上	课型		阅读课型
教学背景分析	学情分析：五年级学生有一定的阅读速度，在三、四年级训练了详细复述和简单复述后，大部分学生已经具备复述故事的能力。 教材分析：《猎人海力布》是本册书第三单元的第一篇课文，本单元语文要素"了解课文内容，创造性地复述故事。提取主要信息，缩写故事。"作为本单元的第一篇课文，让学生初步体会用第一人称复述故事的乐趣。本课教学紧紧围绕读故事、创造性复述故事、缩写故事展开。			
教学目标	1. 能用海力布或乡亲的口吻讲述海力布劝说乡亲赶快搬家的部分。 2. 能简要介绍那块叫"海力布"的石头的来历。			
教学重点	能用海力布或乡亲的口吻讲述海力布劝说乡亲赶快搬家的部分。			
教学难点	能简要介绍那块叫"海力布"的石头的来历。			
教学方法	讲授法、讨论法、任务驱动法、自主学习法			
教学资源	PPT 课件			
教学过程	教师活动		学生活动	设计意图
一、复习导入，快速阅读	1. 同学们，我们今天继续学习《猎人海力布》，回忆一下，这篇课文写了海力布的哪两件事？ 2. 老师板书。		学生自由汇报。	复习巩固导入，真正做到学以致用，体现了统编教材的整体性。

教学过程	教师活动	学生活动	设计意图
二、梳理课文情节，品读人物形象	1. 今天，我们再次走进课文。快速浏览，分别用一句话概括这两件事的起因、经过、结果，并填写"自主学习单"。 2. 你认为海力布是一个怎样的人？ 3. 多感人的故事呀！多伟大的英雄呀！相信同学们也被文中的很多情节感动。默读课文，找出文中让你感动的句子，勾画下来并做批注。	学生自由汇报。借助表格梳理课文内容。学生勾画、做批注。学生汇报。	运用"阅读学习单"梳理故事脉络，进一步熟悉课文，引导学生找感人的语句，为复述故事打基础。
三、回顾复述要领，练习复述故事	1. 我们读了这么感人的故事，是不是应该分享出去？这就是我们说的"复述"，同学们还记得复述的要领吗？ 2. 结合学习单，选择一件事同桌互相复述。	1. 学生汇报。 2. 同桌合作复述故事	结合学习单，帮助学生以读者身份进行复述，为创造性复述打基础。
四、"班级故事会"，创造性复述故事	1. 刚才，我们以读者的身份复述了这个故事，现在我们变换一下身份，小组合作讲故事，相信大家也能顺利完成任务： (1) 如果你是海力布救下的小白蛇，你得知海力布的故事，你会怎样把海力布的故事说给你的亲人听？ (2) 如果你是一位导游，带游客来到这个景点，你会给大家怎样介绍海力布的故事？ (3) 如果你是位蒙古老人，你会怎样把英雄的故事说给你的学生听？	小组合作，分工扮演角色，复述故事。分组展示。	引导学生变换身份讲述这个故事。
板书设计	猎人海力布 { 救白蛇　舍己为人 救乡亲 复述：关键信息不遗漏 ↓ 创造性复述		

234

设计理念 及 教学评价	在教学过程中，把握本单元语文要素，确定教学重难点，首先回顾快速阅读的方法，运用快速阅读鼓励学生再次读课文，使上一单元的阅读策略得到巩固与提升，然后紧扣这节课的教学重点"创造性复述课文"，设计"自主阅读单"，放手让学生自主学习，完成第一次复述，接着引导学生通过朗读找到感人的语句，体会人物形象，为创造性复述打下基础。最后，用角色扮演的形式，鼓励学生创造性复述课文。
教学反思 （预设）	课堂教学以落实教学重难点为目的，紧紧围绕教学目标，大胆放手学生自学，以学生为主，让创造性复述课文落地。对于阅读速度慢的学生，在复述课文的要求上要适当放低要求，帮助他们树立信心。

（2020年9月，参加安顺市教育局教育脱贫攻坚送课到紫云县白石岩小学教学设计）

快乐读书吧《在那奇妙的王国里》教学设计
——主题微学习实践教学设计

安顺市实验学校　姚　蕾

一、教材内容

"快乐读书吧"是统编版教材中指导学生进行课外阅读的重要板块，是课外阅读课程化的指引。这个栏目旨在激发学生阅读各种类型读物的兴趣，并有基本的文体知识，学习一些阅读的方法，引导学生养良好的阅读习惯。"快乐读书吧"以《在那奇妙的王国里》为主要学习内容，引导学生读一些童话故事书，重点推荐阅读《安徒生童话》，拓展阅读《稻草人》和《格林童话》。这些有趣的内容容易引起学生感情上的共鸣，能激发学生的想象力，领略童话的魅力，把自己当作童话中的主人公，和他们一起欢笑悲伤，相信经过这个"快乐读书吧"，同学们会大快朵颐地阅读系列童话书籍。

二、学情分析

三年级的学生已经有一定的阅读能力，但受年龄的限制，他们的知识积累还尚浅，阅读方法掌握得还不多，阅读理解的层次较低，还需要老师教授阅读方法，激发他们的阅读兴趣。经过本学期一个单元的学习，学生对童话已经产生了浓厚的兴趣。此时，再通过这个《快乐读书吧》，在老师的引领下，由读一篇篇童话到一本本完整的书，学生肯定会情不自禁地阅读这些童话故事。

三、设计理念

《义务教育语文课程标准》明确指出："要重视培养学生广泛的阅读兴趣，

扩大阅读面，增加阅读量，提高阅读品位。加强对课外阅读的指导，开展各种课外阅读活动，创造展示与交流的机会，营造人人爱读书的良好氛围。"部编版教材的课外阅读课程化，正是为落实课标的这一要求。因此，阅读方法的指导及阅读兴趣的激发显得挺尤为重要。

四、阅读课型
导读课（1 课时）

五、教学目标
1. 引导学生找线索，具体感知情节变化，学会有序地概述故事大意。
2. 重点研读《安徒生童话》片段，初步感知人物形象。
3. 激发学生拓展阅读《稻草人》和《格林童话》的兴趣。

六、教学过程
（一）游戏激趣，了解特点

1. 猜猜我能干什么？

（出示箱子、屎壳郎、豆荚的图片，猜猜这些东西能干什么？）

这是一只很滑稽的箱子。一个人只需把它的锁按一下，这箱子就可以飞起来。

——《飞箱》

我将直接飞进太阳里面去，这才像一个豆荚呢，而且与我的身份极相称。

——《一个豆荚里的五粒豆》

我得到金掌，那我便是马厩的一种光荣。现在马厩失掉了我，世界也将失去我，一切都完了。

——《屎壳郎》

2. 你发现童话的秘密了吗？一切皆有可能。

老师小结：箱子会飞，豆荚会飞，屎壳郎钉上金掌……这些神奇的变化在童话中随处可见。这就是童话的特点，可以让万物变得像人一样会说、会走、会思考。现在老师就带着同学们一起推开童话的大门，我们一起领略童话世界的神奇！

（设计意图：本环节利用游戏，激发学生学习的欲望，旨在让学生在猜猜想想的过程中，发现童话的叙事风格以及它所带来的魅力。)

（二）范例导读，学法指导

用阅读地图导读《坚定的锡兵》

1. 老师选读《坚定的锡兵》相关段落，同学们用"——"画出锡兵到过哪些地方，用"o"画出遇见了谁。

2. 二年级时，我们已经学习了用表格记录故事的重要信息，今天老师教同学们使用一种新的阅读办法——阅读地图，帮助同学们快速地记住故事的主要情节。老师教同学画阅读地图。

3. 有了阅读地图，就可以根据它来复述这个故事。有哪位同学愿意上台看着地图试一试？

（设计意图：好的童话故事，总是以引人入胜的情节吸引读者，借助阅读地图让学生们理清童话里人物的关系和情节的变化，符合三年级学生的阅读认知，有利于提升阅读力。)

（三）阅读童话，实践运用

画阅读地图好玩吗？现在请同学们，快速阅读《拇指姑娘》，并圈出她到过的地方和遇见的人。

1. 小组共同完成阅读地图。

教师小结：看阅读地图就可以找到故事的主线，抓住故事的主线能更好地帮助我们概括故事的大意，我们也可以根据地图来复述故事。

2. 小组合作，根据阅读地图复述故事。

3. 小组选代表全班汇报。

4. 评出"故事大王"，老师小结。

（设计意图：低年级的童话教学，重在感受故事的美好；到了中高年级，童话教学就不能仅仅局限于感受故事的美好。因此，我带领学生们找线索抓主线，发现童话的叙事结构，不仅能帮助学生走进童话、理解童话，还能够帮助学生学会创作童话，形成自己的创编能力，这便是"学习运用祖国语言文字"的大方向。)

（四）赏读故事，拓展迁移

1. 教师选读《格林童话》中的《大拇指》

质疑：这么乖巧能干的大拇指，农夫和妻子后来为什么要把他卖了呢？在《格林童话》中可以找到答案。

2. 老师这里还有一份阅读地图，想请同学们编一编故事。

同学们真是编故事的高手！其实这份阅读地图是根据我们国家有名的童话大王——叶圣陶爷爷写的《皇帝的新衣》续集制作的。你们想知道自己和大作家编的故事有什么不同吗？可以在叶圣陶爷爷写的《稻草人》中去寻找答案。

（设计意图：通过"意外情节"的方式，让学生感受童话故事的张力和魅力，激发他们主动读写同类童话故事作品的浓厚兴趣。用学生自己编故事的方法，不仅鼓励了学生自己创作童话，更将课内习得的阅读方法带到课外的阅读中去，真正激发了学生阅读的兴趣。）

七、作业超市，快乐阅读

自由选择阅读材料，在下面三类作业中，选择其中的一项完成，我们将在下节课分享：

1. 没有想不到的：童话中总是充满奇特的想象，如果你来到了童话世界，会遇到什么异想天开的事情呢？记录下来。

2. 跟着故事地图去旅行：读叶圣陶的《稻草人》，选一个童话故事，画阅读地图，根据你理出的线索，复述故事。

3. 演员的诞生：3—6 人一组，选择自己喜欢的童话、喜欢的角色，演绎这个故事。

八、板书设计

快乐读书吧

阅读地图

在那奇妙的王国里　　　　寻地点、找情节

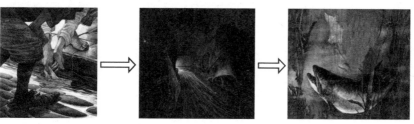

（参加安顺市首届青年教师教学大赛获小学语文一等奖）

附 1

《拇指姑娘》阅读地图

附2

阅读材料

《坚定的锡兵》节选

他们用一张报纸折了一条船，把锡兵放在里面，又把纸船放进水沟里。纸船沿着水流向前驶去。啊！多么湍急的水流啊！多么骇（hài）人的巨浪啊！纸船一上一下地颠簸着，不时嘟噜噜（dūlūlū）地打着转。锡兵有些头晕，但是他依然牢牢地站着，肩上扛着长枪，眼睛坚定地向前看。"我会回去的，我一定会回去的，因为那里有我要保护的人。"他暗暗地想着。

纸船被冲进一条下水道里，在一片漆黑中行驶了很长时间。突然，锡兵的眼前一亮，纸船冲出了下水道，冲进了一条宽大的运河。纸船已经损坏得不太像样了，在旋涡（wō）里打着转，慢慢地往下沉。锡兵还是挺直了身子，紧紧地扛着他的长枪。"不，我不会在这里死去，我一定能回去，因为那里有我要保护的人。"他的心里依然充满着希望。

纸船破了，锡兵向河底沉去。这时候，一条大鱼一口把他吞进了肚里。

《拇指姑娘》节选

拇指姑娘的小床是一个漂亮的核桃壳，她的垫子是紫罗兰花瓣，被子是玫瑰花瓣。一天晚上，睡着的拇指姑娘被一只难看的癞蛤蟆发现了，癞蛤蟆想让拇指姑娘做他的妻子，于是背着她跳出了窗外，一直跳到花园的小溪里。

小溪里长满了睡莲，癞蛤蟆把拇指姑娘放在最大的一片叶子上，自己跳走了。拇指姑娘坐在绿叶上，伤心地哭了，因为她不喜欢跟癞蛤蟆住在一起。水里游着的小鱼儿很同情她，他们咬断了叶梗，帮助拇指姑娘离开了小溪。

《大拇指》节选

日子一天一天过去了，大拇指长大了，他很尊敬父母，夫妇俩也很喜欢他。他每天看着自己的父亲上山砍柴，驾着家里的那匹马很辛苦，心想：爸爸那么辛苦，我应该帮帮他！于是，这天父亲上山砍柴，大拇指说："爸爸，你把我带上吧！让我来帮帮你！"父亲说："那好吧！"。他们一起上山了，大拇指让他的爸爸坐到车上，自己爬到马的耳朵上，对着马的耳朵大喊："驾！驾！驾！"马就跑起来了！这一天，父亲砍柴只用了平时的一半工夫就回家了，他大声赞扬大拇指。

《快乐读书吧：读读童谣和儿歌》教学设计
——主题微学习实践教学设计

安顺市实验学校　汪强

【教材版本】统编版一年级小学语文（下册）

【单元主题】第一单元：识字单元

【课　　时】一课时

【授课对象】一年级学生

【设计背景】

1. 课标要求

（1）喜欢阅读，感受阅读的乐趣。诵读儿歌（童谣）获得初步情感体验，感受语言的优美。

（2）学习用普通话正确、流利、有感情地朗读课文。

2. 教材分析

本次"快乐读书吧"主题是"读读童谣和儿歌"，以一本翻开的书为背景，呈现了一首童谣和一首儿歌作例子，创设了两个小伙伴对话交流的情境。内容指向激发学生阅读童谣和儿歌书籍的兴趣，产生阅读童谣和儿歌书籍的欲望，引导学生大胆展示自己的阅读成果，乐于和同伴分享自己的书籍。

教科书上呈现的童谣和儿歌只是例子，以此引发学生对此类读物的兴趣。

3. 学情分析

学生已经有了一些识字的基础，简单常见的字能基本认识一些，有了一定的阅读基础。我们在教学时要充分利用书中儿歌和童谣的示例作用，发挥提示语和学习伙伴的引导作用激发学生的阅读兴趣。引导课下学生读一些儿歌和童谣，利用课堂或者现代通信技术为他们创造展示的机会，让学生产生浓厚的阅读兴趣。将学习内容从课内阅读向课外阅读延伸，从一堂的阅读向日常阅读延续，让学生在自由、轻松的氛围中，享受读书和分享的快乐。

【教学目标】

1. 对童谣和儿歌产生兴趣，喜欢读童谣和儿歌类的书籍。

2. 乐于展示自己的阅读成果，愿意和小伙伴分享阅读感受和书籍。

【教学过程】

课前小游戏：《五指歌》

同学们喜欢做游戏吗？大家跟老师来做个游戏吧——五指歌。播放《五指歌》视频，并请学生跟着做。然后指名表演，并颁发小奖章（书签）。

（设计理念：奖章是对会学、爱学者的嘉奖，是对学有所获者的表扬，激励学生积极参与学习活动，获得奖章最多的会得到额外的奖励。）

一、谈话导入

师：同学们，咱们刚才一边玩一边念的呀，其实是一首小童谣，今天老师给大家介绍一本关于童谣和儿歌的书。请翻开书第16页，出示文中的童谣和儿歌——《摇摇船》《小刺猬理发》。

二、学习《读读童谣和儿歌》

1. 读一读《摇摇船》

师：你们看，这是什么过来了？（简笔画：船）让我们来读一读题目吧！（指导读好轻声）

（1）初读

①学生自由朗读，借拼音读准字音。

②指名学生读，师正音。

（2）赛读：下边我们请几位小朋友来比赛读一读，看看谁有信心读得好！（指名读，师生评价，颁发小奖章）

（3）思索读：读完童谣，你有什么不明白的吗？（想问点什么？）（预设：外婆为什么夸我好宝宝？外婆为什么给我那么多好吃的？表扬会提问的学生，鼓励大胆发问，学会思考。）

师生共同解答提出的问题。如果没有，则问一问外婆给了我哪些好吃的东西？用波浪线画出来。

师：外婆多爱我呀，那是因为我是一个"好宝宝"。同学们，平时我们要多关心家人，做一个受大家欢迎的"好宝宝"哦。（设计理念："教书育人"是教育工作者的使命，利用好教材及教学内容，落实好"立德树人"是实实在在而颇有效果的手段和方式。）

（4）齐读：好宝宝们，我们一起来读一读这首童谣吧。（提示读好轻声和后鼻音）。

（设计理念：一是营造朗读的氛围，通过多种形式的朗读，熟悉课文内容。二是"学而不思则罔"，引导学生培养在阅读中提问的习惯，发展学生根据问题寻找信息的能力。）

2. 读一读《小刺猬理发》

（1）听读，认真听，用铅笔圈出其中的轻声。边读边思考，看看你能提出什么有趣的问题来？（预设：小刺猬有头发吗？小刺猬为什么要理发呢？为什么理完发就变成了小娃娃？）

（2）指名读，师生正音（落实轻声的准确读法）。

（3）师生共同解答所提问题，并颁发小奖章，鼓励学而会思的同学。

（设计理念：引导学生培养在阅读中提问的习惯，发展学生的阅读和思维能力。）

3. 指导朗读

（1）介绍读童谣和儿歌的方法

读懂了这两首童谣，我们还可以用什么方式读一读它们呢？我们来看看这些小朋友是怎么做的？

①拍手（打节拍）读（可以提示变速读）：观看小朋友拍手读的视频，并带着学生一起拍着手读，变速再读一读。

②（视频）与伙伴（大人）玩游戏读。

③表演（边读边做动作）读。

（2）学生选择喜欢的方式读一读这两首童谣和儿歌，师巡视指导。

（设计理念：指导学生用各种有趣的方式诵读童谣，感受童谣的趣味，获得童谣和儿歌的语言体验，激发阅读童谣和儿歌的兴趣）

（3）展示朗读。（提示：可以独自一个人或者跟小伙伴分组表演）

4. 小结

师：童谣和儿歌读起来真有趣呀，除了这两首，你还会背其他的童谣或儿歌吗？来给大家展示展示！

（设计理念：《义务教育语文课程标准》指出，要让学生在生活中学习语文。结合教材内容的重点，让学生展示自己积累的儿歌，不仅拓展了学生的思维，还让学生养成在生活中学习儿歌、积累儿歌的习惯。同时，鼓励学生大胆展示自己，进一步激发学生读童谣的兴趣。）

师：童谣和儿歌是专门给咱们小学生读的，内容有趣、有节奏的歌谣，有的还可以边玩游戏边读。有的童谣是很久以前就流传下来的，我们的爸爸妈妈小时候也是读着这些童谣长大的呢。例如下边这首：

5. 课中互动（播放儿歌）：一起听唱《小老鼠上灯台》。

三、阅读分享：童谣微阅读

1. 同学们的学习资料里有一些不同的童谣，有的同学获得的书签里也藏着有趣的童谣呢，现在就让咱们就来读一读这些童谣吧。

（1）自由读：自己读一读它们，把自己喜欢的多读几遍。

（2）分享和合作

①组内每人读一首给大家听。

②共读，选择一首合作表演读。

（师巡视指导）

（2）展示读

①自由读：选择一首自己喜欢的，用自己喜欢的方式分享给大家。

②合作读：小组用恰当的方式表演。（师生共评，颁发小奖章）

（设计理念：旨在把朗读童谣和读童谣的方法用微学习的方式拓展运用，当堂学当堂用，达到知识和能力迁移的目的。）

2. 推荐童谣和儿歌

（1）曹文轩、陈先云主编《读读童谣和儿歌》；王玲主编《童谣三百首》；李光迪、金波编著《中国童谣》。

（2）电视儿歌《贝乐虎儿歌》《儿歌多多》。

四、作业布置

"有趣的童谣和儿歌"主题阅读微学习。（设计和使用记录卡）

（设计理念：目的在于把知识从课堂拓展到生活中，通过阅读方式和方法的指导，学生可以在广阔的生活中培养读童谣的兴趣和习惯，提高学生阅读素养。）

（2020年6月，参加安顺市教育脱贫攻坚送课到紫云县四大寨乡中心小学）

五、板书设计

快乐读书吧：读读童谣和儿歌

小刺猬理发

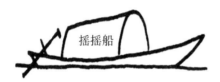

摇摇船

《我做了一项小实验》教学设计

安顺市开发区双阳小学 韩云霞

课题	习作《我做了一项小实验》
教学年级	三年级
设计理念	部编版三年级语文教材对于习作的要求是十分明确的，"留心周围的事物，乐于书面表达，能不拘泥形式写下见闻，注意表现新奇有趣或印象最深、最受感动的句子。"等等。作为作文训练的起始年级，这是教育教学实践中的重点难点，往往存在不知道写什么，不知道怎样写。怎么指导学生起步作文，怎样让学生掌握初步的写作方法，并乐意愿意写作文，是语文老师必须面对必须解决的一个问题，此次执教三年级下册习作《我做了一项小实验》，我带着学生们一起去仔细观察，自己动手动脑，让学生有话可说，有内容可写，因此这堂习作课设计的核心是巧妙实践小实验，观察领悟好成文。
教学目标	培养学生留心观察的习惯 让学生学会有序表达 指导学生把实验过程写具体
教学重难点	让学生学会用连接词，学会有序表达 指导学生把实验过程写具体

续表

教学步骤	教师行为	学生活动	设计意图
一、课前活动	1. 教师先把学生分组，组织比赛，活跃课堂氛围。2. 通过玩脑筋急转弯的游戏，表演小魔术，引导学生会倾听、会思考、会回答、会观察，激发学生课堂积极性，为进入课题进行铺垫。	1. 各小组与大家挥手示意，制造比赛氛围。2. 学生玩脑筋急转弯的游戏，在游戏过程中，通过认真倾听，积极思考，主动回答为自己的小组加分。3. 学生看老师表演魔术，通过观察发现其中的奥秘。	设计比赛环节，激发学生的兴趣，规范学生的课堂行为。脑筋急转弯的游戏和小魔术的表演既活跃课堂氛围，又为引出课题做铺垫。
二、导入新课	1. 播放"死海不死"动画视频，引发话题"为什么人会漂浮在海面?"2. 引导学生质疑、猜想，鼓励学生自己找到答案，并导入课题《我做了一项小实验》。	1. 学生观看视频，提出质疑："为什么不会游泳的人会漂浮在水面上?"2. 学生交流自己的想法。	视频导入激发学生的兴趣，引发质疑，在上课之初调动学生的学习主动性。
三、审题	引导学生在读作文题目时，认真分析作文要求，从而学会审题。	1. 齐读作文题目。2. 思考：从作文题目中读出了哪些要求?3. 通过仔细地读，认真地分析，明白此次作文要写的内容。"我"，指明要写自己做的，"一项"明确写的数量，"小"，只能写简单易操作的。	审题是写好作文的第一步，通过此环节手把手教会学生审题。
四、说实验过程	1. 老师播放自己做实验的微课，提醒学生仔细观察。2. 让学生试着说老师的实验过程，强调观察的重要性。3. 引导学生用"先……接着……然后……最后"这样的连接词语进行有序表达，把话说清楚。	1. 学生仔细观察，把实验过程说清楚。2. 生生互评，引导学生学会听别人说，学会准确评价。3. 学会用"先……接着……然后……最后"这样的连接词语进行有序表达，把话说清楚。	教师演示实验，让学生学会观察，落实培养学生学会观察这一教学目标，在观察的基础上学会有序表达，把实验过程说清楚，落实第二个教学目标，并为后面写清楚实验过程做准备。

教学步骤	教师行为	学生活动	设计意图
五、做实验、写实验过程	1. 老师把写清楚实验过程设置为本节课比赛的加分项目，出示比赛要求。 2. 指导进行第一步实验：把鸡蛋放入水中，并仔细观察。 3. 选取个别学生所写内容，引导学生把内容写具体。 4. 指导进行第二步实验：往水里加盐，并不断搅拌，观察鸡蛋会发生什么变化，注意留心身边的同学。 5. 展示学生作文，引导学生在写具体的基础上用上好词好句，写精彩。	1. 学生齐读比赛规则，明确要求。 2. 动手做第一步实验，做的时候仔细观察。 3. 把实验过程写下来，在写的过程中，学会把动手做的、看到的、听到的、想到的写下来，把过程写得具体。 4. 学生动手做第二步实验，采用刚才学到的方法，把实验过程写具体，使用连接词语进行有序表达，并学会运用好词好句，把作文写生动。	在说清楚的基础上，上升到写具体，并引导学生仔细观察，把观察的内容写下来，落实让学生把实验过程写具体的教学目标，让学生的能力一步步提升。
六、知识迁移	1. 引导学生小结刚才所学的写作方法。 2. 用这些方法，说一说你做过的实验。	1. 学生小结刚才是怎样把内容写具体的，梳理方法。 2. 用刚才学会的方法介绍自己做过的实验。	学以致用，让学生把本堂课学会的方法迁移至其他实验、其他内容，使方法根植于学生心中。
七、课堂小结	1. 师小结本堂课学习的写作方法。 2. 引导学生用今天学到的方法，写其他实验，写各种活动等，激发学生写作文的积极性。	1. 再次回顾、梳理本课所学的写作方法。 2. 明白所学方法不仅仅可以写实验过程，还可以写生活中的方方面面。	让学生在交流中梳理本堂课学会的写作方法，进一步加深印象，对课堂进行小结。
八、作业布置	写一次自己印象最深或自己最喜欢的实验，并与同学分享。		通过作业，巩固课堂教学效果，创造性作业激发学生学习乐趣。

续表

板书设计：

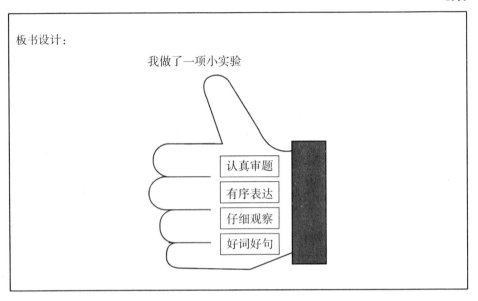

我做了一项小实验

认真审题

有序表达

仔细观察

好词好句

（此教学设计参加"安顺市第七届非阅读课型优质课竞赛"获一等奖）

《天上的星星》教学设计
（西师版五年级下册）

安顺市实验学校　齐琦

一、教学目标

1. 自主学会本课生字词，并能运用。

2. 正确、流利、有感情地朗读课文，积累自己喜欢的词句，体会作者对星星的喜爱之情。

3. 引导学生自读自悟，积极思考，随文旁批，学会表达阅读的独特感受。

二、教学重难点

1. 通过批读，感受文章的童真童趣，想象繁星满天、月明星稀的画面，体会作者对星星的喜爱、对童年的怀念。

2. 揣摩文章的表达方法、作者语言的特点，并进行另一喜爱事物的片段练习。

三、教学方法

1. 品读法

2. 批读法

3. 读写结合法

四、课时建议

2 课时，本课教学为第二课时

五、教学过程

1. 复习导入

（1）同学们，通过第一课时的学习，我们对课文《天上的星星》有了初步的了解，并自主学习了本课生字词，你们还记得吗？敢不敢自我挑战一下？那现在请同学们拿出笔记本，老师读，你们写，再次对文中精彩的词语巩固学习。

无聊、陡然、灼灼的、目不暇接、蓦地、天涯海角、榆树、面面相觑、不得其解、没精打采

看到同学们写得又快又好，老师相信课后你们一定下了功夫去识记，为你们的认真点赞！

（2）但现在老师想把难度升级，你们能不能根据刚刚听写的十个词语，把课文主要讲了一件什么事复述一下呢？

（设计意图：《义务教育语文课程标准》要求学生"能阅读叙事性作品，了解事件梗概，简单描述自己印象最深的场景、人物、细节，激发想象力和创造潜能，表达有条理"。因此通过课文中的一些关键词复述课文内容，正是对学生这方面的能力训练。）

（3）从刚刚的概括中不难看出，咱们班同学都是善于总结的好学生。那接下来的终极挑战应该也难不倒你们。根据课文内容填空（出示PPT）

2. 品读赏析

相信三关过后，对上一节课内容的巩固能帮助我们这一节课更加深入地理解课文。那么现在，就让我们再次回到课文当中欣赏贾平凹笔下的星星。（出示PPT 繁星满天）

（1）接下来请同学们按要求完成老师派发的学习任务，我将给你们三分钟的时间，请快速阅读课文，说说课文哪些地方可以看出"我们"对星星的喜爱，并勾画相应的字词句。（希沃白板5 计时器功能）

（设计意图：为了使学生出色地完成任务，教师在学生动手前派发学习任务，先给予了提示，这样使学生完成任务时有章可循，相当于为学生的达标铺路搭桥。）

（2）在刚刚的勾画中不知道有没有同学发现这篇课文有一些独特之处？（比如说课文的页面布局上）老师经常强调在你们预习的时候，要学会做批注。那

批注到底是什么？为什么要学习批注呢？让我们一起再来了解一下。（出示PPT）就像 54 页的批注，这就是读者在阅读时和作者产生了共鸣，想起了童年相似的经历，于是写下感受。其实也就是你边读边体会文章的同时，记录下你想说的话，这就是你的阅读感受。

（3）在刚刚勾画的句子基础上加上批注，先在四人小组内分享交流，然后以小组为单位或小组推选代表在全班交流汇报。

①建议汇报时采用句式："我勾画的句子是＿＿＿＿＿＿＿＿，我的批注是＿＿＿＿＿＿＿＿。"

②其余听汇报的同学，边听边用红笔补充修改。（5 分钟倒计时）

分享句子时，可以指名读，找到相同句子的同学一起读，挑战读，师生共读。

（设计意图：《义务教育语文课程标准》提出积极倡导自主、合作、探究的学习方式，有利于学生在感兴趣的自主活动中全面提高语文素养，有利于培养学生主动探究、团结合作、勇于创新的精神。）

3. 读写结合

课文如此优美，令人向往。在刚刚的分享中很多同学发现了文中大量的比喻、拟人、排比等修辞手法，正是在作者这优美的语言表达中，让我们跟随着他的脚步，仿佛也置身于浩瀚无垠的星空之中，感受到了星星的调皮机灵，感受到了作者童年无忧无虑的快乐。那么现在正值童年时光中的你们，是不是也可以仿照一下作者的写法，选择生活当中陪伴我们童年成长的某一事物写一段话？可以是天上变幻莫测的白云，可以是花园争奇斗艳的鲜花，可以是地上毫不起眼的小草……

（教师用希沃白板 5 投影在屏幕上勾画点评，生生互评）

（设计意图：仿写能比较容易让学生领悟到把句子写生动、写形象的方法。在教学过程中让学生进行仿写的训练。这样以读促写，读写结合，能进一步提高学生的写作兴趣和写作水平。）

结束语：学生们，读了这篇课文，老师好像也回到了童年，也想和你们一起再去看看童年的星星。（总结板书）随着繁星满天而好奇、快活，又随着月明星稀而吃惊、可怜那些无精打采的小星星。不过这又有什么关系呢，这不正是童年该有的模样吗，这不正是我们充满童真童趣的快乐时光该有的样子吗？

4. 作业超市（自主选择）

（1）把课上描写的那一段话，加上开头和结尾，写成一篇作文。

（2）积累自己喜欢的词句，把文章中优美的句子或段落摘抄下来，并尝试背诵。

（教学设计为教育部 2019 年度"一师一优课、一课一名师"活动"优课"设计，同时也荣获贵州省 2019 年省级"优课"二等奖。）

《威尼斯的小艇》教学设计

安顺市实验学校　伍泽芬

【教材分析以及设计理念】

《威尼斯的小艇》是一篇清新、隽永的散文，全文篇幅虽短，却把小艇勾勒得活灵活现，展示了瑰丽的异国风情与小艇的独特作用，富有情趣。本课教学的重难点在于使学生了解威尼斯小艇的特点及学习作者观察事物、抓住事物特点写的方法。课文融入了作者多次观察的体验和感受，因而能写得如此形象、生动、具体。在本课的设计上力图体现以生为本、以读为本的教学理念，尊重学生的个性化阅读感受，使学生在读中感悟小艇在威尼斯的独特外形特点，感受作者在本文中运用的描写方法，利用现代技术手段——微课直观地总结本课写作方法，通过实践小练笔片段写作，迁移写法，巩固本课的描写方法，达到学以致用的目的，教会学生学习掌握的方法提高写作能力，从而全面提高语文素养。

【教学目标】

1. 学会课文的生字新词，有感情地朗读、浏览课文，学会抓住重点词句自由品读课文。

2. 通过自由阅读学习课文内容，了解威尼斯独特的地理风貌、小艇的特点及它同威尼斯水城的密切关系。受到热爱大自然与热爱生活热爱家乡的教育。

3. 学习作者抓住事物特点进行具体描写的方法，感受课文的语言美。

【教学重点】

了解威尼斯小艇的特点，理解作者是怎样把这一特点写具体、生动形象的。

【教学难点】

学习作者抓住事物特点进行具体描写的方法并运用于实践。

【教学准备】

学生：课前预习，查找有关威尼斯小艇的资料。

老师：准备 PPT 课件和自制微课视频。

【教学过程】

一、回顾课文，导入新课

1. 浏览课文，回顾课文主要讲了哪些内容，用自己的话来归纳概括。

2. 学生归纳并汇报，师补充。

设计意图：引导学生回顾课文，激发学生学习的兴趣，为下面的教学内容做铺垫。

二、抓住写法，品读课文

1. 自由品读课文，课文中哪些地方的描写给你留下深刻的印象，为什么？用自己喜欢的方式在文中对应的句段中做批注。

2. 学生汇报，师生评价，补充归纳文中的描写方法。

3. 过渡：其实，在我们的家乡也有许多这样独具特色的景观，比如壮美的黄果树大瀑布，独具喀斯特地形地貌的水下溶洞，清新绮丽的水上石林，多姿多彩的虹山湖。然而除了黄果树瀑布以外，其他的知名度并不高，是因为我们的宣传做得还不够，现在拿起我们手中的笔来，把家乡这些美丽的景色描写下来，把它们宣传出去，让更多人来了解我们美丽的家乡。

设计意图：引导学生抓住事物的具体特点，用上恰当的修辞手法突出小艇的特点，课文通过一系列动作描写展现人们活动的热闹场景，将人、物、景相结合，动中有静，静中有动，动静结合，展示了一幅古老水城的独特风光和异国风情的绮丽画卷。

三、迁移写法，学以致用

1. 播放微课，在学习课文的基础上总结描写景、物的方法。

2. 提出写作要求，运用本课一些描写方法进行片段写作，用一段话，写写家乡的某处景或某个物，要写出特点来。

3. 学生练习片段写作。

4. 佳作欣赏，师生评价。

设计意图：利用现代技术手段——微课直观地总结本课写作方法，通过实践小练笔片段写作，迁移写法，巩固本课的描写方法，达到学以致用的目的，教会学生学习掌握的方法提高写作能力，从而全面提高语文素养。

四、拓展阅读，作业布置

美国作家马克．吐温的代表作品推荐：《哈克贝利·费恩历险记》《王子与贫儿》《汤姆·索亚历险记》《百万英镑》。去感受作者幽默风趣而带有讽刺意味的语言特色，去学习他描写刻画人物性格特点的方法，并做读书笔记。

设计意图：拓展阅读，让学生去感受作者幽默风趣而带有讽刺意味的语言特色，升华学习他描写刻画人物性格特点的方法。

【板书设计】

26. 威尼斯的小艇

（本教学设计 2018 年参加贵州省教育学会组织的"教育教学论文比赛"获二等奖）

《学会看病》教学设计

安顺市实验学校　齐琦

【教学目标】

知识与能力：认识12个生字。借助字典，联系上下文，理解有关词语。

过程与方法：了解课文主要内容，学习作者通过人物语言和心理活动等描写来表现人物的写法，体会母亲感情的变化。

情感、态度与价值观：有感情地朗读课文，感受母亲磨炼儿子的特殊母爱，激发独自面对生活、磨炼自己意志的情感。

【教学重难点】

教学重点：有感情地朗读课文，展示母亲对儿子的爱。

教学难点：抓住人物语言、心理活动体会母亲感情的变化，体会母亲对儿子的深情。

【课时安排】 一课时

【教学过程】

一、谈话导入

师：同学们，在进入今天的新课之前，老师想先问问你们，大家都生过病吧？那你生病的时候是谁陪着你去看病呀？（生回答）

师：是啊，父母的爱是无私的，他们就是这样无微不至地照顾着自己的子女慢慢长大。可是就有这样一位母亲，她却在儿子生病的时候让他自己去看病。她是不是不爱学生呢？她又是一位怎样的母亲呢？答案就在我们今天要学习的课文中，板书，齐读课题《学会看病》。

二、初读课文，整体感知

1. 检查学生课前预习情况，全班齐读生字词。

2. 用自己喜欢的方式初读课文之后，说说课文讲了一件什么事？这个母亲给你留下怎样的印象呢？（学生汇报）

（设计意图：让学生用自己喜欢的方式阅读，把学习的主动权交给学生，立足于学生们的个性特点，能形成主动、互动的课堂热烈氛围。）

3. 简介作者毕淑敏。

（设计意图：了解作者，了解创作背景，能帮助学生更好地理解课文内容，全面把握文章主题思想）

三、再读课文，品味感悟

1. 出示小组合作阅读指南，让学生边读边勾画描写母亲语言和心理的句子，体会母亲的感情变化。（做出决定——犹豫不决——心软后悔——自责担心——勇气回升）

（设计意图：《义务教育语文课程标准》提出：积极倡导自主、合作、探究的学习方式，有利于学生在感兴趣的自主活动中全面提高语文素养，有利于培养学生主动探究、团结合作、勇于创新的精神。）

2. 小组派代表发言，汇报交流。

3. 母亲为什么要这样做？从文中找出相应的内容学习。

四、学法迁移、读写结合

让学生站在本文儿子的角度，写一写自己独自去看病时的一系列心理活动。

（设计意图：学法迁移，读写结合，不仅能把本课中才学习到的心理描写学以致用，还能进一步提高学生的写作兴趣和写作水平。）

五、作业超市（学生自由选择）

1. 生活中，有很多事我们是靠父母的帮助才完成的。今天回去，尝试独立做一件这样的事。

2. 回家与父母共读毕淑敏的另一篇有关母爱的文章《学生，我为什么打你》，交流阅读感受。

（设计意图：课堂延伸，提高学生口头语言表达能力。鼓励多读书，培养学生广泛的阅读兴趣，有意识地积累阅读材料，增加写作素材。）

六、板书设计

学会看病

做出决定——犹豫不决——心软后悔——自责担心——勇气回升→爱

（贵州省小学语文黄红、余梦乡村名师工作室，安顺市小学语文胡艳梅名师工作室，双阳小学联合教研活动示范课）

部编版小学语文六年级上册
《故宫博物院》教学设计

安顺市实验学校　齐琦

【教材分析】

《故宫博物院》是部编版语文六年级上册第三单元的一篇课文。本课为了详细地介绍故宫博物院，分别从不同角度提供了四份材料，属于非连续性文本。结合《义务教育语文课程标准》要求，重点是根据相应的阅读任务，学生选择恰当的阅读方法，能从图文等组合材料中找出有价值的信息，借助语言文字，体会中国传统文化的博大精深，继承中华文化，热爱中华文化，增强文化自信，从而达到本课"文化传承与理解"的语文要素。

【学情分析】

本课的教学对象为六年级的学生，已经具备了较强的识字和阅读能力，再加之本课是一篇略读课文，所以我不再单独进行识字教学。但学生的空间概念还不是很强，并且还有一些学生没有亲眼见过故宫，因此凭借直观的画面，激发他们的学习兴趣至关重要。

【教学目标】

1. 了解故宫博物院建筑群规模宏大、建筑精美、布局统一的特点。

2. 根据不同的任务有目的地阅读材料，整体把握文意。

3. 能简要画出故宫参观游览路线图，理清文章的说明顺序。

4. 能选择一两个景点，为游客做讲解。增强学生的文化自信和民族自豪感，进一步激发民族创造精神。

【教学重、难点】

教学重点：

1. 按照作者的参观路线，由南到北依次了解故宫的主要建筑及其布局和功用，画路线图。

2. 理清文章的说明顺序，有重点地选择一两个景点进行讲解。

教学难点：

1. 体会材料一重点突出、有详有略地说明事物的写法。

2. 利用交代行踪的词语，把握说明的顺序。

【教学准备】多媒体课件

【教学课时】一课时

【教学过程】

一、谈话激趣，引入课题

1. 提到北京，同学们会想到什么？（畅所欲言）

2. 教师简介故宫，激发学生学习兴趣。（板书课题）

（设计意图：《义务教育语文课程标准》指出：语文教学要注重激发学生的好奇心、求知欲，发展学生的思维。通过视频的简短介绍，让学生对神秘的故宫产生好奇，能够诱发他们的探寻欲望，激发对这一规模宏大的建筑群的向往。）

二、整体感知，明确任务

1. 快速默读课文，再次回顾四则材料主要讲了什么内容，指名回答。

（设计意图：整体把握文意后，引导学生根据不同的任务有目的地选择材料，阅读材料，从组合材料中找出有价值的信息）

2. 发布任务一：理清游览路线，完成课堂活动。

教师出示温馨提示：让学生聚焦材料一，结合材料四，画出有关交代行踪的词语，边勾边画出游览路线。

游览路线是否画正确，通过指名学生上台完成课堂活动进行检验。

（设计意图：为了使学生出色地完成任务，教师在学生动手前先给予了提示，这样使学生完成任务时有章可循，相当于为学生的达标铺路搭桥。）

3. 发布任务二：我是小导游——为游客做参观讲解。

让学生结合老师出示的故宫平面图和《全景故宫》三维虚拟地图，四人合作，派两人为代表，一人操纵一人讲解，为大家介绍故宫。

（设计意图：《义务教育语文课程标准》提出：积极倡导自主、合作、探究的学习方式，有利于学生在感兴趣的自主活动中全面提高语文素养，有利于培养学生主动探究、团结合作、勇于创新的精神。）

（设计意图：《义务教育语文课程标准》提出：积极合理利用信息技术与网络的优势，能激发学生兴趣，增加学生创造性表达，展示交流的机会。让学生凭借直观的画面，在视觉听觉的双重作用下，身临其境地认识故宫，引导学生欣赏故宫建筑的精美，易于在学生心中产生强烈的印象，增强学生的文化自信和民族自豪感，进一步激发民族创造精神。）

三、作业布置

1. 在学习完本课之后，将印象最深刻的景点说给家人听。

2. 搜集关于故宫的其他资料，与同学交流。

（设计意图：课堂延伸，提高学生口头语言表达能力。鼓励上网或查阅图书，加深对故宫的了解，体会中国传统文化的博大精深，传承中华文化，热爱中华文化，增强文化自信）

（在 2019 年安顺市首届中小学教师"新媒体新技术"应用课堂教学技能大赛活动中荣获小学组三等奖。）

《荷花》教学设计

安顺市实验学校　柳春兰

第二课时

【教材分析】

《荷花》是部编版三年级语文下册第一单元第 3 课。本文描绘了夏日清晨一池荷花的美丽姿态，及作者欣赏荷花时的美好感受。课文先后记叙了作者"闻到清香—观察形状—欣赏姿势—展开想象—回到现实"这一过程，思路清晰。

【教学目标】

1. 能边读边想象画面，体会优美生动的语句，体会这一池荷花是"一大幅活的画"。

2. 能仿照课文第二自然段描写荷花不同样子的句子，写一种自己喜欢的植物。

教学重点、难点：

能边读边想象画面，体会优美生动的语句，能仿照课文第二自然段描写荷花不同样子的句子，写一种自己喜欢的植物。

【教学过程】

一、古诗激趣导入

以杨万里的《小池》导入，对比学习，引入所学。课件出示《小池》，"同学们，老师今天给大家带来了一首小诗，让我们一起读一读这首诗吧。这首诗里，哪一句写了荷花？这里的荷花是什么样子的呢?"生说一说。

老师：上一节课我们初步学习了荷花这篇课文，谁来说一说这篇课文给你留下了什么印象？（生说一说），这节课我们将继续学习荷花，一起去感受它的美！请同学们翻开第 3 课——荷花。（老师适时板书 3 荷花）

设计意图：《小池》描写了夏的美，读诗让学生能够想象到池塘里才露尖尖的小荷，一开始就打开想象的翅膀，为接下来的学习做准备。

二、读课文，想象画之美

1. 老师示范读第一自然段。（生说一说这段写了什么。）

2. 请同学们自由读二、三自然段，画出自己觉得优美生动的语句，读一读。

3. 同桌分享，交流你喜欢的句子，并说说理由。

4. 指名回答。朗读你喜欢的句子，并说一说喜欢的原因。（生评价——试着再读。多种方式读，体会。老师适时抓住"挨挨挤挤、像……、比喻"等来体会，以及"有的……有的……有的……"排比）

（板书：荷叶　挨挨挤挤　　　像……　　　比喻　荷花　形状　姿态　有的……有的……有的……　排比）

5. 配乐朗读，想象画面美，读出喜爱之情。

女生读第二段，全班齐读第三段。

设计意图：课标指出，语文课程在发展语言能力的同时，要激发想象力和创造的潜能。本环节中，老师示范读，学生可以边听边想象。学生通过不同方式的读，在读中想象并感受荷花的美。通过交流自己喜欢的句子，并说说理由，培养了学生乐于表达、分享及倾听的能力，本环节的设计重在培养学生听、说、读的能力及想象力。关注学生个性发展，以学生为主体。

三、研读文章，想象荷花之美

1. 请同学们默读 4、5 自然段，想一想，这两段写了什么?

2. 指名说一说。适时抓住作者把自己想象成一朵荷花，引导思考：作者为什么会把自己想象成一朵荷花呢？生说：因为荷花美。老师：作者看到美丽的荷花，用笔把它写了下来，让我们也欣赏到了这些荷花的美，你有喜欢的植物吗？生说一说。看来大家都有自己喜欢的植物，那我们怎样才能把自己喜欢的植物写活呢？通过今天的学习，我们知道了可以从植物的叶、植物的花、花的形状、姿态等方面来写，在写的时候，我们可以用上一些动词和修辞手法，还可以加上自己的想象，让句子更生动形象。下面，请同学们拿出笔和纸，仿照第二自然段的写法，同时也可以仿照第四自然段的写法，写一写自己喜欢的一种植物。

设计意图：默读并思考，让学生学会在读中多动脑，培养积极思考的习惯。

四、小练笔

第二自然段写出了荷花的不同样子，你能仿照着写一种你喜欢的植物吗？

1. 学生仿写。

2. 分享交流，生评价、师评价。

设计意图：小练笔让学生当场实践，达到学以致用的效果。同时仿写也是对学习方法的迁移。师生共同评价，让评价更多元，同时训练了学生的倾听及表达能力。

五、作业布置。

把自己仿写的内容读给大人听，和大人一起分享。

设计意图：将所学拓展到课堂之外，与学生的生活搭建了桥梁，同时增进了学生与家人的情感。

【板书设计】

　　3　荷花

荷叶　挨挨挤挤　　像……　比喻
荷花　形状　姿态　有的……有的……有的……　排比

《鲁滨孙漂流记》阅读指导教学设计

安顺凤凰小学　陈发红

【教学目标】

1. 学生能够了解《鲁滨孙漂流记》整本书的主要内容；并明白主人公鲁滨孙身上具备的精神品质；

2. 通过教师的教学指导，能够激发学生阅读整本书的兴趣；

3. 激发学生阅读课外书籍的兴趣。

【教学重点】

学生对整本书主要内容的掌握，并产生阅读兴趣。

【教学难点】

由《鲁滨孙漂流记》的阅读指导，激发学生阅读课外书籍的兴趣。

【教学过程】

课前要求：同学们，老师手上有很多东西，大家猜猜是什么？（学生作答）师揭晓：老师手上是很多的"赞"，老师听说咱们班的同学很聪明，所以今天老师想看看同学们的表现，如果你认真思考问题并答对了老师的提问，那么你将会为自己获得一个"赞"，最后集"赞"最多的那个同学，老师将会送出一份小小的礼物。同学们有信心拿到这份礼物吗？一会儿我会将集赞卡和学习单发给大家。

【设计理念】

此环节旨在激发学生学习的积极性与主动性，让更多的学生参与到课堂教学中来，为后面学生回答问题做好铺垫。

一、激趣导入

师：同学们，关于读书，古今中外的文学家们有着各自的见解，高尔基说过"书籍是人类进步的阶梯"，普希金说过"读书是最好的学习"，我国古代大文豪苏轼也说过"腹有诗书气自华，读书万卷始通神"，老师想问问：平时你们在课余时间有阅读课外书的习惯吗？（学生答）下面老师将请同学们和我一起做个小游戏——"听音辨故事"，听老师朗读一些故事里的经典语段，然后同学们猜这些话出自哪一个故事，老师在朗读的过程中，你只要知道了，就举手告诉老师，答对的同学将获得老师今天送出的第一轮"赞"，有信心吗？（师读，生猜故事）

师：老师觉得同学们阅读课外书的习惯非常好，希望大家把这个好习惯一直坚持下去。在阅读课外书的时候，我们不只要"读一读""翻一翻"，更要学会"记一记"，把你认为经典的句子抄录下来。

师：老师曾经被一本书中的一些话打动过，记得那时我在上高中，临近高考的那一年我内心非常烦闷，后来无意中看了这本书，其中有一些话是这样说的，（幻灯片出示语段，师读）今天我给大家带来了这本打动我的书，我先不拿出来，先让同学们来猜一猜是什么书。（师出示词条《——漂流记》，学生说出横线上的字，说对的同学得到第二个"赞"。）

对，就是这本书——《鲁滨孙漂流记》。这儿老师要给大家说明一下，因为这本书中的主人公英文名叫"Robinson"，所以有翻译成"鲁滨孙"的，也有翻译成"鲁宾孙"的，以后大家看到《鲁滨孙漂流记》或《鲁滨孙漂流记》，指的都是同一本书。

【设计理念】

老师引用几位名人说的话，拉近与学生的距离，然后再进入"听音辨故事"环节，让学生从熟悉的故事中去寻找阅读的乐趣，尽快融进教学中。在出示书名时，没有直接呈现，而是让学生通过书中熟悉的句子去猜，这样做主要是给那些阅读过本书的同学展示的机会，激发他们学习的热情。

二、学习整本书的主要内容

1. 现在，老师想提个问题：你们读过《鲁滨孙漂流记》这本书吗？（预设

1：有同学读过，并说出了主要内容，为自己争得一个"赞"，预设2：没有同学读过，由老师简单讲解。）

2. 师讲解读书方法

（1）读作者

了解关于这本书的作者，有条件的同学可以收集一些关于作者的简单介绍，将有助于我们对作者的创作有一个更加深刻的认识。（图片出示作者简介）

（2）读梗概

关于整本书的主要内容，先提前了解，有助于我们对整本书有一个整体的把握。（图片出示整本书的梗概）

（3）读目录

每一本书都是由很多小的章节建构而成，读目录能让我们从整体上来了解整本书的一个框架结构（图片出示目录），也便于我们在读完一遍之后，再返回来读第二遍时，有所选择性地读我们认为比较经典的那几个章节。比如"创建家园"我们可以多读几遍，了解鲁滨孙是怎样为自己建造住所的；又如"落难日记"，我们可以看到鲁滨孙在遭遇海难之后，如何运用自己的聪明才智去战胜困难，一次又一次和命运作斗争的。

【设计理念】

因为老师介绍的这本书不是每个同学都读过，即使读过的同学，不一定有一个很清晰的认识，所以通过"读作者""读梗概""读目录"三个小方法，告知学生在遇到类似课外书的时候应该怎样入手，让他们有一个明确的概念。

3. 发放学习单

每个学生发放一张关于《鲁滨孙漂流记》这本书故事梗概的学习单，学生阅读学习单，再次了解整本书的主要内容，并按要求提出问题。

（1）所提问题要求：每个同学至少提出关于这本书的两个问题；

（2）老师巡视指导，挑选出比较有代表性的几个问题；

（3）对问题提得好的同学点"赞"。

4. 师生共同解决问题

（1）针对学生提的问题，师生共同解决；

（2）鲁滨孙精神总结

通过老师的讲解，同学们现在来用一些你知道的词语，对这本书中鲁滨孙的精神进行一个简单的归纳。归纳得好的，老师将送出今天的最后一轮"赞"！
（生归纳，师板书）

【设计理念】

发放学习单主要是让学生提出质疑，更加激发他们阅读整本书的兴趣，从而突破教学重点。通过师生共同解决问题，以及关键词句的总结，让学生初步感知一些常用的学习方法，即课外阅读不仅要会读，还要会总结。

三、激发课外阅读的兴趣

1. 同学们，老师今天向大家介绍的这本《鲁滨孙漂流记》是一本课外读物，既然是课外书，我们就要在课外的时间去读它，而不能在老师讲课的时候偷偷地看，在这儿老师要告诉大家有一个词叫作"枕边书"，同学们听过吗？所谓"枕边书"字面理解就是放在枕头边上的书，其实这里和大家讲的就是随手可以拿起来读的书，老师希望同学们能利用起平时一些空闲的时间，多读书，多去感知书中那美丽的世界。

2. 今天老师希望同学们回去以后找到这本《鲁滨孙漂流记》来读一读，更多像《鲁滨孙漂流记》一样优秀的书籍，比如说今天老师让大家聆听的《安徒生童话》《格林童话》等等这样一些优秀的书籍，我们都找来读一读，希望老师下次来的时候，听见同学们说"老师，我读了哪些书，"好吗？

（今天的课就上到这里，谢谢大家！）

【设计理念】

推荐一本课外书的目的是激发学生阅读更多课外书，从一句话走向一本书，从一本书走向更多本书，这样才真正完成本课的教学宗旨。从《鲁滨孙漂流记》这本书的讲解，以及和前面"听音辨故事"中提到的《安徒生童话》和《格林童话》，激起学生阅读更多课外书籍的兴趣。

【板书设计】

《鲁滨孙漂流记》阅读指导

鲁滨孙（人物图片）
航海冒险⇨船失事⇨流落荒岛

盖房子——自信乐观
开拓荒地——不畏艰险
圈养牲畜——机智坚强
解救野人——聪明能干
回到英国——永不服输

"慧"玩传统游戏，传承优秀文化

——《传统游戏我会玩》教学设计

安顺市实验学校 周 群

【教材分析】

《传统游戏我会玩》是统编教材《道德与法治》小学二年级下册第二单元"我们好好玩"的第二课。本单元共有 4 课，逻辑上属于并列关系，通过选择健康的游戏玩、了解传统游戏的玩法、创造性地改造游戏的玩法以及安全地玩游戏等内容，引导学生更文明、更健康、更有创意、更安全地玩游戏，使他们有意识地通过玩游戏得到成长。本课借助传统游戏这一话题，通过调查采访、动手制作等方式，对学生进行初步的社会探究能力的培养。本课两个主题分别有不同的教学侧重点。"传统游戏知多少"意在引导学生通过小调查的方式实现对中国传统游戏的了解；"看看他们怎么玩"，旨在以泰国的椰壳鞋游戏为范例，从"有创意地玩"的角度，倡导学生开发属于自己的创意游戏。

【学情分析】

传统游戏是经过历史沉淀留存下来的经典游戏，但从目前的情况来说，传统游戏逐渐失去了生存的土壤，淡出少年儿童的世界。这不仅仅是传统游戏的丢失，更是一种传统文化的遗失。信息时代的学生从小生活在电子产品中，接触最多的是电子游戏，对传统游戏知之甚少。"翻花绳""滚铁环""挑木棒"等传统游戏，很多学生不会玩。对于二年级学生而言，学会玩某些传统游戏并不难，但体验其中的乐趣，感受其中蕴含的传统文化的魅力以及先辈们的创造力，却是不容易的，是本课教学的一大挑战。结合教材分析、学生的学情特点，特拟定第一课时教学目标如下。

【教学目标】

情感与态度：初步体会由中国传统游戏带来的乐趣，感受中国传统游戏中蕴含的传统文化的魅力以及先辈们的创造力，激发传承传统游戏的意愿，热爱祖国，从小坚定"文化自信"。

【行为与习惯】能玩一些中国传统游戏；培养合作意识和创新精神。

【知识与能力】了解我国以及其他国家与民族的传统游戏，知道它们的玩法，开阔学生的游戏视野。

【过程与方法】通过调查采访、游戏体验、交流分享等方式，对中国传统游戏产生兴趣，愿意在生活中玩一些传统游戏。

【教学重难点】

重点：了解中国传统游戏，知道它们的玩法，并对传统游戏产生兴趣，体会由传统游戏带来的乐趣。

难点：感受中国传统游戏中蕴含的传统文化的魅力以及先辈们的创造力，激发传承传统游戏的意愿，热爱祖国，从小坚定"文化自信"。

【教学准备】

教师准备：课件、视频、图片、传统游戏所需道具

学生准备：传统游戏资料搜集、课前小调查

【教学方法】

游戏法、调查法、小组合作探究法

【教学过程】

一、话题交流引共鸣

1. 师生交流：同学们生活中都喜欢玩些什么游戏呢？

2. 师生合作玩游戏：老鹰捉小鸡。

3. 导入课题《传统游戏我会玩》。

设计意图：《义务教育语文课程标准》明确指出：要遵循儿童生活的逻辑，以儿童生活中的需要和问题为出发点；以儿童的现实生活为课程内容的主要源泉；以用正确的价值观引导儿童在生活中发展、在发展中生活为课程的基本追求。生活是教育的出发点，只有根植于学生生活实际的教学，才能真正促进学生的成长。向生活学习，以儿童的现实生活进行话题交流，熟悉游戏的展示，能有效引起共鸣，唤起学生对生活的回忆，调动学生的生活情感，能更好地激

发学习兴趣。

二、传统游戏我知道

1. 课前小调查分享：布置学生根据教材上提供的采访单采访长辈，要求学生从长辈那里至少学习一种传统游戏，感受传统游戏带给长辈的美好回忆，并鼓励学生了解更多的传统游戏。

2. 穿越时空游戏展示：通过播放视频，引导学生感知传统游戏种类多、趣味浓。

3. 小组分享：你还知道哪些传统游戏以及玩法，与小伙伴分享。

4. 互动交谈，反馈引导：虽然长辈们儿时的生活条件还不富裕，但是有传统游戏的陪伴，他们的课余生活同样是多姿多彩的，他们的童年生活同样是快乐的、幸福的。

设计意图：充分的课前调查能调动各种社会资源，帮助学生获得相应的认识，联系生活的游戏案例更能唤起学生内心体验，为下一步的教学提供基本保证；跨越年龄的游戏展示，让课堂充满时空感，让学习变得更生动、更丰厚，为学生在现实生活中的积极探索奠定认知基础；小组分享更多的传统游戏，开阔学生的游戏视野。

三、玩转游戏大转盘

1. 小组合作、畅玩游戏"折纸"，激发学生丰富的想象力，鼓励学生创意折纸，延伸到生活中与小伙伴、父母一起玩，丰富和美化生活。

2. 神秘礼物大揭秘，创意玩"七巧板"，感知其悠久历史，古代劳动人民的创造力和无穷无尽的智慧。

3. 点题升华：小游戏大文化"七巧板""放风筝"，渗透爱国教育、优秀传统文化教育，引导学生传承。

4. 交流快乐、提炼优点。如：传统游戏用具简单，不受人数、场地等限制，趣味性强；锻炼体能，开发智力，还可以训练我们的注意力、观察能力、协调能力等。

设计意图：由于延续了上一版块的课堂活动，活动内容的多样性让课堂更加开放，让学习更加出彩。小组合作、交流分享，让学生在游戏中产生不同的、有意思的情感交集，关注学生丰富而个性化的体验，在活动中领悟，这不仅有助于增强课堂教学的针对性和实效性，也体现了道德与法治课的现实意义；学生在动手动脑、剖析明理的过程中，感受中国传统游戏蕴含的传统文化的魅力以及先辈们的创造力，热爱祖国，从小坚定"文化自信"，引导学生参与更多的传统游戏，为学生在现实生活中积极实践奠定认知基础。

四、世界游戏嘉年华

1. 结合教材插图，引导学生了解国外的传统游戏及其玩法。

2. 懂得每个国家都有自己的传统游戏，可结合生活环境、自然环境、人文环境的特点，创造出有创意的游戏。

设计意图：本环节从了解我国的传统游戏延伸到了解国外的传统游戏，进一步发现传统游戏中体现的生活智慧，让学生初步懂得不同国家的文化传统、地理条件对游戏的影响力。传统游戏是中国的，也是世界的。

五、课外拓展乐实践

1. 好书推荐《我们儿时玩的游戏》，激发学生争做传统游戏、传统文化的传承者。

2. 学会玩一种传统游戏，并邀请你的长辈一起玩，感受它的乐趣；想一想它还有哪些创新玩法，并试着玩一玩！

设计意图：本环节是前四个环节的升华和拓展，激发学生传承传统游戏的意愿，发展儿童的自主性、思辨性和判断性，把课堂上学到的知识运用到现实生活中，有利于学生设计与制作能力、积极思考与探索能力的培养，帮助学生走向有创意的生活。

【板书设计】

6 传统游戏我会玩

知

玩　　　　　　　　智慧－文化

传

（本教学设计为 2020 年贵州省安顺市"道德与法治优质课比赛"一等奖教学设计。）

《长大以后做什么》教学设计

安顺市实验学校　卢华秀

教材版本	教育部审定义务教育教科书		年级	二年级	册别		下册
执　　教	卢华秀	单位	安顺市实验学校		小学一级教师		
课题名称	口语交际：长大以后做什么						
教材分析	本次口语交际以"长大以后做什么"为主题，教材中的插图直观呈现了四种常见的职业，即医生、消防员、教师和厨师。这些职业都是学生日常生活中比较熟悉的，提示学生明白交流的范围，也暗含了不同的社会分工产生了不同的职业之意。教材从两个方面提出了交际的要求：一是清楚地表达想法，简单说明理由，即把话说清楚。二是对感兴趣的内容多问一问，即认真听。教师要设法引导学生学习边听边思考，积极参与交流。						
设计理念	抓住"说职业"这一主线，由课前的调查了解到导课环节说家长的职业，然后转向说自己长大以后做什么，再说说同伴的理想，通过由易到难的梯度提升，培养学生学会说清楚，学会倾听的能力。						
学情分析	二年级的学生对社会职业了解有限，对于长大以后做什么，或许更多是出于感性认识，教学时，不必拔高要求，只要学生能结合实际说出自己的理由即可。课前布置学生对某一职业进行适当了解，为课堂的"说"奠定基础。在课堂教学对话中，注重引导学生明确有序表达，并对感兴趣的内容提出疑问。						
教学目标	知识与能力	1. 了解某些职业的价值。 2. 清楚地表达想法，简单地说明理由。					
	过程与方法	通过小组合作，互相提问，让学生学会大胆发言。					
	情感、态度与价值观	敢于在大家面前表达自己的想法，说话时声音响亮、态度大方。					

续表

教学重点	学会向别人介绍自己长大了想做什么。				
教学难点	学会向别人介绍自己长大了想做什么。				
突破重点、难点的方法	课前调查为课中说做铺垫，课中说说分梯度，由简到繁渐提升。				
教学方法	课前调查、多媒体辅助、活动体验	课型	主体参与式	课时安排	一课时
课前准备	学生调查了解自己的长辈从事的职业，完成"小记者在行动"调查表。				
媒体运用	一体化电子黑白板（计算机、投影仪）				

教学过程设计

教学环节		教学内容
序号	名称	
一	说说长辈　感知职业	一、激趣导入。 　　同学们，今天我们的课堂上，请来了某些同学的家长，想不想认识一下？ 　　老师出示照片，是谁的家长，谁就来介绍好吗？ 　　要求：介绍的时候，主要说清楚是什么职业，这个职业平时都做些什么。 　　设计意图：良好的开端是成功的一半，兴趣是最好的老师，通过介绍自己熟悉的家长、熟悉的职业，教师根据学生的介绍，不断点拨，让学生明白"怎么介绍"。让学生情绪饱满地进入这节课的学习，也为以后的教学环节做好铺垫。 　　师导：同学们，你们能不能像刚才的同学一样，在小组内向同学介绍自己父母的职业呢？ 　　二、小组交流 　　小组内的同学轮流介绍自己其中一位家长的职业（以课前的调查表为主），介绍的职业尽量不重复。 　　小组代表汇报。 　　师导：同学们，在我们这个社会上，还有许许多多的人和我们的家长一样在不同的岗位上，为祖国的建设而努力工作着，看到他们的贡献和付出，你是否想过长大以后做什么？ 　　设计意图：从第一环节的个人说，到掌握方法后的组内说，学生对社会职业已经有一定的了解，下一环节将引导学生转向"自己长大以后做什么"的思考。

教学环节		教学内容
序号	名称	
二	放飞梦想 畅谈理想	三、说说自己的愿望 1. 想一想：你长大以后想做什么？（板书课题）然后举手发言。 尽量让学生都发言，只要说清楚长大以后想做什么就给予表扬，增强学生"说"的自信心。 2. 找理由。 师导：同学们，刚才大家都说出了自己长大以后想做什么，老师觉得同学们都是有理想的学生，现在老师想听一听你为什么选择这种职业，能说一说理由吗？ 请用上这样的句式说： "我长大以后想做（当）＿＿＿＿＿＿，因为＿＿＿＿＿＿。" 小组交流。 请再用以上句式在小组内进行交流，要把话说清楚；要听清楚同学说的话；要记住同学的理想。对说得好的同学，我们要向他竖起大拇指。 设计意图：这个教学环节的设计是有梯度的，"我长大以后想做＿＿＿＿＿"，这句简单的话对学生而言没有难度，学生可以进行无障碍的"说"，说完后得到肯定，增强了学生说话的自信心。在"找理由"环节，梯度拔高，但说的难度已被分解，学生容易接受。
三	说说同学 学会倾听	四、说说同学的愿望。 师导：同学们，刚才你们在组内都交流了自己长大以后的愿望，彼此都相互了解了，现在，老师想听一听你介绍同学的愿望。 请用这样的句式： ＿＿＿＿说，他（她）长大以后想＿＿＿＿＿＿＿＿，因为＿＿＿＿＿＿＿＿。 听完介绍，对感兴趣的内容可以向同学提问。可以评"倾听小达人""提问小达人"。 设计意图：感悟方法，培养能力，听中感悟，听中积累。引导学生将听到的内容用另一种句式表达出来，既培养了学生的倾听习惯，又锻炼了学生说话的能力。

续表

教学环节		教学内容
序号	名称	
四	巧妙说话　提升能力	师导：同学们，今天你们都说出了自己长大以后想做什么，你们都是祖国妈妈的好学生，祖国妈妈会因为有你们这些优秀的学生而开心、自豪的。 请同学们用下面的句式说一说： 祖国妈妈，因为_____，所以我长大以后想_____。 祖国妈妈，我之所以长大以后想_____。是因为_____， 设计意图：学习语文的最高境界就是"学会写作与交流"。口语交际的教学是培养这种能力的最直接的途径，所以，在口语交际教学中，教师要设计不同的表达句式让学生多锻炼，为"说"与"写"打好基础。
五	总结引导　升华情感	同学们：这节口语交际课，我们都谈了自己的理想，同学们都是有理想、有梦想的人，有理想才会有努力的方向，有理想才会有前进的目标，但理想光说不行，还要用实际行动去努力、去奋斗，才能把美好的理想变成现实。老师衷心祝愿同学们都实现自己的理想，无论你以后从事什么职业，都要做一个对社会有用的人，让祖国妈妈骄傲和自豪。 设计意图：向学生渗透职业没有高低贵贱之分的思想，明白长大后要从事正当的职业，做对社会有用的人。

板书设计

长大以后做什么

理想　　　努力

作业布置

跟家人或自己的小伙伴聊一聊"长大以后做什么"。

教学反思
这是一节扎扎实实的口语交际课，整节课抓住"说职业"这条主线，突出了"说"的特点。因为二年级的学生对职业了解有限，所以我的教学设计尽量将课中"说"的难度分解开来，具体操作如下： 　　"小记者在行动"调查表的设计，主要让学生在课前调查自己的家长从事什么职业，为什么会选择这项工作，为课中说自己"长大以后做什么"做好了铺垫。 　　导课从说家长着手，增强了学生说的自信心。因为平时对家长比较熟悉，加之有调查了解这一针对性的环节，让学生有话说，说得轻松自如。 　　说自己理想环节，难度再次分解。先用一句话说自己长大以后做什么，再进入后面的加理由说的环节，过渡自然，学生没有感受到说的艰难。 　　在巧妙表达环节，有意识地培养学生表达的能力，为表达能力较强的学生提供锻炼的机会，也为其余学生提供模仿的机会。 　　总之，通过教学的总体情况看，这是一节教师上得轻松、学生收获颇多的较成功的口语交际课。

附：

"小记者在行动"调查表

调查对象	从事职业	为什么要做这项工作	采访感受

采访自己家里的长辈一至两人。

　　（本教学设计获贵州省教育学会 2018 年"教育教学科研论文""教学活动设计"一等奖。）

《大家排好队》教学设计

安顺市实验学校　齐维娜

【课　题】《大家排好队》

【年　级】二年级

【教育理论指导】

"思想道德教育"在学生们的成长道路上占有十分重要的位置，古今中外的教育家都十分重视，把德育置于一个特殊的崇高地位。"道德与法制教育"是以小学道德与法制课为主导渠道，面向学生生活、面向社会，有利于拓展学生社会视野、增强社会适应能力，促进学生健康、积极、愉快地生活。低年段的学生，他们是一个特殊年龄群体，在学习活动中，需要老师充分挖掘教育素材，灵活采用教法，巧妙渗透德育教育，使思想品德教育生动形象，让学生们在潜移默化中受到教育。

【设计特色简述】

1. 设计教学活动时，我严格遵循《道德与法治》的学科特点，结合年段学习目标以及低年段学生的年龄特点和学习特点，灵活设计本次教学。

2. 教学活动中始终以学生为主体，有效地激发学生们的学习兴趣、调动他们的积极性，充分突出了学生的主体地位和道德与法治课的教学特点。

3. 重视德育情感的有效渗透

教学环节的环环相扣和层层深入，让学生们在整个活动中思想得到洗礼、情感受到陶冶、品行得到规范，这正是本次教学活动的真正目的。

【教学内容与教学方法梳理】

《大家排好队》是部编版二年级上册《道德与法治》中第三单元"我们在

公共场所"中的第三个主题。

教学活动中，我将灵活采用：激趣引导法、自由讨论法、情景表演法等教法、学法开展学习活动。

【学情分析】

低年级学生的规则意识不强，"排队"看起来很简单，但要想让二年级的学生从内心接受和认同，并不简单。我要想办法让学生去体验和感受规则对生活的影响，从内心认同产生"好生活需要规则与秩序"，懂得学习和生活中，我们应该做到"明礼守法讲美德，自觉礼让排队"。

【教学目标】

1. 通过教学让学生知道在生活中哪些地方、哪些情景下需要排队，并认识到在日常生活中排队的重要性。

2. 在学习活动中引导学生学会"正确地排队"。

3. 让学生明白感悟：学习和生活中，我们既要守规则，也要懂礼让，争做文明小公民。

【教学重点】

让学生理解自觉排队、相互礼让的意义，能在学习和生活中自觉排队，并能从被动遵守转换为主动遵守。

【教学难点】

现在的学生，大多是集父母长辈的宠爱于一身，谦让的意识比较薄弱。教学中，应重视学生的情感体验，让他们从思想上提高认识。

【德育渗透点】

在学习活动中将《社会主义核心价值观》及《中小学生守则》融入课堂，巧妙深入学生们的内心。

【教学准备】

多媒体课件、微课、实验用品。

【教学时间】

一课时

【教学过程设计】

一、激趣导入新课

1. 开课时为学生们呈现一组动物朋友们排队的图片。

2. 老师启发谈话，引出课题并板书《大家排好队》。

（设计意图：开课用动物排队的图片让学生们从感官上感知"排队"，老师用简洁的语言直入主题，简单明了，把学生们的学习兴趣调动起来。）

二、开展丰富的学习活动

活动一："说"排队

（一）小组内交流讨论：在我们的学习和生活中，哪些地方是需要排队的？（指名回答）

（二）陪着学生体验"自觉排队"的意义。

1. 出示教材第 42 页的内容（两种发作业本的方式）

2. 提问，激发思考：你喜欢哪一种发作业本的方式呢？

3. 全班共同体验"排队的意义"。

（三）老师引导学生感受：在学习、生活方面，我们时时处处都得自觉排队，遵守文明道德规范。

（设计意图：从学生的生活实际入手，提出问题让学生思考，组织学生交流，学生会很乐意参与其中，并体会到"排队的意义"。）

活动二："听"排队

播放一组数据材料

老师向学生们播放一组"由于不排队、无秩序，发生拥挤踩踏而造成悲剧的真实恶性案例"，用微课的形式向学生们展现出来，说给学生们听，引起学生们的注意，引起警示，强调排队的必要性。

（设计意图：用微课的形式出现在教学环节当中，代替了老师重复地说念，学生们的注意力也有效地集中在"听"案例上；用真实的事例向学生们进行安全教育，能更有效地提高学生们的安全意识，让他们明白：排好队，文明礼让的重要意义和必要性。）

活动三："啄木鸟在行动"

1. 呈现图片（教材第 45 页）

2. 老师启发谈话：在日常生活中随处会出现一些不文明排队的现象，请大家看看画面中的这些人做得怎么样？

3. 开展"啄木鸟在行动"活动

鼓励学生们争当"小小啄木鸟"，把图中的不文明现象说出来。

4. 在小组内展开讨论：在日常生活中，我们应该怎样正确地排队呢？

5. 老师针对在日常生活中存在的问题，引导学生学会正确的排队方法。

（设计意图："啄木鸟在行动"真正意义上让学生独立完成活动，充分发挥了学生们的主观能动性，能更有效地激发学生们的情感；学生们通过情景图片，更直观有效地感知到"排队的意义及正确的排队方法"。）

活动四：我们一起做实验

1. 给每个小组准备一个瓶颈很小的瓶子，里面装着相应个数的小球，每个小球拴着一根长线（瓶颈的特点：只够一个单独的小球出入）

2. 给学生们假设一个情景，瓶子里的每个小球代表着自己，当危险快要来临时，请每个小组的同学以最快的速度逃离，最后比比看哪一个小组能用最短的时间从瓶子里顺利地逃离。

（设计意图：直观的游戏方式，胜于教师更多的语言表述和强调，学生们能在游戏中深刻地感悟到"排队礼让"的意义。创设情景让学生们独立完成活动，充分发挥了学生们的主观能动性，更能有效激发学生们的情感，提高认识。）

活动五：情境表演"展现文明礼让"

展示一组图片

（1）出示四幅常常会出现在我们日常生活中的情境图片。

（2）小组内先讨论讨论，并自由选择其中的一个情境演一演。

（设计意图：《义务教育语文课程标准》指出教学活动在内容上既依据教材又不拘泥于教材，提倡和鼓励教师从儿童的实际生活中捕捉有教育意义的内容。活动中，我重在激发学生们的兴趣，通过情景示范和老师的引导，让学生们积极参与表演，激发爱心，让他们在情境表演中深刻体会"文明礼让、自觉排队"的意义。）

三、升华情感

1. 老师启发谈话：同学们，通过今天的学习活动，我们知道了排队的意义，学会了在日常生活中正确排队的方法，而且还懂得了"自觉排队、文明礼让"的真正意义。你们真是守秩序规则、讲文明礼让的好学生！我们就是祖国大花园中的一朵朵小花，希望我们在学习和生活中，能用我们心中的文明之花将我们伟大的祖国装扮得更加美丽漂亮！请同学们将刚才在课堂中获得的小花朵张贴在黑板上。

2. 灵活融入"社会主义核心价值观"中的"文明、和谐",激励学生争做合格的优秀少先队员!简单向学生们说说《新中小学生守则》中的第4条:明礼守法讲美德。

请学生们记得:遵守国法校纪,自觉礼让排队。

(设计意图:学习活动已接近尾声,鼓励学生们把文明之花贴到黑板上展现出来,把整个教学活动推向高潮,学生的情感再一次升华!)

四、课外任务布置

1. 请学生们在学习和生活中,做一个"讲文明、守秩序"的好学生。

2. 希望学生们在日常生活中,积极发挥"小手拉大手"的作用,时刻提醒和监督身边的朋友和家人,做"守秩序、文明排队"的好公民。(让文明礼仪之花在我们的身边处处开放!)

板书设计

11 大家排好队

  守秩序　　懂礼貌
文明　　　和谐

(本教学设计为曾经参加贵州省"道德与法治优质课比赛"获三等奖的教学设计。)

小学道德与法治二年级下册
《健康游戏我常玩》教学设计

安顺市实验学校　柳春兰

【学情分析】

低段的学生都喜欢玩游戏，二年级的小学生却不一定能够在玩游戏前学会选择健康、安全的游戏。因此，在教学中需要引导学生玩健康的游戏，学会结合具体情况选择适合的游戏。

【教学目标】

1. 学会分享自己常玩的游戏，培养玩健康游戏的意识。

2. 学会考虑玩游戏时的各种各样的条件、状况，学会结合具体情况选择适宜的游戏。

3. 通过体验玩游戏，感受游戏带来的快乐，学会合作、分享。

【教学重点】

分享自己常玩的游戏，培养玩健康游戏的意识。

【教学难点】

学会结合具体情况选择合适的游戏，通过体验玩游戏，感受游戏带来的快乐，学会分享。

【教学准备】

课件、教学道具（一个小皮球）。

【教学过程】

一、图片激趣导入

师：同学们，你们瞧一瞧，课间的时候，这些小朋友们都在玩什么？（播放几张课间学生玩游戏的图片）

师：是的，课间的时候同学们在玩游戏，到底哪些游戏对我们是有益的呢？今天我们一起学习《健康游戏我常玩》（师板书：5 健康游戏我常玩）

设计意图：课程标准指出，教学要因地制宜地营造有利于学生品德和行为习惯养成的学习环境，选取学生生活中真实可信的生动事例，采用学生乐于和适于接受的生动活泼的方式，帮助他们认识和解决现实生活中的问题，使教学成为学生体验生活、道德成长的有效过程。本环节播放学生课间活动图片，这些图片呈现的场景源于学生生活，容易引起学生共鸣，激发学生的学习兴趣。

二、常玩游戏小调查

师：课前，老师调查了同学们常玩的游戏，我们一起听听。（播放视频）这是他们常玩的游戏。

师：同学们平时常玩什么游戏呢？

生说自己常玩的游戏。

师：嗯，你常和小朋友一起跳绳，你和小朋友玩一二三木头人，你常玩电脑游戏。同学们说了很多游戏，那么哪些游戏才是健康的游戏呢？

设计意图：通过调查了解学生平时常玩的游戏，唤起学生已有的生活经验，加深对常玩游戏的体验。

三、游戏诊断会

师：请同学们看这四种游戏（出示：户外运动、球类游戏、电脑游戏、益智游戏），这四种游戏中，你最喜欢哪一种游戏呢？为什么？如果你还有其他喜欢的游戏，也可以说一说，并说说喜欢的原因。

生说。

师：同学们说了那么多喜爱游戏的理由。现在谁能告诉我，这些游戏中哪种是最健康的，原因是什么呢？

生说理由。师点评：嗯，你说得很好，球类游戏可以锻炼身体。

生说。师点评：嗯，解九连环开发智力。游戏王国的小朋友也想分享它的看法，我们一起看看吧。

播放两个视频，分别分享户外运动是健康的游戏和玩手机游戏对眼睛的危害。

师：我们玩游戏时，要学会分辨是否健康，还要学会选择健康的游戏。板书：健康。

设计意图:让学生认识不同类型的游戏,并让学生相互交流理由,在交流中学会对不同情况进行比较,在此基础上学会辨别游戏,选择健康的游戏。

四、健康游戏我选择

师:那么,健康安全的游戏,我们在任何情况下都可以玩吗?图片出示:小洪的手受伤了,他特别爱踢足球,他很想去。如果你是他的朋友,你会怎样给他出主意呢?

生说。

师:游戏万国的小朋友是这样说的,我们来听一听。(播放视频)

师:是啊,我们在玩游戏之前不仅要选择健康、安全的游戏,还要学会根据具体情况选择适宜的游戏。板书:适宜。

设计意图:创设情境,让学生在辨析的基础上学会选择适宜的游戏。

五、健康游戏我来玩

师小结:1. 通过学习,我们知道了玩游戏要选择健康、适宜的游戏。现在就让我们一起玩玩拍小皮球的游戏吧。出示游戏规则。

2. 学生玩拍小皮球游戏

设计意图:让学生在实践中体验玩游戏的快乐,在欢乐的氛围中结束课程。

六、总结

通过今天的学习,我们知道了玩游戏要多玩健康的、适宜的游戏。

设计意图:通过总结,让学生牢记玩游戏要玩健康的游戏、适宜的游戏。

【板书设计】

5 健康游戏我常玩

健康   适宜

(本教学设计为2020年参加安顺市第二届青年教师教学竞赛获小学道德与法治二等奖的教学设计。)

《送元二使安西》教学设计

安顺市实验学校　陈　婷

【教材分析】

《送元二使安西》是小学语文课程标准实验教科书四年级上册第六单元第一篇课文《古诗两首》中的第二首古诗。本单元的文章以人与人之间的爱和真情为主题，体会互相关爱带来的快乐和幸福，引导学生去关心帮助他人。

这首诗是盛唐著名诗人、画家和音乐家王维所著的一首脍炙人口的送别诗。王维的好友元二将远赴西北边疆，诗人特意从长安赶到渭城来为朋友送行，其深厚的情谊，不言可知。这首诗既不刻画酒筵场面，也不直抒离别情绪，而是别具匠心地借别筵将尽、分手在即时的劝酒，表达出对友人的留恋、关切和祝福。

【学情分析】

四年级的学生，已经从形象识记转为意义识记，能借助教科书和工具书，展开较为丰富的想象来理解诗意，学生已经学过王维的诗，对诗人有一定的了解，教师要善于引导学生，通过读中感悟，自主合作理解诗的意境和作者的思想感情。

【设计理念】

全诗情意殷切、韵味深远，这就要求我们要把这种文字符号转化为一种情感符号，把这种叙述转化为一种有生命体验的联想和想象。通过"读—诵—唱"等行之有效且灵活多变的教学方式，实现师生互动，生生互动，拓展思维，从而突显学生的主体作用，尊重学生的独特感悟，提升学生的整体素养。

【教学目标】

1. 能有感情地朗读和背诵诗歌。

2. 感悟诗歌内容，想象诗歌所描绘的情景，体会朋友之间的深情厚谊。

3. 激发对诗歌的热爱之情，培养课外主动积累诗歌的良好习惯。

【教学重点】感悟诗歌内容，想象诗歌所描绘的情景，体会朋友之间的深情厚谊。

【教学难点】体会作者送别元二时那种依依不舍之情。

【教学准备】PPT

【教学方法】合作、交流、探究

【教学用时】1 课时

【教学过程】

一、解诗题、知背景

导入视频《读唐诗》手势舞，激发学习兴趣。了解古诗的多种表达方式：诵读、唱、跳等。

1. 先请大家看我写的这首诗的题目，一边看一边思考，我为什么这样写？

2. 师生合作解诗题。

3. 借助地图弄清楚"长安—渭城—阳关—安西"的路程，示图简介安西，奠定诗歌情感基础。（用骑马人图标带领同学们了解诗的背景。）

设计意图：通过视频导入，激发学习兴趣，同时让学生了解古诗的多种表达方式，为我们接下来的诵读学习奠定基础。让同学们了解到读诗题的节奏，同时借助注释，出示地图，对这首诗的创作背景有一定的了解，能让学生提前代入角色，为接下来的思考奠定感情基础。

二、读古诗，感知诵读的韵味

1. 元二就是出使到安西这样一个地方，所以，这是一首送别诗，应该怎么来读呢？

2. 你会读诗吗？生读。

3. 你们会读诗吗？齐读。

4. 师示范读（配乐：阳关三叠）

设计意图：通过学生读诗，告诉学生这是现代读诗方法，再通过老师示范读，让学生对比分析，哪种方式更好些，好在哪里？由此激发学生学习读诗方法的兴趣，学习在读中感悟的方法。

三、学规律、读古诗

1. 其实，在咱们唐朝，许许多多的诗人，他们写诗也好，作诗也罢，都习惯遵循一种规律，叫——平仄的规律。

2. 平其实是一种声调，叫平声，仄也是一种声调，叫——仄声（生答），现在的一、二声相当于古代的平声，三、四声就相当于古代的仄声。

3. 平仄的规律：在读诗的时候，平声要读得长一些，仄声要短一些，读的时候一般是两个字两个字地读，这个规律就落在每两个字的第二个字上。这首诗中"出"是个特别的字，叫"入"声，入声也读得短一些。

4. 在古诗中引导学生标上平长仄短的规律。

设计意图：把平长仄短的规律教清楚，再用横、竖线让规律形象化、具体化，帮助同学快速掌握读诗规律，学生就会迫不及待想来读诗，让学生保持极大的学习兴趣，变"要我学"为"我要学"。

四、学诵读古诗，读中入诗境，读中悟诗情

1. 学读第一句

（1）先看第一个音节，渭城，看哪个字？

"城"，指名读，引导读（配上手势）。

（2）三四个字呢？看哪个字？

"雨"，第三声，仄声短。朝雨啊，早晨的小雨，能读出来吗？（齐读）

（3）连起来读这句诗：

渭城——朝雨｜浥轻—尘——

（4）练读、指名读，生生评价，师引导。

2. 学吟第二句

（1）客舍，落在"舍"字，第四声，仄声短，你怎么知道读第四声？理解多音字。

（2）青青，第一声，平声长。"柳色"仄声短，"新"，平声长。

（3）试读：客舍｜青青——柳色｜新——

（4）我们来欣赏一下渭城的美景，结合古诗来谈谈你的感受。

（5）渭城真是风光如画啊！谁能来美美地读读这两句诗？

（6）这里的空气是那么的清新，这里的客舍是那么的温馨，这里的朋友是那么的难舍，真让人舍不得离开呀！然而，送君千里，终须一别。（采用动态PPT，让学生们深入体会。）

3. 来看看元二将走的路

（1）示图：这是一条怎样的路啊？你能用一个词语来形容它吗？（动态PPT，体会环境恶劣）

（2）你的好友元二将踏上这样一条路，作为好朋友的你，有没有想对他说的话，哪怕一句？

（3）"无故人"，即为"异客"，王维曾在《九月九日忆山东兄弟》中写道："独在异乡为异客，每逢佳节倍思亲"，曾经也有过出使经验的他太能体会元二此时此刻的心情了。

（4）诗人的万千嘱咐涌在心头，却如鲠在喉，说不出言语，只能抬起酒杯，对元二说：

劝君更尽一杯酒，西出阳关无故人。

（5）这只是一杯酒吗？我分明品出了些别的滋味，你品出来没有？

（6）元二面对朋友的深情厚谊，会对朋友怎么说？

（7）然而，五年之后，王维就去世了。他再也没有等到元二回来，再也没有机会和元二一起喝酒，一起聊天了。

（8）所以，这样一首送别诗，咱们又该怎样读？男女生读、齐读。

（配乐：阳关三叠）

4. 小结升华：出了阳关，哪还会有温馨如家的客栈？哪还会有代表依依不舍深情的杨柳？更不会喝到装满深情厚谊的美酒，再见不到这样有情有义的故人了！

那么，陪伴元二这一路的，什么都没有了吗？——情

设计意图：《义务教育语文课程标准》明确指出：阅读是学生的个性化行为，不应该以老师的分析代替学生的阅读实践。要珍视学生独特的感受、体验和理解。《义务教育语文课程标准》还指出，此学段学生应该要：诵读优秀诗文，在诵读的过程中体验情感，展开想象，领悟诗文大意。在此环节，我充分放手，把课堂还给学生，让他们进行自由读、指名读、齐读、情景读等多种形式的阅读实践，在读中明了诗意，读中感悟诗情。老师充分承担好引导者和合作者的责任，让课堂氛围热烈起来。

五、唱诗，升华情感

同学们，元二走了，王维读着自己的诗，读啊读啊，心中依然万般不舍，当读不足以表达自己的内心情感时，他就会轻轻唱起来，我们来听：曹轩宾版。

设计意图：变吟为唱，多种形式感悟诗情，让依依不舍的情感在学生心中流淌。

六、作业设计

人生自古伤离别，课外，还有很多关于送别的古诗，希望你能搜集到更多离别主题的古诗，把你最喜欢的写在书签上，背诵下来。

七、板书设计

送元二使安西

唐　王维

平长——

仄短｜

入声短｜

客舍　柳　酒

情

故人

（参加安顺市第七届语文优质课比赛一等奖作品的教学设计）